100 Graphs About
Taiwan

這是最好的臺灣，
也是最壞的臺灣。
—— 50件正在進步的事情

臺灣
數據百閱

100個重要議題，
從圖表開啟對話、培養公民思辨力

○Re-lab 團隊 著

推薦序 ————————————————

「臺灣，你好嗎？ 100 組改變的線索」

天下雜誌總編輯 / 吳琬瑜

你對於 2020 年總統大選是否感到失望？候選人們的選舉話術把臺灣弄得面目模糊。例如，某一件事的表現是退步，還是進步？說法天壤之別。因為分析數據之前先有立場，因為說話是為了攻訐對方，數據完全失真。

十月的臺灣秋高氣爽，我收到了一本《臺灣數據百閱》，在烏煙瘴氣中呼吸到一絲新鮮的空氣。

一群 20 到 30 歲的年輕人為他們所在乎的臺灣，製作了這本書。要獻給罵過、怨過、失望過卻依然愛臺灣的你。

他們選出了 100 組數據，一半是臺灣正在進步的事，另一半則是臺灣令人擔憂的事，刻劃這一代年輕人所經歷的 2000 年之後的臺灣；他們用新世代擅長的語言 —— 資訊圖表設計，化繁為簡、整合圖表，繪成動畫，讓人們從數據的折線中看見臺灣二十年來的高低起伏。數據，再也不是冷冰冰的符號，而是這二十年來我們的快樂與傷痛。

《天下》雜誌也在這幾年大量運用資訊圖表說議題。包括每一期的「數字會說話」，以幾組數據聚焦說一個現象，總是讓人恍然大悟。或是以大數據發展調查報導，從「農地上的世界冠軍」、「九合一大選選舉地圖」、「輿論戰爭 @ 臺灣」、「誰替臺灣換上假藍天」，都是擲地有聲、獲獎無數的作品。更重要的是，以大數據所尋得的證據，讓當事人即使生氣，也無言以對。

記者有時承受政治人物、事件關係人的憤怒、攻訐或抹黑，但是數據本身會說話，終能明白我們的無畏，是來自追求一個美好公平社會的初衷。

我們並不寂寞，一群年輕人創立資訊圖表公司，同樣以新的語言發揮議題影響力，關注臺灣發展。

臺灣 50 組正在進步的數據中，我比較意外的是環境。空氣污染、河川污染、地層下陷、森林破壞、溫室氣體、垃圾回收都有緩慢改善。我想是民眾、媒體、環保團體長期努力，有了漸進的改善。

臺灣 50 組令人擔憂的數據中，有繼續惡化的貧富差距，最富和最窮的綜合所得差距倍數，二十年來從 40 倍已經擴大到 112 倍。也有幽微致命的暗光是身心健康。從慢性病、自殺率、憂鬱症的惡化數字，赫然發現這些個人說不出口或亟欲隱瞞的狀況，但卻已經蔓延成你我所不知道的社會挑戰。

這 100 組數字既挑出臺灣社會的重要問題，也以聯合國永續發展目標（SDGs）為參考方向，挑出具有未來性的數據。

數據，當然有偏限。有時受限於原始資料，有時得在彼此矛盾的數據中，加上質化的調查、採訪，才能獲得真相。

但至少這 100 組數據是，開放給每一個人、每一個團體改變臺灣的線索，以民間共創的力量，讓探索不停歇，讓改變看得見！

站在 100 個數據上，
可以看見什麼？

「你覺得臺灣這二十年來變好還是變壞了？」

這本書不會提供一個簡單的答案，但我們把自己探索答案的過程整理成一百個線索和大家分享。

這個計畫的執行團隊是由一群二十到三十歲、從小生長在臺灣的年輕人組成，對於我們而言，近二十年來的臺灣就是我們有記憶以來的臺灣，為了跳脫個人經驗看到更完整的面貌，我們翻遍了公部門和國際組織的報告，看愈多數據，讓成員們愈謙虛地思考，在找尋答案的過程中，我們都找到了比答案還要更珍貴、更重要的東西，所以我們也想把這過程留給你探索。

如果你心中沒有浮現一個清晰的答案，可以翻翻這本書，找出幾個你有興趣的線索，作為思考的起點。整本書整理了 100 個重要的數據，其中一半看起來正在進步、另一半則令人擔憂，在你搭車通勤的時候、排隊的時候、睡不著的時候……，花三分鐘看一個數據，你就離臺灣更靠近了一點。

如果你心中已經有一個明確的答案，不用急著抗拒，這本書並不想說服你改變答案，而是為了打開討論的空間，畢竟，我們都希望臺灣變得更好，不是嗎？而唯有瞭解現狀，才能知道我們能為這片土地做點什麼，不是嗎？

 這本書只是一個開端
支持我們的計畫
網址：https://url.relab.cc/100plan

 從過去的作品認識我們
認識資訊設計
網址：https://url.relab.cc/relab

選出 100 個數據的三步驟

你一定很好奇,這 100 個數據如何選出來的?
雖然過程很複雜,我們盡量簡單說明:

Step1 決定主題類別

參考歷年主計總處公告之社會指標統計及國民幸福指數、以及聯合國所
制定的永續發展目標 (SDGs) 的具體目標,選取重點指標並決定 8 個主題
類別。

Step2 搜尋有指標性的數據

依各主題領域至政府部會統計、相關國際組織資料庫 (WHO、ILO、
OECD 等) 搜尋統計期間截至 2018 年有至少 10 年資料的數據 (部分統
計僅公布至 2017 年) 。

Step3 檢視與篩選數據

進一步檢視數據的統計方法與名詞定義,交叉比對不同來源的資料,將
較有疑慮的數據替換。
最後撰寫數據導讀,並請各領域專家協助審訂、調整,希望能提醒數據
本身的限制,並打開更多思考與討論。

礙於實體書篇幅的限制,我們將參考資料(內文標示 * 以供對照)
與延伸閱讀放置於網路空間,方便大家能直接透過線上連結開啟資料或文章
網址: https://url.relab.cc/100ref

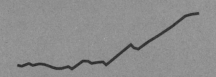

過去二十年，有許多事情正緩緩進步，
從數據的變化可以發現傳統疾病預防、環境污染防制管控、
勞工就業保障等事情一步一步變得更好。

然而，我們不能因為進步而鬆懈，
或許拉長時間來看事情慢慢在改善，
但若挑選特定時間點跟國際比較、
或細看各地方縣市與城鄉比較等，
可能會發現還有許多值得檢討的地方。

每一件事都不可能簡單用二分法區分好壞，
透過導讀或提問，我們期待能提供第二層思考的線索，
邀請你透過不同角度觀察數據，找到更多元的答案。
（小提醒：數據改變的背後可能有其他隱藏的人為原因，如：統
計方法與定義的更動、計算方式誤差等，從圖表備註中可以看到
更多說明。）

「數據可以看見問題，但光靠數據不能看見所有問題。」
雖然這些事情正在進步，但我們仍需持續關注下一階段的挑戰，
才能讓事情持續變好。

第一種閱讀方式——九大領域目錄
從你最關心的領域出發，看看二十年來臺灣哪些事情正在進步

我們將 100 個數據依領域分類，你可以從平常有興趣的領域出發，
也可以藉此觀察臺灣在不同領域的發展狀況！

另一種閱讀方式──永續發展目標導引
「未來十年，你理想中的臺灣會是什麼模樣？」

1
強化弱勢群體社會經濟安全照顧服務。

獨居老人	G122	房價	B82
貧窮	G130	違建	B84
		火災死亡	B88
		單親	B108
		遊民	B110

2
確保糧食安全，消除飢餓，促進永續農業。

過重肥胖	B14	檳榔	B44
食品中毒	B30	糧食自給	B76
農藥	B42		

3
確保及促進各年齡層健康生活與福祉。

癌症	G10	憂鬱	B16
吸菸	G12	自殺	B18
兒童疫苗	G16	愛滋病毒	B22
學生近視	G18	高齡產婦	B26
空氣污染	G22	道路肇事	B102
意外死亡	G108	國道車禍	B104
慢性疾病	B12	兒少受虐	B112

4
確保全面、公平及高品質教育，提倡終身學習。

藝文活動	G48	學貸	G58
藝文補助	G50	身心障礙	G124
中輟	G54	高教入學	B60
就近入學	G56		

5
實現性別平等及所有女性之賦權。

女性參政	G132	性侵	B94
兩性薪資	G134	家暴	B116

6
確保環境品質及永續管理環境資源。

空氣污染	G22	人均用水	B50
河川污染	G26	污水處理	B86
地層下陷	G30		
垃圾回收	G38		

7
確保人人都能享有可負擔、穩定、永續且現代的能源。

停電	G84	電力	B48
		能源依賴	B122

8
促進包容且永續的經濟成長，提升勞動生產力，確保全民享優質就業機會。

對外貿易	G64	職業災害	G104
長期失業	G68	來臺旅客	G116
勞資爭議	G76	身心障礙	G124
地下錢莊	G80	貧富差距	B66
保險申訴	G82	中小企業	B68
停電	G84	創業	B74

9
建構民眾可負擔、安全、對環境友善、且具韌性及可永續發展的運輸。

公共運輸	G94	道路肇事	B102
火車準點	G96	國道車禍	B104

聯合國列出了 17 個 2030 年的永續發展目標 (Sustainable Development Goals，SDGs)，先選擇一個
未來十年你最希望臺灣能變成的模樣，接著，對應後方的數據，從過去二十年的變化，
了解我們如何成為現在的樣子，並思考接下來要如何離我們的理想生活更近一步。

許下一個臺灣理想的樣子，從理解現況開始，持續關心。

資料來源：行政院國家永續發展委員會 臺灣永續發展目標

10
減少國內及
國家間不平等

貧富差距	B66	兒少受虐	B112
薪資	B70	家暴	B116
外交	B106	失聯移工	B128

11
建構具包容、安全、韌
性及永續特質的城市與
鄉村。

上網	G88	棄嬰	G120
公園綠地	G90	失蹤人口	G128
犯罪	G98	毒品	B90
酒駕	G102	再犯	B98
詐騙	G110	人口販運	B126

12
促進綠色經濟，確保永續
消費及生產模式。

| 來台旅客 | G114 | 農藥 | B42 |
| | | 廚餘 | B132 |

13
完備減緩調適行動以因應
氣候變遷及其影響。

| 森林破壞 | G32 | 極端氣候 | B40 |
| 溫室氣體 | G34 | | |

14
保育及永續利用海洋生態
系，以確保生物多樣性，
並防止海洋環境的劣化。

| 沿岸漁業 | B38 | 減塑 | B52 |

15
保育及永續利用陸域生態
系，以確保生物多樣性，
並防止土地劣化。

地層下陷	G30	路殺動物	B36
森林破壞	G32	檳榔	B44
生物多樣	B34	木材自給	B46

16
促進和平多元的社會，確
保司法平等，建立具公信
力且廣納民意的體系。

貪瀆	G136	校園暴力	B58
		兒少受虐	B112
		賄選	B120
		監獄死亡	B130

17
建立多元夥伴關係，
協力促進永續願景。

| 國際會議 | G114 | 外交 | B106 |

18
我理想的臺灣是：_____

器官捐贈	G20	留學簽證	G118
職業棒球	G40	流浪動物	G138
國片	G42	健康餘命	B10
圖書借閱	G44	音樂	B54
學術論文	G60	補習班數	B56
研發經費	G62	版權	B64
工作時數	G72	政府負債	B78
卡債	G78	消費爭議	B124

癌

Cancer

症

① 十大癌症年齡標準化發生率

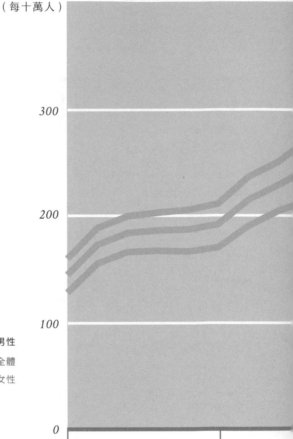

（每十萬人）

300

200

100

0

1990　　　　　　1995

② 十大癌症年齡標準化死亡率

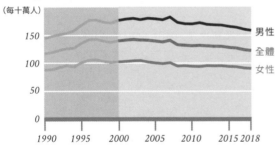

（每十萬人）

150

100

50

0

1990　1995　2000　2005　2010　2015 2018

男性
全體
女性

癌症年齡標準化發生率成長趨緩，但在國際排名依舊令人擔憂

雖然癌症已連續三十七年位居國人死亡原因之首（1982 年至 2018 年），但觀察 2000 年後的年齡標準化發生率，成長已逐漸趨緩，年齡標準化死亡率在 2007 年後甚至有下降的趨勢。不過並不是所有癌症的死亡率都在下降，男性主要癌症死因中的口腔癌與食道癌標準化死亡率近十年都未見改善，女性主要癌症死因中的乳癌標準化死亡率甚至在成長中，且我國的癌症發生率在 45 個經濟合作暨發展組織（Organization for Economic Co-operation and Development，OECD）國家中高居第十名 [*2]，仍然不能鬆懈。

數據資料來源：臺灣癌症登記中心，年齡標準化發生率長期趨勢 十大癌症
衛福部，107 年死因統計年報 歷年癌症死亡原因

年齡標準化發生率：指以 2000 年 WHO 世界標準人口年齡組成為基準做校正後的癌症發生率。是一種在調整年齡結構的影響後，讓世界比較的基準一致的作法。更詳細的名詞定義請參考國民健康署資料 [1]。

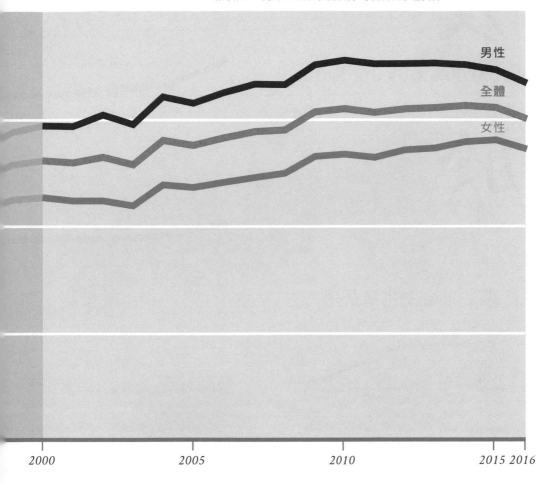

男性

全體

女性

2000　　　　　　　*2005*　　　　　　　*2010*　　　　　　　*2015 2016*

癌症不再只是老年疾病，年輕時就該注意

30 歲至 34 歲與 35 歲至 39 歲的國人在結直腸癌（大腸癌）、肺癌、甲狀腺癌、女性乳癌、子宮體癌、卵巢癌等的年齡別發生率都在近二十年呈現增加的趨勢，加拿大與美國等也陸續發現一些年輕族群罹癌率上升的證據 [3][4]。雖然年輕人罹癌率沒有年長族群嚴重，但年輕族群罹癌與致死所造成的負擔，將對社會與經濟產生重大的影響 [5]。因此，針對年輕人的癌症預防推廣、及早發現、治療與恢復的方案等也應有更完整的思考與設計。

審訂專家：疾病管制署防疫醫師　鄭皓元
成功大學公共衛生所教授　呂宗學

吸

Tabacco Smoking Rate

菸

① 18 歲以上成人吸菸率

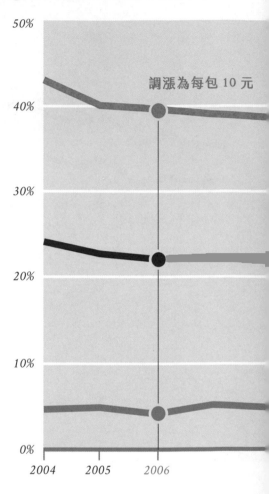

調漲為每包 10 元

② 國中、高中生吸菸率

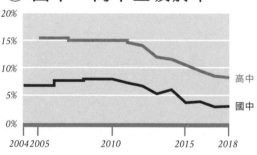

高中

國中

圖註：2011 年以前國、高中調查採隔年進行。

「成人男性吸菸率」與「國、高中生吸菸率」皆呈現下降趨勢

在吸菸率逐漸下降的同時，我們不能忽略其他挑戰：根據 107 年衛福部公布的青少年吸菸行為調查發現「有三成的青少年會暴露到家庭二手菸」[1]，且電子菸與加味菸不知不覺打入年輕族群的市場，可見除了提高「菸捐」及推動《菸害防制法》修法，還需要更多元的教育措施。

數據資料來源：衛福部國健署，國人吸菸行為調查結果
衛福部國健署，青少年吸菸行為調查結果
衛生福利部統計處 107 年臺閩地區 18 歲以上民眾吸菸習慣分布情形

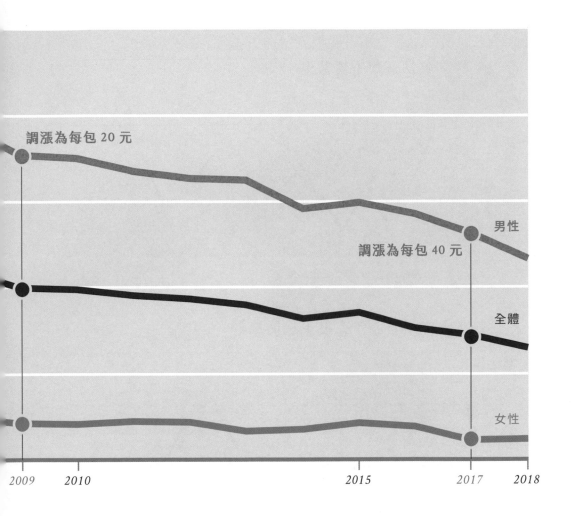

調漲為每包 20 元

調漲為每包 40 元

男性

全體

女性

2009　2010　　　　　　　　　　　2015　　　　2017　2018

吸菸率下降是「菸捐提高」的功勞？「菸捐」好還是「菸稅」好？

「世界衛生組織指出，透過稅捐手段提高菸品價格，是最有效的菸害防制策略」[2]，衛福部執行這個策略後吸菸率的確下降了，但「菸捐」該用在哪裡、「菸捐」和「菸稅」（註1）的比例如何拿捏的爭論也開始了。

註 1 「菸捐」與「菸稅」兩者均為政府收入，但「捐」是「專款專用」，由衛福部分配使用；「稅」則依體制流入「財政部」，統籌分配到各部會預算中。

審訂專家：疾病管制署防疫醫師 鄭皓元

③ 違法菸類查獲數量

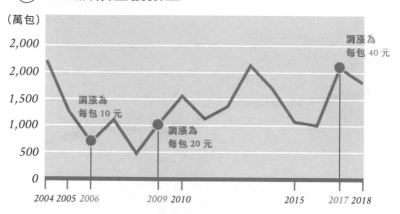

④ 海巡署歷年查獲走私菸統計

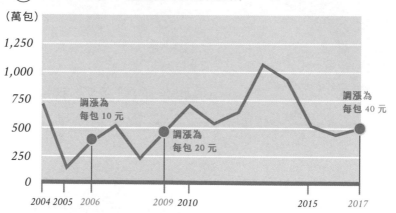

數據資料來源：財政部國庫署，91-108 年 5 月地方政府及關務署違法菸酒表
　　　　　　　海洋委員會海巡署 (2019)，歷年查獲走私菸統計概況
　　　　　　　財政部國庫署 (2017)，菸酒產製進口統計資料 國產及進口紙菸類總量表

⑤ 國產及進口紙菸數量

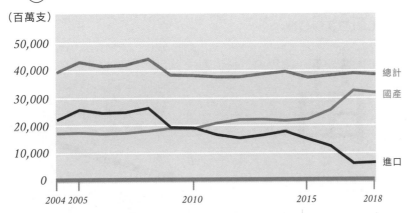

（百萬支）

總計
國產
進口

2004 2005　2010　2015　2018

「提高菸價」帶來的衍生問題

提高菸價可能造成「違法菸及免稅菸數量」增加，從「違法菸類查獲數量」及「海巡署歷年查獲走私菸統計」圖表中可見每一次提高菸價後都查獲更多違法菸（也有可能是因為相關機關在提高菸價後，預期更多違法菸流入市場而積極調查）。無論如何，提高菸價後還需要更多的配套措施，才能避免「菸癮地下化」，使得降低實際吸菸率更為困難，同時造成稅收的損失。

吸菸率真的下降了嗎？

「自 98 年 1 月 11 日《菸害防制法》新規定生效上路以來，臺灣在六年內已經減少了 89 萬吸菸人口」[*3]，但國產及進口紙菸總量沒有下降（「國產紙菸」數量包含外銷與外國人來臺購買統計）。

衛福部說明原因可能與來臺購菸有關[*4]，但「國內紙菸的生產」成長數量和「外國來臺旅客」的成長曲線卻不太符合，需要更多資料才能驗證其相關性。不過更審慎地評估紙菸銷售去向，並作為推動減菸的決策基礎，看來十分重要。

兒童

Child Vaccination

疫苗

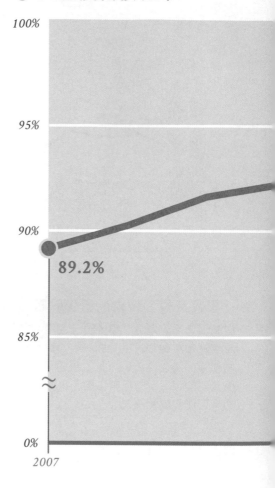

① 兒童疫苗接種率

89.2%

2007

兒童疫苗接種率穩定上升，與 OECD 組織國家相當

兒童疫苗接種政策對於感染症預防非常重要，以麻疹為例，近來世界上仍有諸多國家流行麻疹，如鄰近的日本與菲律賓皆曾爆發大規模疫情。近十年來，臺灣的兒童疫苗接種率從 89% 提升至 93.89%，讓我國兒童傳染病流行狀況控制得宜。與 OECD 組織國家相比，臺灣的麻疹疫苗接種率（98.6%）為第三名、DPT 疫苗接種率（98%）為第四名（註1）。

註1 2018 年 OECD 共統計了 29 個會員國的接種率，但該指標僅包括麻疹及 DPT 疫苗接種率。DPT 疫苗為百日咳、白喉、破傷風的三合一疫苗，計算上以包含此三種疫苗的五合一疫苗接種率替代。除了以上兩種疫苗，臺灣的兒童疫苗還有 B 型肝炎、水痘等疫苗。

數據資料來源：行政院國家永續發展委員會，106 永續發展指標系統評量結果報告 現行兒童疫苗接種率

兒童疫苗接種率：全數完成常規疫苗應接種劑次的三
歲以下幼兒／應完成常規疫苗接種的三歲以下幼兒。

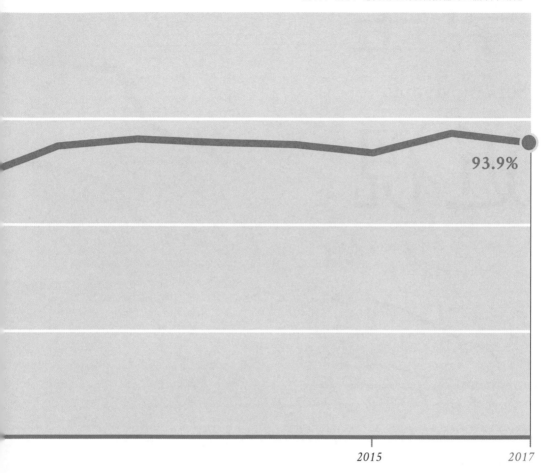

93.9%

2015   2017

除了兒童，成人也需要疫苗？

臺灣的兒童疫苗接種政策相對完善，但隨著長者、慢性病患者等傳染病高風險族群人口
數目逐漸增加，成人疫苗接種將是接下來不可忽視的挑戰。觀察目前成人疫苗接種狀
況，2017 年 65 歲以上長者的流感疫苗接種率為 48.8%，仍和 WHO 建議的 75% 接種率（註
2）有段距離，雖然目前政府陸續推動成人疫苗公費補助，但如何提高民眾接種意願仍是
一大挑戰。

註 2 WHO 建議各國的老年流感疫苗接種率應於 2010 年達 75%。

審訂專家：疾病管制署防疫醫師 鄭皓元
國立臺灣大學醫學院附設醫院小兒部兒童胸腔與加護醫學科主任 呂立

學生

School Myopia

近視

① 各級學校學生視力不良比率

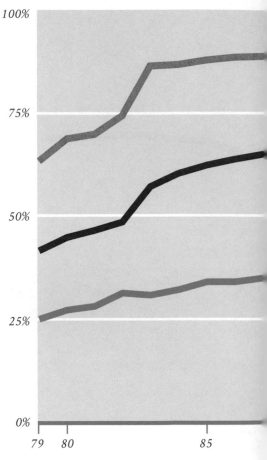

② 2017 年各年級學生近視及高度近視比率

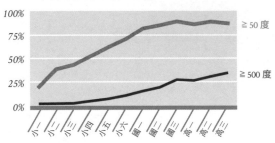

≧ 50 度

≧ 500 度

圖註：兩眼裸視視力均 0.9 以上者為視力正常，否則為視力不良。93 學年度的高中數據有經調整，原《教育統計年報》中應誤植高中學生的視力不良與視力良好人數。

學生近視比例逐漸改善，但仍有近五成國小生近視

近視是相當普遍的眼睛屈光疾病，而近視比率增加最快的期間是國小時期（註 1），近十年來國小學生近視比例趨緩下降，尤其以北部都會區（雙北、桃園、宜蘭）的降幅最為明顯（註 2）。然而國健署調查顯示，2017 年有約三分之一的高三學生有高度近視，相關健康風險仍需持續關注（註 3）。

註 1 107 學年度國小一年級學生的近視比例為 19.8%，但國小六年級學生的近視比例則已高達 70.8%。

註 2 全臺的國小學童近視比例從 100 學年度的 50.0% 降至 107 學年度的 44.8%，減少 5.2%；同期間，宜蘭縣減少 11.2%、臺北市減少 7.8%、新北市減少 7.1%。

註 3 衛福部國健署（2018）[1] 指出，高度近視容易產生早年性白內障、青光眼、視網膜剝離及黃斑部病變，甚至有 10% 會導致失明。

數據資料來源：教育部，中華民國教育統計－國小、國中、高中學生裸視視力
衛福部國健署，2017 年兒童青少年視力監測調查計畫 我國兒童青少年近視盛行率

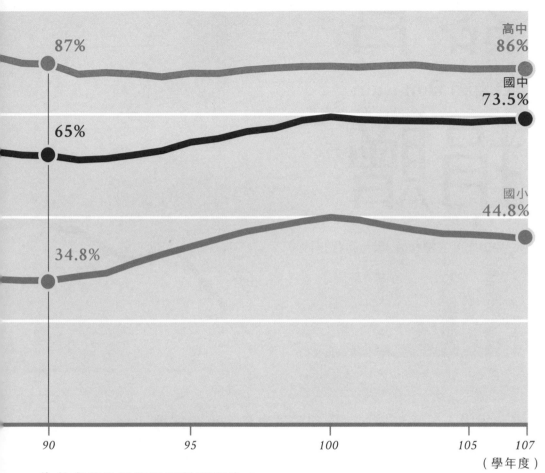

高中
86%

國中
73.5%

國小
44.8%

87%

65%

34.8%

| 90 | 95 | 100 | 105 | 107 |

（學年度）

為什麼學生近視需要特別關注？

研究指出愈早近視，將來變成高度近視的機會也愈大（註 4）；且視力會在 18 歲左右漸趨穩定。因此，若能在兒少階段及早預防近視，在日後近視的機率也會降低。隨著兒童接觸電子產品的機會增加、年齡下降，如何保護兒童視力是家長需要提早開始思考的問題，也需要政府及學校等各方資源與學童一起努力。

註 4 國健署於 2013 至 2014 年進行介入研究[2]，發現每週戶外活動達 11 小時，一年平均可減少 55% 的近視發生機會；每週日照時間超過 200 分鐘；意即每日課間皆有戶外活動，則可減少 49% 沒近視學童罹患近視的機率。

審訂專家：臺北市立聯合醫院眼科部主治醫師 蕭雅娟
中國醫藥大學新竹附設醫院眼科主任 陳瑩山

器官
Organ Donation
捐贈

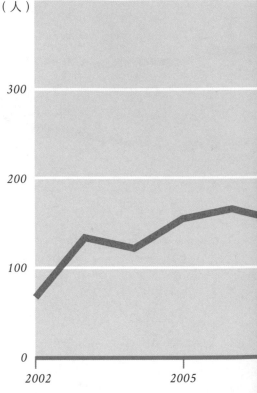

① 器官捐贈人數

（人）

300

200

100

0

2002　　　　　　2005

② **2017 年各國每百萬人器官捐贈率**

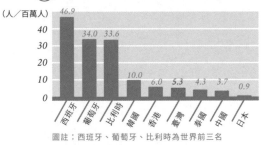

（人／百萬人）

西班牙	葡萄牙	比利時	韓國	香港	臺灣	泰國	中國	日本
46.9	34.0	33.6	10.0	6.0	5.3	4.3	3.7	0.9

圖註：西班牙、葡萄牙、比利時為世界前三名

器官捐贈人數逐年增加，但相較國際仍有進步空間

從 2002 年器官捐贈開始有正式登錄（註1）以來，器捐人數逐年增加。然而，近年來因為器官移植手術的盛行及移植成功率的提高，也使得器官短缺的問題更加嚴重。臺灣近十年的每百萬人器官捐贈率（註2）大致維持在 4.7 至 5.8 間，相較移植先進國仍有差距。

註 1：2002 年成立財團法人器官捐贈移植登錄中心，並開始全國器官捐贈移植登錄系統，始有正式統計資料。

註 2：僅計算捐贈「器官」者，捐贈如眼角膜、骨骼、皮膚、心瓣膜等「組織」者不計入。

數據資料來源：器官捐贈移植登錄中心　器官捐贈人數統計表
國際器官捐贈與移植登記組織（IRODaT）
WORLDWIDE A CTUAL DECEASED ORGAN DONORS 2017 (PMP)

器官捐贈人數：包含捐贈心、肝、腎、肺、胰、眼角膜、皮膚等一項以上器官或組織之捐贈者人數。

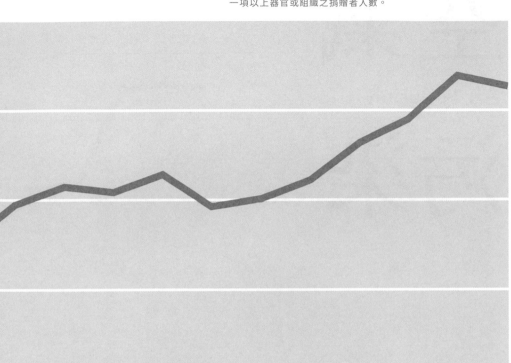

2010   2015   2018

器官捐贈應該採用「選擇同意」還是「推定同意」？

目前臺灣的器官捐贈採取的是「選擇同意制」（Opt-in）（註3），意即死者生前須簽署器官捐贈同意書，或於死亡時其最近親屬同意器官捐贈，醫療人員才會執行器捐流程（註4）。所以即使死者生前有簽署捐贈卡，只要家屬不同意，醫院也不會強行執行器捐。有些人提倡臺灣應仿效西班牙等國家採取「推定同意制」（Opt-out）（註5），讓器官捐贈改為預設同意。然而，推定同意不應是強迫捐贈，除了需要更加完善器捐配套措施，政府更應積極與社會溝通器官捐贈的重要性，才能真正改變病患及家屬的觀念，提高器捐接受度。

註3 我國目前採取「選擇同意制」，器官來源受限於民眾需簽署器官捐贈同意書，死後始得摘取器官，故器官來源無法自給自足，需加強民眾器官捐贈移植觀念。

註4 《人體器官移植條例》第6條。

註5 西班牙及新加坡等國家因將器官視為公共財，採取「推定同意制」，除非確認死者生前表示反對，或有人知道死者曾明確表達過反對器捐，否則即視同願意器官捐贈。

審訂專家：財團法人器官捐贈移植登錄中心執行長　江仰仁
中華民國器官捐贈協會理事長　李明哲

空氣

Air Pollution

污染

① 歷年 AQI、PSI 不良日數占總

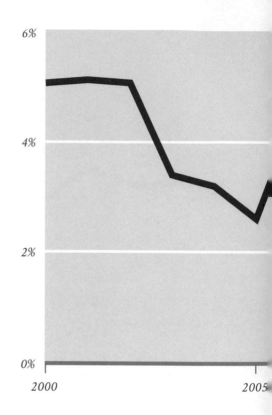

② 2018 年各縣市空氣品質指標 AQI>100 之日數比率

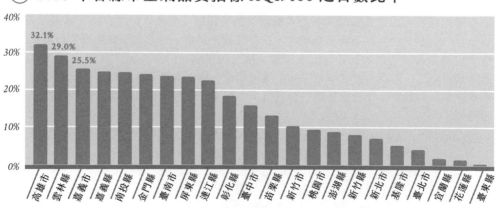

32.1%
29.0%
25.5%

高雄市 雲林縣 嘉義市 嘉義縣 南投縣 金門縣 臺南市 屏東縣 連江縣 彰化縣 臺中市 苗栗縣 新竹市 桃園市 澎湖縣 新竹縣 新北市 基隆市 臺北市 宜蘭縣 花蓮縣 臺東縣

數據資料來源：環保署，環保統計查詢網 空氣污染指標、空氣品質指標、空氣污染物濃度

測日數比率

圖註：2017 年前統計指標為「空氣污染指標（PSI）」，指標值超過 100 為「不良」。2013 年後統計指標改為加入 PM2.5 及臭氧 8 小時濃度的「空氣品質指標（AQI）」，指標值超過 100 為對「敏感族群不健康」。

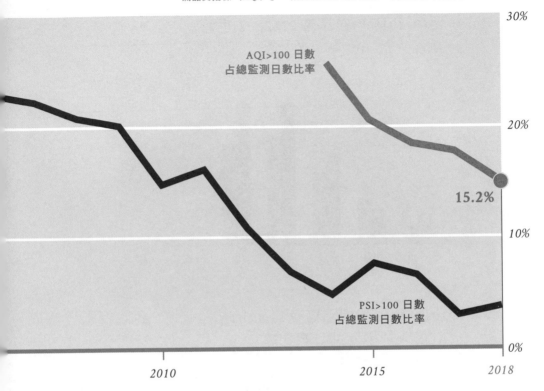

全臺空污超標日數逐年減少，但南北部仍有差距

從空氣污染指標（PSI）（註 1）大於 100 的不良日數逐年減少，2013 年起改為空氣品質指標（AQI）（註 2）後，近五年超標日數也是逐年降低，可以發現臺灣整體的空氣品質愈來愈好。

雖然全臺整體的空氣品質逐年改善，但在人為因素加上氣候影響下，南北部的空污狀況嚴重不平衡，觀察 2018 年 AQI 指標全臺不良日數比率前三名，分別為高雄市、雲林縣與嘉義市，顯示重工業長期集中於中南部，讓中南部的空氣品質受到相當的影響（註 3）。

註 1 依據監測資料將當日空氣中懸浮微粒（PM10）、二氧化硫（SO2）、二氧化氮（NO2）、一氧化碳（CO）及臭氧（O3）等 5 種空氣污染物濃度數值，以其對人體健康的影響程度，分別換算出不同污染物之副指標值，再以當日各副指標值之最大值為該測站當日之空氣污染指標值（PSI）。

註 2 2017 年起，環保署修正 PSI 指標，加計 PM2.5 及臭氧 8 小時濃度值，改為公布空氣品質指標（AQI）。

註 3 臺灣健康空氣行動聯盟引用環保署最新空氣污染物排放量清冊 TEDS9.0，以各縣市工業排放量資料計算人均污染量，得出臺中市及高雄市的人均 PM2.5 排放量分別為臺北市的 82 倍及 121 倍。

審訂專家：資深記者 呂國禎

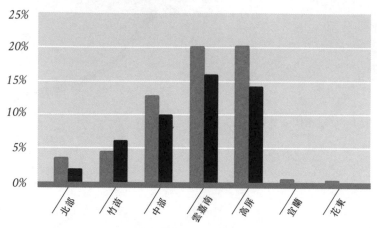

③ 2017-2018 年空品區 PM2.5 8 小時 AQI 大於 100 站日數比率

■ 2017
■ 2018

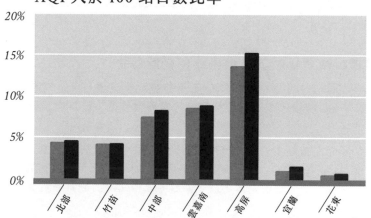

④ 2017-2018 年空品區臭氧 8 小時 AQI 大於 100 站日數比率

■ 2017
■ 2018

數據資料來源：環保署，環保統計查詢網 空氣污染指標、空氣品質指標、空氣污染物濃度

⑤ 細懸浮微粒 (PM2.5) 濃度

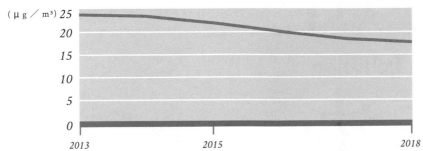

圖註：細懸浮微粒手動監測濃度，於 101 年 11 月 29 日起開始執行採樣，總測站數為 30 站次，104 年增加至 31 站次。

PM2.5 濃度逐年降低，但離不危害健康仍有距離

近年來民眾對空氣品質的意識提升，讓愈來愈多人對空氣中的細懸浮微粒 PM2.5 可能產生的健康危害有所警覺。雖然在《空氣污染防制法》歷年修正管制排放污染源下，確實讓 PM2.5 濃度的平均數值逐年下降至 2018 年的 17.5 μg/m³，但距離 WHO 建議的 10 μg/m³ 標準仍有一段距離（註 4）。而除了 PM2.5 之外，近年來另一項空氣污染物，「臭氧」超標日數的上升同樣值得關注。研究顯示，暴露於高濃度臭氧容易造成眼睛乾癢等對人體更立即性的影響[*2]。

改善空污無法一步到位，產業與民生皆需再進步

面對空污的危害，雖然個人可以透過口罩、空氣清淨機等方式進行基本防護，但若要真正改善空污重現藍天，大至產業結構小至生活習慣，都需要從源頭有更進步的變革。

針對汽機車廢氣及道路揚塵造成的空污，政府歷年推動汰換二行程機車、老舊柴油車等補助，雖然一定程度改善移動污染源，但未來如何推動更便利普及的大眾運輸，讓民眾改變交通習慣，解決目前汽機車數量仍逐年上升的問題，才能更有效地解決。

針對工廠等固定污染源，雖然目前從技術面透過連續監控、安裝空污改善設備等方式控管工業污染的排放，然而仍屢見數據造假、夜間假日偷排避免稽查等問題。若要從「不要偷排／超排的管制」走向「真正改善空污」，改變過去高耗能高污染的產業結構，進行產業升級與轉型，才能改善過去偏重工業發展所造成的環境污染。

註 4 目前臺灣公告 PM2.5 的標準為年均值 15 μg/m³。然而，國家衛生研究院的「懸浮微粒特徵對民眾健康影響之研究」[*3] 指出：「臺灣整體空氣中懸浮微粒濃度雖有逐年下降趨勢，儘管國內醫療水準領先國際，但呼吸道相關疾病的發生、醫療使用人數仍逐年上升」。研究也證實長期暴露在 PM2.5 下會造成老人肌肉量下降、脂肪量增加及肺功能下降，研究族群在年度最低暴露 17.85 μg/m³ 下，仍然未觀察到無效應之閾值」。

河川

River Pollution

污染

① 重要河川嚴重污染長度比率

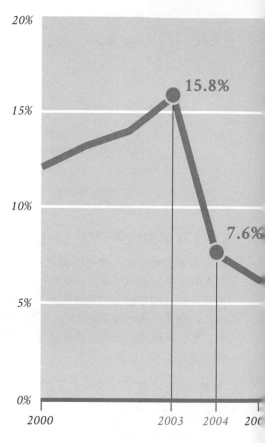

15.8%

7.6%

20%

15%

10%

5%

0%

2000   2003 2004 200

② 重要河川污染情形　■嚴重污染 ■中度污染 ■輕微污染 ■未（稍）受污染

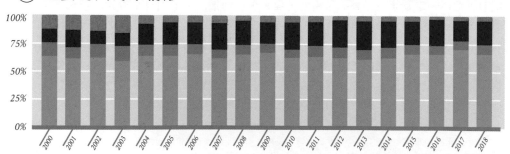

100%

75%

50%

25%

0%

2000 2001 2002 2003 2004 2005 2006 2007 2008 2009 2010 2011 2012 2013 2014 2015 2016 2017 2018

圖註：河川污染分類指標（River Pollution Index, RPI）係由懸浮固體（SS）、生化需氧量（BOD5）、溶氧量（DO）及氨氮（NH3-N）等 4 項水質參數組成；RPI ≦ 2.0 為未（稍）受污染，2.0 < RPI ≦ 3.0 為輕度污染，3.1 ≦ RPI ≦ 6.0 為中度污染，RPI > 6.0 為嚴重污染。

數據資料來源：環保署，環保統計查詢網 重要河川污染情形

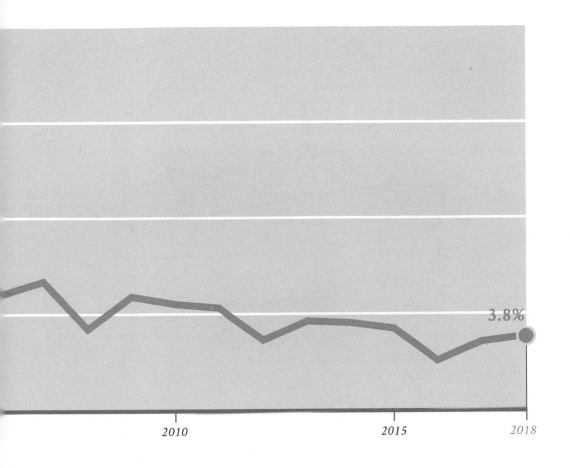

3.8%

2010   2015   2018

河川嚴重污染比率大幅下降，多轉為中度污染

環保署自 2002 年起推動地方政府與民間合作成立河川巡守隊，並陸續採取各種污染削減策略，加上檢調單位和環保單位合作努力打擊廢水偷排行為，讓河川「嚴重污染」比例於 2003 年達到高峰後即逐年降低，許多河川污染程度由嚴重污染轉為中度污染，但可用作灌溉、飲用的輕度、未受污染河川比例卻沒有增加（註1），仍須努力。

註 1 據環保署定義，輕度、未受污染河川可以飲用、作為農業用途；中度污染河川可作工業用水，但盡量避免皮膚接觸；嚴重污染河川無法作工業用水，接觸會有罹患皮膚病的風險。

審訂專家：看守臺灣協會祕書長 謝和霖
環境資訊中心副主綿 彭瑞祥

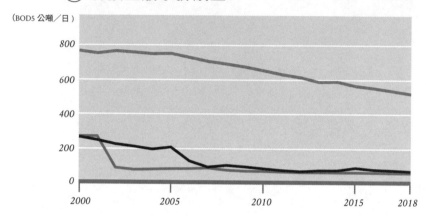

③ 各類型廢水排放量　—— 市鎮　—— 工業　—— 農業

（BOD5 公噸／日）

河川污染是怎麼發生的？又該如何改善？

河川污染的主要來源包括市鎮（生活）、農業（畜牧）及工業廢水，過去二十年以生化需氧量（註2）計算的廢水量逐漸減少，然而其中市鎮廢水的比重也從 2000 年的 58.5%，提升至 2018 年的 81.1%。

在防治工業廢水方面，《水污染防治法》逐年修正，包括提高檢調與環保單位執法效力、加嚴放流水標準、輔導地方政府針對嚴重污染河段採取總量管制措施（註3），或訂定比中央更嚴格的放流水標準，從數據上來看，工業廢水已經獲得一定控制。

註 2　生化需氧量（Biochemical Oxygen Damand，BOD5）是一種用微生物代謝作用所消耗的溶解氧量來間接表示水體被有機物污染程度的一種指標。

註 3　《水污染防治法》於 2015 年修正，同時也通過《違反水污染防治法罰鍰額度裁罰準則》，大幅提高繞流、偷排等行為的罰則。

農業廢水方面，在 2006 年有較明顯的下降可能是因為污染防治設備開機率提高[*1]。隨著歷年養豬戶數逐漸減少、每戶養豬頭數增加（註4），可能有助於豬舍改善與廢水的削減，但在養豬大縣如屏東、雲林、彰化，由於多數業者仍屬小型養豬場，依法操作維護廢水處理設施的能力與意願偏低，因此畜牧廢水對河川水體污染仍然嚴重，亟待政府積極輔導養豬戶進行畜牧糞尿沼液渣作為農地肥分使用、符合放流水標準水資源回收澆灌植物等「資源化」措施，讓畜牧廢水能轉廢為能。

生活污水方面，由於目前多數縣市污水下水道建設仍不足（註5），整體污水處理率僅約五成，導致大量生活污水流入河川造成污染。儘管環保署在下水道設施不足情況下，鼓勵地方政府針對重點河川採取生活污水截流、現地處理等措施（註6），但這畢竟為臨時應變手段，要守護珍貴河川資源，加速污水下水道建設仍是政府需要積極處理的重要課題。

從源頭減少污染源是未來持續改善河川污染的重要任務，值得持續關注的是，2015 年起環保署正式開徵「污染者付費」的水污染防治費，陸續針對工業及畜牧廢水徵收，一方面促使業者減少污染排放，另一方面水污費基金可用於未來污水防治的建設。然而，原先預定 2018 年起要開徵的家戶水污費，目前因「各縣市下水道普及率偏低」暫緩徵收[*2]，後續發展仍需持續關注。

註 4 據農委會的養豬頭數調查，2000 年養豬總戶數為 15,629 戶，共飼養 7,494,954 頭，平均每戶飼養 480 頭；2019 年 5 月底養豬總戶數減少至 6,999 戶，共飼養 5,467,684 頭，平均每戶飼養 781 頭。

註 5 據營建署統計，2016 年全臺 22 縣市中，有 14 個縣市的污水下水道接管率未達 50%。

註 6 對於偏遠、零散、污水下水道系統建設緩慢或未到達之區域，環保署配合建置現地處理設施，截取排水處理，以控制排入河川之水質。

地層
Land Subsidence
下陷

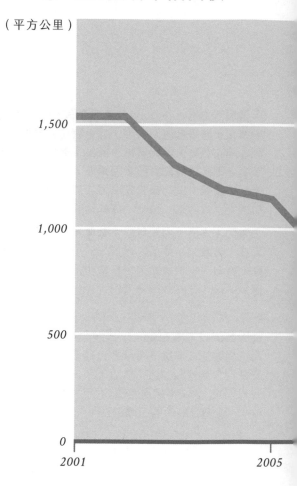

① 地層顯著下陷面積

（平方公里）

1,500

1,000

500

0

2001   2005

地層下陷速率放慢，但仍未完全停止

臺灣歷年曾經發生下陷的區域達 2,491 平方公里[1]，全臺顯著下陷面積由 2001 年的 1,539 平方公里，減少至 2017 年僅有 395 平方公里，顯示近年下陷速率已趨緩，惟若該年度水情不佳，可能導致顯著下陷面積再增加。地層下陷後無法回復，不但使儲存地下水的空間永久縮減，也可能導致低地淹水、海水倒灌及地下水鹽化等問題[2]。

數據資料來源：行政院國家永續發展委員會，2017 年永續發展指標系統評量結果報告書　地層顯著下陷面積

顯著下陷面積：為年下陷速率超過 3 公分之區域的面積。

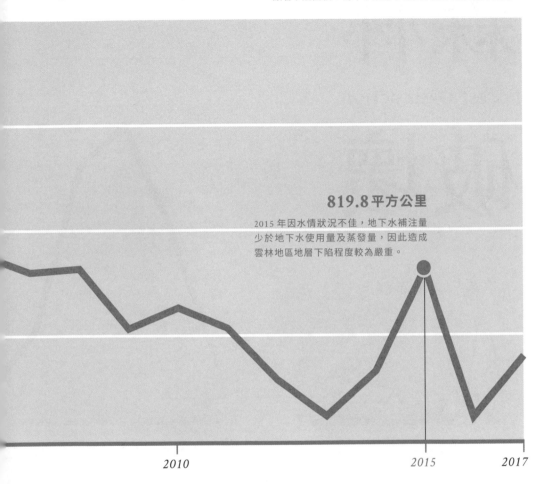

819.8平方公里

2015 年因水情況不佳，地下水補注量
少於地下水使用量及蒸發量，因此造成
雲林地區地層下陷程度較為嚴重。

2010　　　　　　　2015　　2017

從源頭著手，政府該怎麼解決超抽地下水？

超抽地下水是造成地層下陷的主因，而地下水使用難以管理的真正原因，其實是臺灣存
在大量未登記水井（註1），且政府近年在納管與填塞違法水井上執行困難[*3]。然而，地
層下陷防治的推動確實應考量既有產業與民生的需求，因此，政府除了控制違法水井數
量，未來更應積極開發替代水源及善用循環水源[*4]、並調整土地利用及產業發展型態（註
2），才能讓地下水抽用量減少的同時，產業及民生也得以永續發展。

註1 據水利署統計，目前臺灣合法登記水井共 17,882 座，而歷年查獲未登記水井則有 307,809 座。

註2 在農業節流方面，農委會規劃推動海水養殖、推廣枯水期之水稻田一期作休耕或轉（契）作、造林等低耗水
作物等。

審訂專家：環境資訊中心副主編 彭瑞祥
地層下陷防治資訊網路
臺灣大學生物環境系統工程學系教授 童慶斌

森林

Forest Destruction

破壞

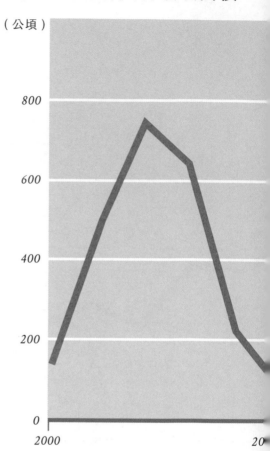

① 人為森林災害破壞面積

（公頃）

800

600

400

200

0

2000 ‧‧‧ 20

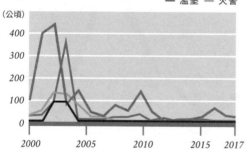

② 各災害破壞面積 ▬ 火災 ▬ 盜伐　▬ 濫墾 ▬ 火警

（公頃）

400
300
200
100
0

2000　2005　2010　2015　2017

人為森林破壞面積以森林火災、火警為主，在 2003 年後迅速下降

細看近二十年來人為森林破壞面積，原因可分成火警、火災（註1）、盜伐、濫墾四大類，其中以火災與火警占比最高，平均占了七成五以上，在 2007 年後調整分類方式，取消火警此項目，全部併入森林火災的分類中。

註 1 2007 年前原火災與火警定義：火警，指森林遭火焚燒後所引起之災害，其被害面積未滿 5 公頃或被害價值新臺幣 20 萬元以下者；火災，指森林遭火焚燒後所引起之災害，其被害面積 5 公頃（含）以上或被害價值新臺幣 20 萬元（含）以上者。

數據資料來源：農委會，農業統計查詢 森林災害統計 森林災害蔓延面積

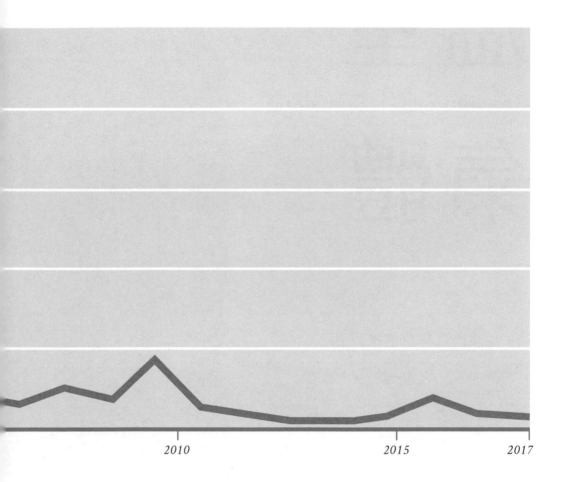

| | 2010 | | 2015 | 2017 |

火災減少後，該如何持續保護山林？

林務局自 2002 年建立火災預警系統，將溫度、濕度等因子納入林火預測系統（註 2），火災發生時較容易在短時間內撲滅，降低自然資源的損害。減少森林火災，接下來仍需關注《森林法》修正提高罰則（註 3）後，是否能有效嚇阻山老鼠盜伐及濫墾珍貴林木的狀況，讓僅存的山林能夠被完整保存。

註 2 2001 年武陵森林火事件引起各界矚目[1]，該事件後林務局積極推動森林火管理計畫，包括應變指揮系統、火災危險度預測系統及改善滅火裝備。

註 3 據法務部資料統計近十年各地方法院檢察署執行違反《森林法》第 52 條案件，判決確定有罪人數合計為 3,176 人，判刑 1 年以下者計 2,894 人，比例達 91 ％。因此《森林法》2015 年修正通過第 50 條及第 52 條，加重罰金及有期徒刑刑度，成效有待觀察。

審訂專家：環境資訊中心副主編　彭瑞祥
臺灣大學森林環境暨資源學系教授　丁宗蘇

溫室

Greenhouse Gas Emission

氣體

① 淨溫室氣體排放量

（千公噸
二氧化碳當量）

300,000

200,000

100,000

0

1990   1995

② 各部門溫室氣體排放量

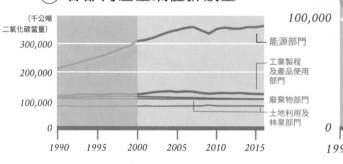

（千公噸
二氧化碳當量）

300,000

200,000

100,000

0

1990 1995 2000 2005 2010 2015

能源部門

工業製程
及產品使用
部門

廢棄物部門
土地利用及
林業部門

2005 年後溫室氣體排放逐漸受控

臺灣的溫室氣體排放量從 1990 年以來逐年上升，但在 2008 年後呈現趨緩（註 1），主因除了政府開始推動「製造業自願減量」（註 2），透過改善製程與設備節省耗能，讓能源部門的二氧化碳排放成長受到控制，也和當年發生金融海嘯後，相關產業的生產量受到景氣影響而減少有關。此外，占溫室氣體排放量比率僅次於二氧化碳的甲烷，在 2000 年後，也因為垃圾處理由掩埋改為焚燒，住商廢水排入化糞池，以及沼氣回收措施而大幅下降。

數據資料來源：淨溫室氣體排放量、各部門溫室氣體排放量

淨溫室氣體排放量：為「總溫室氣體排放量－土地利用、土地利用變化及林業移除量」，移除量除了特定年度受到嚴重風災、火災等木材損失事件會有較明顯變動外，近二十年大致維持在 2,100 萬公噸二氧化碳當量。

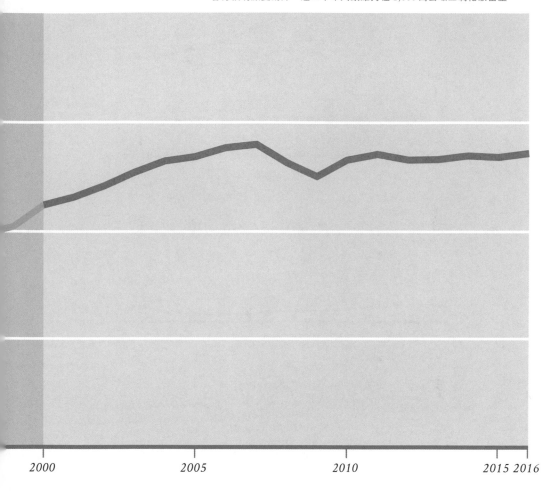

2000   2005   2010   2015 2016

註 1 環保署歷年公布的《溫室氣體清冊報告》中有部分數據在無法取得的情況下以 IPCC 指南的預設值代替，導致統計尚無法良好估計各種排放量與參數上的不確定，然而數據本身還是存在一定參考價值。

註 2 2006 至 2013 年透過自願減量方案，製造業共減少 834.2 萬公噸二氧化碳當量，同期間臺灣總溫室氣體排放量減少 1,094 萬公噸二氧化碳當量，顯示推動高耗能產業製程改善等節能減量投資，可能是當時溫室氣體排放量成長趨緩的重要原因。

審訂專家：資深記者 劉光瑩

環境資訊中心副主編 彭瑞祥

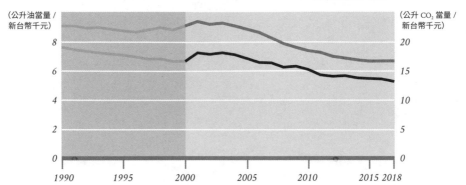

③ 能源密集度及排碳密集度

━━ 能源密集度（左）
━━ 排碳密集度（右）

（公升油當量／
新台幣千元）

（公升 CO₂ 當量／
新台幣千元）

排碳密集度：每單位 GDP 排放的二氧化碳。數值愈高，表示相同的經濟成長，
排放較多二氧化碳。
能源密集度：每單位 GDP 使用的能源。數值愈高，表示相同的經濟成長，消
耗較多能源。

④ 電力排放係數

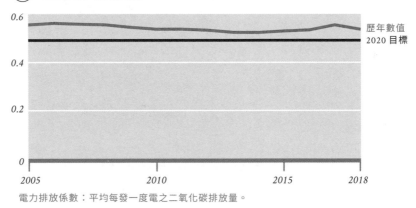

歷年數值
2020 目標

電力排放係數：平均每發一度電之二氧化碳排放量。

環保署減碳目標：相較 2005 年，2020 年排放量再減少 2%

在 2018 年聯合國通過《巴黎協定》（註3）後，臺灣也提出以 2005 年為基準年，2020 年
溫室氣體排放量要較基準年減少 2%、2025 年減少 10%、2030 年減少 20% 的三階段目標，
在環保署提出的六大部門減碳具體行動目標中，占溫室氣體排放量大宗的「產業部門」
及「能源部門」尤其值得關注。

註 3 《巴黎協定》（*Paris Agreement*）是 2015 年聯合國氣候峰會所通過的氣候協議，由各個國家每五年提出自
己的「國家自定氣候貢獻」（Nationally Detemined Contributions，NDCs），並在五年期間執行。

數據資料來源：能源密集度：106 年永續發展指標系統評量結果報告
　　　　　　　再生能源發電占比：經濟部能源局 能源統計月報 發電結構
　　　　　　　發電排放係數：經濟部能源局 107 年度電力 排碳係數

⑤ 再生能源發電比率

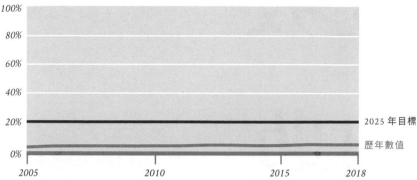

再生能源發電比率：全國風力、水力、太陽能、地熱、廢棄物、生質能等再生
能源的發電量占總發電量比率。

產業轉型：經濟成長的同時，排碳量可能減少嗎？

2003 年起臺灣的排碳及能源密集度皆逐年下降，代表產出 1 元 GDP 所排放的二氧化碳與需要耗用的能源都有減少的趨勢，而國際上也已經有案例顯示在經濟成長下減碳與節能是可行的目標（註 4），其中以耗能產業的轉型最為迫切。然而，臺灣的排碳與能源密集度下降也可能與產業外移有關，在環保意識提升及法規限制下，高耗能及高碳排的產業會將工廠外移到環保法規較寬鬆的國家，造成海外生產的收入仍計入 GDP，但碳排放實質上只是外包（Outsourced Emission）到其他國家的假象。這項課責上的難題，仍有待國際社群透過氣候談判協商出明確的原則。

能源轉型：減少化石燃料的同時，如何維持能源穩定？

減少化石燃料的使用是削減溫室氣體的重要環節，除了增加能源效率及節能，在目前耗電量穩定成長，且政策排除以核能作為減碳手段的前提下，政府提出將老舊燃煤、燃油機組更新，以及 2025 年再生能源發電占比 20% 能否達標，將是臺灣溫室氣體排放能否減少的關鍵。

註 4 中研院 (2019) 報告[1] 指出，英國 2015 年的排碳量已降至維多利亞女皇年代（即 19 世紀末）的水準，但過去數年，在快速減碳的同時，英國仍能維持經濟上的蓬勃發展，顯現排碳與經濟脫鉤已經是明確可行的目標。借鏡其他國家，降低製造業排碳密集度主要可以透過「提升需求面能源效率」、「大幅電氣化」及「電力系統去碳化（使用核能或再生能源發電，以及在火力電廠配置碳捕捉、利用與封存技術）」。

可參考「停電」（G84 頁）、「電力」（B48 頁）。

垃圾

Recycling

回收

① 資源垃圾回收率

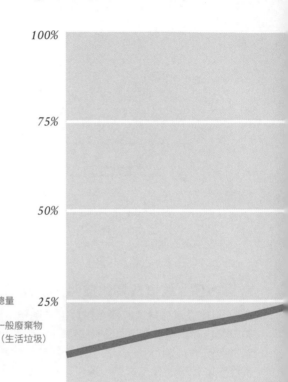

② 垃圾焚化廠處理量

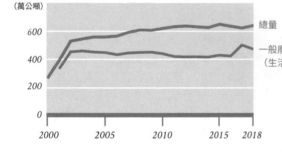

(萬公噸)

總量

一般廢棄物
（生活垃圾）

資源回收率大增，垃圾焚化量卻沒有減少？

圖註：垃圾焚化處理量除了一般廢棄物，也包含事業廢棄物的代燒。2017 年起一般廢棄物進廠量遽升 80 萬公噸，主要原因為縣市垃圾大戰，高雄焚化廠也協助處理屏東生活垃圾，同年年底中國宣布禁止從國外進口 24 種可回收廢棄物，也讓無法出口的廢物料增加焚化處理數量。

近二十年來政府推廣資源回收的成果「看來」相當亮麗，2018 年資源回收率達到 53.3%，焚化爐的一般廢棄物（註 1）進廠量在 2017 年以前也逐年下降。但看守臺灣協會祕書長謝和霖指出，回收率的計算其實有許多問題，分母的垃圾產生量中有部分被不當歸類為事業廢棄物而虛減（註 2），分子的資源回收量中則有部分來源沒有經過嚴謹驗證而有虛胖之嫌（註 3），且「回收量」並非「實際再利用的量」，實務上經常發生部分回收物難以處理再利用，或是回收價格不符處理成本，導致最後仍進到焚化爐。

數據資料來源：環保署，環保統計查詢網 一般廢棄物產生量 資源垃圾回收率
環保署，垃圾焚化廠管理系統 營運年報

圖註：環保署 (2019)[1] 指出，2018 年起要求公民營及事業廢棄物清除、處理機構在處理一般廢棄物時，選用 H-0001（一般垃圾）等 7 項一般廢棄物代碼，讓原先被誤分到事業廢棄物的一般廢棄物能被正確統計。

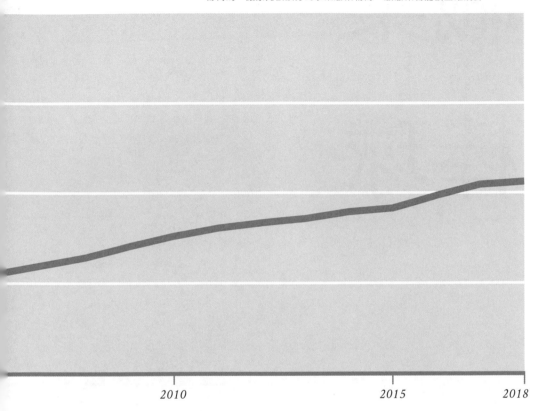

焚化爐陸續屆齡，垃圾源頭減量、提高回收再利用率成當務之急

目前臺灣垃圾主要透過焚化處理，但 2026 年前全臺 24 座焚化爐就會陸續面臨屆齡除役或延役問題。雖然環保署提出原地升級、更新焚化爐的計畫（註 4），但要解決根本的問題，除了從源頭減少垃圾以外，賦予產源更多分類責任，提高回收物分類品質與價值，同時擴展某些回收物的再利用管道，是接下來臺灣在垃圾處理的重要課題。

註 1 一般廢棄物包括一般垃圾、資源垃圾、巨大垃圾及廚餘，2018 年起加計事業員工生活垃圾。

註 2 謝和霖指出，非由清潔隊送到焚化廠的垃圾（如民間清運業者清運的公寓大廈垃圾），會被歸在事業廢棄物，而非列入一般生活垃圾中。

註 3 謝和霖進一步提到，社區、機關、學校的回收量遠大於清潔隊的回收量。然而社區、機關、學校申報的回收量，並沒有磅秤依據或查證比對。

註 4 環保署於 2016 年提出「建構綠能永續新世代垃圾處理計畫」，預計延役 19 座大型焚化爐。

審訂專家：資深記者　呂國禎
看守臺灣協會祕書長　謝和霖
FEnato 1ab 創辦人　王家祥

職業
Professional Baseball
棒球

① 中華職棒平均單場觀眾人數

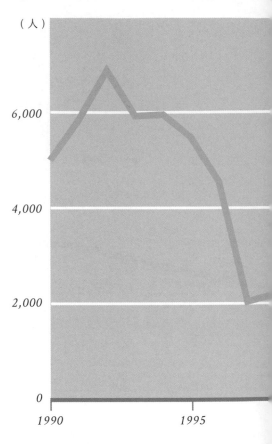

（人）

6,000

4,000

2,000

0

1990　　　　　　1995

擺脫假球陰霾，國際賽及嶄新看球體驗讓觀眾回流

中華職棒邁入三十週年，平均進場人數也正處於近二十年來的高檔。回顧過去，進場人數在 1996 年爆發賭博事件後跌至谷底後，一直到 2001 年中華隊在世界盃棒球賽拿下銅牌，加上 2003 年中職與臺灣大聯盟合併結合兩聯盟觀眾，才讓觀眾開始逐步回流。但 2005 年至 2009 年陸續爆發職棒簽賭案（註1），進場人數再次滑落。2013 年，中華隊在世界棒球經典賽創下佳績，加上傑出旅外球員返臺加盟及球團引進更多元有趣的看球體驗，吸引球迷更願意進場支持。

註 1 2005-2009 年檢調陸續偵辦幾起重大職棒簽賭事件，黑道介入以利誘、威脅方式，唆使球員放水、打假球。造成職棒觀戰人數驟減，球團經營也開始出現危機，隨後，陸續有球團宣布解散，中華職棒從六支球隊變為四支球隊。

數據資料來源：中華職棒大聯盟全球資訊網 球迷成長數

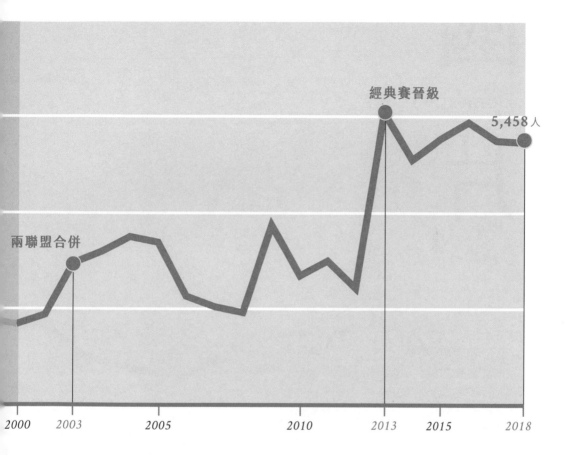

兩聯盟合併

經典賽晉級

5,458人

2000　2003　　2005　　　　2010　　　2013　2015　　2018

號稱「國球」的棒球，該如何永續經營？

在假球案後，聯盟制定規章防範簽賭（註2），再加上逐年保障球員最低薪資（註3）等更合理化的待遇，讓中職逐漸走出假球案的陰霾，球迷開始回流。號稱「國球」的棒球是臺灣發展最完整的職業運動，未來政府、球團及聯盟仍需努力持續改善職棒的管理與整體環境、完善職棒球員參與國際賽事的保障、強化基層棒球的發展等，才能讓觀眾持續進場支持，讓臺灣棒球能永續發展！

註2 聯盟積極從事各項安全防護工作及改進事項，加強球員教育、隊職員基本資料建立外，並對球賽監控，同時也設置評估小組、審核小組與跟監小組，協助球團訂定涉賭管制辦法，也於比賽前對球員進行酒測等。此外也設置檢舉電話與檢舉獎金，公告社會大眾，希由全民共同監督職棒。

註3 中職聯盟於 2014 年決議，設立最低薪資 7 萬元標準[1]，並參考現行勞退基金法規，將提撥薪水 6% 作為信託基金，選手退役後可作為退休金保障。同時通過自由球員制度，設立新球團需支付原球團薪資條件及薪資上限，保障選手與球團權益。

審訂專家：棒球球評、基層棒球隊教練　黃國洲

國

Domestic Films

片

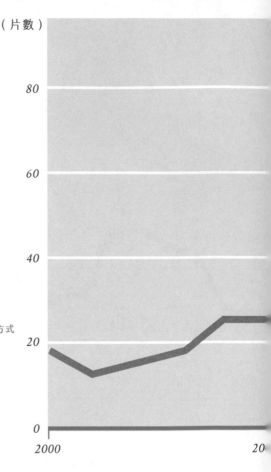

① 全臺院線映演國片數

（片數）

② 國片占票房百分比

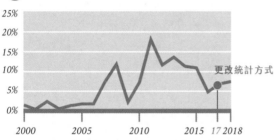

圖註：由臺北市的國片票房占所有電影票房比例推估。
2017 年以前，全臺票房統計以北市票房為基礎，再乘以
2 至 3 倍的基數計算，但 2015 年《電影法》第十三條修
改，規定戲院電腦加裝電腦票房統計系統，2017 年數據
才更改為「全臺戲院回報票房」。

國片上映片數逐年增加，票房表現卻沒有跟上成長

國片走過 1990 至 2000 年代初期的黑暗期（註1），在 2007 年以後幾部賣座國片（註2）
的帶動下，每年上映院線的國片數持續增加，2015 年起每年更皆有超過 60 部國產電影
登上院線。雖然上映數量增加，但國片面對來自全球電影的競爭，票房的占比仍起起伏
伏，2013 年以來更呈走跌趨勢，後續發展值得持續關注。

註 1 1989 年，臺灣政府為因應加入 WTO 的新環境，決定對外國電影採取開放措施，取消保護政策的狀況下讓
國片每年產量從 1996 年起僅 15 至 20 部，票房市占率僅為 1% 到 2%。

註 2 據《中華民國電影年鑑》統計，歷年幾部創下賣座票房 2007 年《色戒》票房 2 億 5 千萬、《不能說的祕密》
票房 5 千萬、2008 年《海角七號》票房 5 億 3000 萬、2011 年《賽德克巴萊》票房上集 4 億 7 千萬、下集 3 億 1 千萬。

數據資料來源：文化部，文化統計指標 國產影片審議分級部數（部）
　　　　　　　文化部，文化統計指標 臺北市首輪電影國片票房占比（%）、文化部
　　　　　　　文化統計指標 臺灣電影國片票房占比（%）

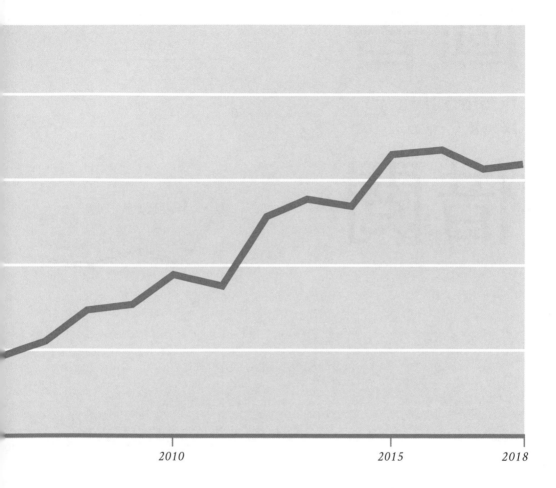

2010 2015 2018

政府如何創造更好的電影產業環境？

雖然國片即使登上院線也不一定有票房保證，但電影的價值其實不應只侷限於票房，更需重視映像裡反映與保存的當代生活樣貌、社會脈動的文化價值。然而，若希望未來有更多優質的國片，創造一個鼓勵創作的環境，正是電影產業一直以來的挑戰。未來，透過建立完整的電影資料庫系統、評估修法提高票房數據的準確度（註3）、從根本提供資源、協助發展等，皆應是相關機構需要審慎規劃的。

註3 雖然臺北市票房統計為基準的時代已過去，但回報系統的嚴謹度仍待加強提升。未來電影的製作的風險評估與收益預測等，都可能會更仰賴數據，票房也直接影響了片商與戲院的拆帳，然而數據在沒有任何強制性的查核或同步連線等規範下，其可信度仍待保留。

審訂專家：世新大學廣播電視電影學系助理教授 張道平
臺北藝術大學電影創作學系兼任教授／電影製片 焦雄屏

圖書

Public Library Book Circulation

借閱

① **圖書館圖書借閱人次**

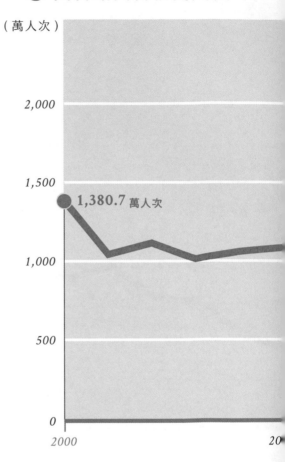

（萬人次）

1,380.7 萬人次

2,000

1,500

1,000

500

0

2000　　　　　　　　　　20

② **全國圖書館館數及藏書量**
━ 圖書館館數　━ 圖書館藏書量

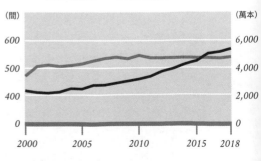

數據資料來源：主計總處，2011 年社會指標統計年報
國家圖書館，全國新書資訊網 ISBN ／ CIP 申辦統計

圖註：2011 年以前資料來自《社會指標統計年報》，2011 年後來自 2019 公共圖書館統計資料分析。

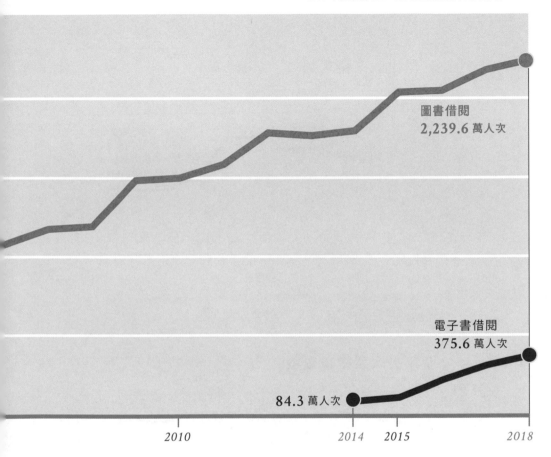

圖書借閱
2,239.6 萬人次

電子書借閱
375.6 萬人次

84.3 萬人次

2010　　　　　　　2014　2015　　　　　2018

公共圖書館硬體建設進步，借閱人次大幅增加

二十年來圖書借閱人次成長了近一倍，除了圖書館數量增加，讓民眾更容易就近享用公共圖書資源外，藏書量大量增加也開放民眾在借閱上有更多元的選擇。另外，隨著科技、物流產業發展，圖書館不僅推出電子書借閱，也提供了跨館借閱等服務，讓知識的取得更加方便、快速。

審訂專家：政治大學科技管理與智慧財產研究所副教授　陳秉訓

③ 書籍出版業銷售額

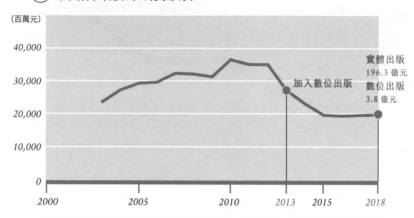

圖註：2013 年營利事業家數及銷售額統計第 7 次修訂後，將書籍出版業細分為實體書籍出版及數位書籍出版，因此 2013 年後數值為為兩者加總。

④ 歷年出版新書種類數

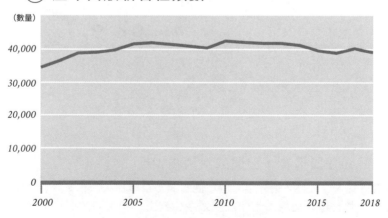

數據資料來源：國立公共資訊圖書館，2019 公共圖書館統計資料分析
　　　　　　　財政部，營利事業家數及銷售額統計（第 4-8 次修訂）

資訊取得管道更多元，對出版業是好還是壞？

雖然圖書借閱人次上升、每年出版的新書種數也仍維持在 4 萬本上下，但出版業的銷售額卻大幅萎縮。原因之一源於近年網路影音服務的發達，Youtuber、線上學習網站等各式各樣新型態的知識型產業快速崛起（註1），改變國人娛樂及學習習慣。不論是知識來源或娛樂需求，都有更多不同的管道可以選擇。

學習管道的多元化固然是好事，但若書市持續萎靡，出版社的營收勢必會受到影響，連帶影響出版意願及品質。如翻譯書的占比增加（註2），影響本土作家的創作空間，或是每年出版的書籍量減少、內容多元性下降等。

然而，圖書館、出版業與新型態的內容產業之間，其實並非完全互斥關係。例如近年博客來投身電子書服務與說書知識型網紅的崛起，讓圖書的線上線下整合逐漸成形。在實體書店方面，雖然過去以單純賣書的傳統書店持續衰退，但從生活提案型的獨立書店崛起，可以發現展示與品味氛圍建構功能日漸明顯。在資訊爆炸的時代，不論是出版業或是廣泛的內容產業，雖然都面對市場產值被分食的危機，但若能創造資訊傳播的新價值，也可能成為產業轉型進化的契機。

註 1 資策會 (2017) 指出，2017 年臺灣智慧（數位）學習產值相較於去年成長 7.2%，產值為新臺幣 1181.29 億元。

註 2 據國家圖書館 (2017) 統計，國內出版業大量出版翻譯作品，或許有其市場價值的考量。以博客來為例，2016 年暢銷書總排行中，前十名就有 4 本為翻譯書。公共圖書館 2016 年借閱排行榜中語言文學類書籍前 20 名，翻譯作品即高達 11 本占 55%。

藝文活動

Art Activities

① 人均參與藝文活動次數

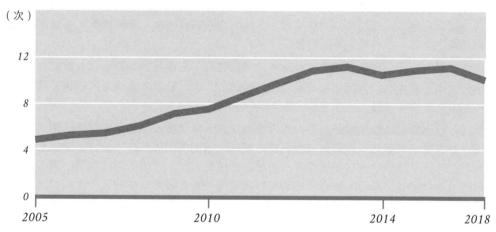

（次）

人均參與藝文活動次數：所有藝文活動的總參與人次除以全國人口數。2005 年起藝文活動統計包括視覺藝術、
工藝、設計、古典與傳統音樂、流行音樂、戲劇、舞蹈、說唱、影視／廣播、民俗與文化資產、語文與圖書、綜合、
其他等共 13 類。

藝文活動平均出席人次及每人參與次數皆倍增

藝文活動不只調劑民眾生活、凝聚在地文化，更能培養文化涵養。從 2005 至 2015 年間，
每人平均參與藝文活動次數及單場藝文活動參與人次皆快速成長，顯示歷年來藝文活動
確實吸引到更多進場人次，但無從得知是所有藝文活動皆平均成長，抑或只是特定大型
藝文活動拉高平均人次。此外，2016 年以後藝文活動的參與停止成長，後續發展值得
持續觀察。

數據資料來源：社會指標統計年報 平均每人出席藝文活動次數、
藝文展演文化活動個數、文化部文化統計年報 平均每人出席藝文活動次數
藝文展演文化活動個數、總參與人次，主計總處 (2019)，國情統計通報 第 135 號

② 單場藝文活動平均出席人次

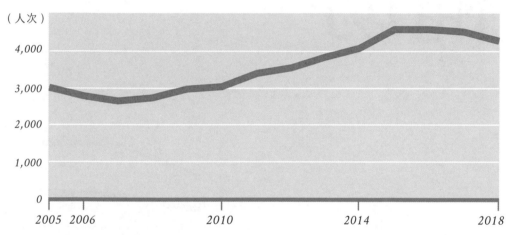

（人次）

4,000

3,000

2,000

1,000

0

2005　2006　　　　　2010　　　　　2014　　　　　2018

單場藝文活動平均出席人次：藝文活動總參與人次除以藝文活動總數。

藝文活動參與如何更平等具包容性？

文化平權的概念，是人民有參與、欣賞與共享文化之權利，不應因收入、地域、身心障礙等而有所區別[*1]。因此，雖然歷年來藝文活動參與人次明顯增加，但接下來文化主管機關仍須努力推動文化平權，且在透過補助執行文化社會福利的同時，應依不同族群與地域的狀況擬定配套措施（註1），才能實踐擴大文化參與，同時縮小文化差異的文化平權。

註 1 國藝會（2016）[*2] 報告指出，借鏡他國政策，義大利曾於 2016 年推出 18App 針對特定年齡層發放文化補助金，然而卻因未妥善規劃記名機制、地區供應端等配套，不僅無法促進弱勢族群的文化參與意願，也對非都會區的藝文活動幫助有限。

審訂專家：社團法人中華民國表演藝術協會專案研究員　蔡淳任

藝文

Subsidy on Art Activities

補助

① 文化部補助國內團體及地方

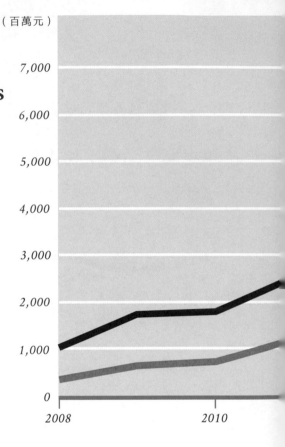

（百萬元）

② 文化部補助金額占當年度決算比率

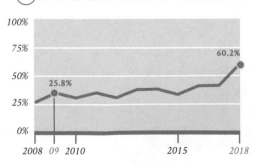

25.8%

60.2%

2008　09　2010　　　2015　　　2018

數據資料來源：文化部，文化指標統計　文化部及所屬機關（構）公款補助國內團體補助金額（百萬元）
　　　　　　　文化部，文化指標統計　文化部公款補助地方政府金額（百萬元）
　　　　　　　文化部，文化部及所屬機關（構）補（捐）助經費概況（2019 第 2 季）

政府金額

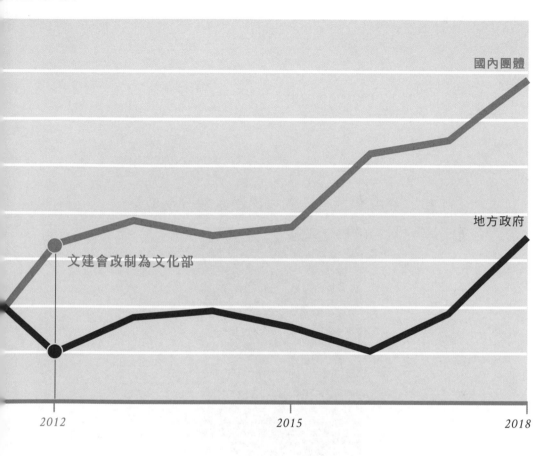

國內團體

地方政府

文建會改制為文化部

2012　　　　　　　　*2015*　　　　　　　　*2018*

改制文化部，對民間團體的補助金額大幅提升

2012 年文建會改制為文化部後，每年文化部決算中補助金額的占比在波動中提升，2018 年更遽增至 60.2%。其中，「補助國內團體的金額」從 2012 年後便逐年快速增加，顯示在改制後，政府投入更多資源在補助藝文團體。

然而，歷年金額快速增加主要皆為新增特定補助計畫項目，如 2012 年新增 9.5 億元的廣播電視事業輔導補助（註1）、2013 年新增 17.8 億元的影視及流行音樂推動與輔導補助、2016 年對藝術業務推展與輔導的補助則較前一年度增加 10.8 億元。

註 1 2012 年的補助金額大增，主要新增項目尚包括出版業務推動與輔導（2 億元）、對財團法人中央通訊社捐助（2.1 億元）、對財團法人中央廣播電臺捐助（3.1 億元）、對財團法人公視基金會捐助（6.2 億元）等。

審訂專家：社團法人中華民國表演藝術協會專案研究員　蔡淳任

③ 2017 年文化部補助國內團體金額分配情形

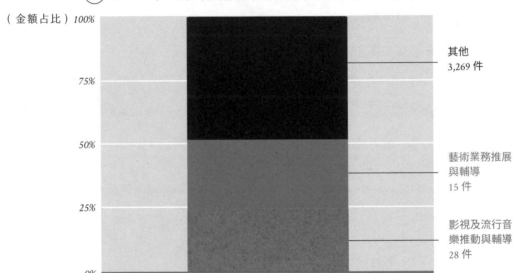

（金額占比）100%

75%

50%

25%

0%

其他
3,269 件

藝術業務推展
與輔導
15 件

影視及流行音
樂推動與輔導
28 件

圖註：其他補助項目尚包括視覺及表演藝術之策劃與發展、電影事業輔導、文化資產業務、廣播電視事業輔導、人文文學及出版業務推展與輔導等 20 類。

數據資料來源：文化部，歷年文化統計資料查詢 文化經費 文化部及所屬單位公款補助團體及個人

藝文補助金額增加，如何在效益與公平性之間取得平衡？

雖然歷年藝文補助金額顯著增加，然而補助的分配情形卻相當集中，2017 年文化部對國內團體的補助中，1.2% 的補助件數便占去 51.6% 的補助金額（註 2）。在經費有限的情況下，分配的均衡、評審的標準一直是藝文補助領域備受爭議的議題。目前各獎補助制度零散且缺乏通盤考量（註 3），且特定項目囊括大量補助，讓原本立意良善的補助錦上添花。以表演藝術為例，將近一半的表演藝術團體皆為虧損經營（註 4）。因此，在經費變多的同時，資源如何分配（註 5）、如何改善審核機制的資訊不對稱等問題，仍是接下來藝文補助制度需要更多對話與變革的地方。

藝文補助分配，有更好的可能性嗎？

在國家藝術基金會（國藝會）之後，文化部近年規劃以更多的專業中介組織（註 6）分配國家的補助資源，或許是逐步改變當前藝文補助資源過度集中的一個契機。透過文化中介組織，除了逐步落實由藝文專業的評審決策藝術文化資源的補助與分配，同時也可強化政府與業界間的溝通協調。然而，半官方的文化中介組織如何對內維持獨立性與專業性，同時整合外部的一般民眾、藝文創作者與既有的民間中介組織（註 7），建立互信互助的關係，都是臺灣文化治理與組織再造的重要課題。

註 2 2017 年文化部 3,672 次（件）數共 55.6 億元的補助中，28 件的影視及流行音樂推動與輔導補助占 13.6 億元（24.5%），15 件的藝術業務推展與輔導補助占 15.1 億元（27.2%），合計 51.6%。

註 3 文化部 (2018)[1] 指出，藝文生態缺乏長期穩定、涵蓋各面向且針對藝文人才設計之獎補助制度，相關規劃及審核機制亦不夠公開透明，長期下來資訊明顯不對稱。

註 4 臺經院 (2016)[2] 研究分析 2014 年表演藝術團體營運概況，發現僅有 22.1% 為獲利、28.4% 達成損益兩平，有多達 49.5% 的團體為虧損經營。

註 5 行政院研考會 (2009)[3] 引用夏學理 (2006) 研究指出，一般的認知是，民間團體只是跟著政策走，政策到哪民間就跟到哪。因此，政府選擇對某些文化藝術議題處理或補助，而對另一些文化藝術議題忽略或不補助，自然就是政策取向與影響。

註 6 為避免藝術創作與表達受政府干預與國家政治意識型態操弄，文化中介組織的成立可以成為與主管部會間具有功能上區隔及支持體系。臺灣目前的文化中介組織包括以獎勵文化藝術事業為主要業務的國藝會、以及以投資文化創意產業為主要業務的文策院等。

註 7 目前臺灣既有的民間中介組織，包括表演藝術聯盟、中華民國視覺藝術協會、臺灣社區改造協會等，長久直接與藝文環境互動，與觀眾、創作者及政府已有良好默契。

Dropout

輟

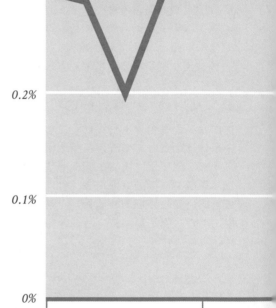

① 國中小以下輟學率

0.4%

0.3%

0.2%

0.1%

0%

86   90

② 國中小以下復學率

100%

75%

50%

25%

0%

86   90   95   100   105 (學年度)

輟學率下降後，提升復學率是下個挑戰

自 87 學年度開始，調整通報方式改為網路登記通報，通報程序較完整與正確，導致近年來輟學率在網路通報有上升趨勢（註 1），但在 91 學年度後輟學率開始下降，接下來的挑戰便是如何提高復學率。

註 1 針對 88 學年度輟學率突降，推測原因可能為登錄作業的誤差，實際訪問相關工作人員也無法得到有效解讀，真實下降原因有待查證。

數據資料來源：92 學年度以前來自 賀孝銘等 (2007)，輔導與諮商學報 29(2): 73-98，我國中輟防治工作現況與困境之研究
93 學年度以後來自 教育部，中華民國教育統計 國民中小學中輟生人數

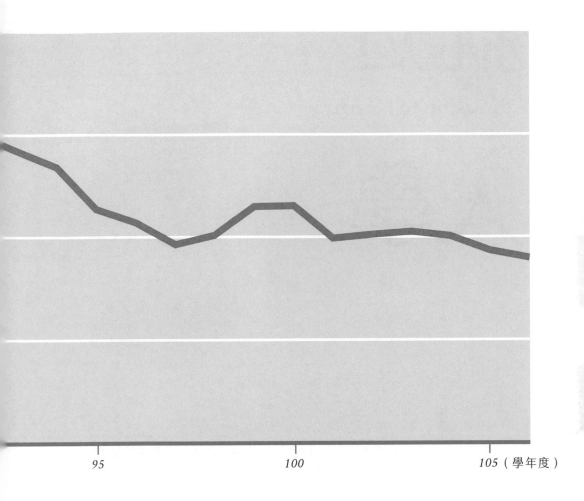

95   100   105（學年度）

為什麼學生會中輟？哪些因素影響中輟？

研究指出，中輟的原因牽涉個人、家庭、學校、同儕等種種「危機因素」（At-risk Factors）的阻礙，導致青少年視上學為畏途[*1]。觀察各縣市的輟學率，可以發現中輟狀況存在地區性差異（註2），是否有縣市結構性的因素，以及各縣市因地制宜提出對策值得關注。

註 2 觀察各縣市 106 學年度的輟學率，東部地區的花蓮（0.44%）與臺東（0.37%）、北部地區基隆（0.36%）的輟學率接近甚至高於全國平均值（0.19%）的兩倍。但需注意的是，花東基隆還有離島縣市母數很小，所以只要有一兩個中輟生增加，很容易大幅提高比率。

審訂專家：臺灣師範大學教育政策與行政研究所教授　王麗雲
親子天下媒體中心總編輯　陳雅慧

就近

Admission to Nearby School

入學

① 高中就近入學率

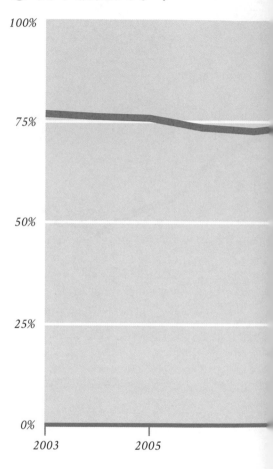

2010 年五都改制，高中就近入學率上升

五都改制，臺中市、臺南市、新北市升格為直轄市，區域縣市合併，使就近入學率提升，但實質的就近入學率是否有提高則難以確認。同時 99 至 100 學年度為免試入學「宣導推動期」，自 101 學年度起擴大辦理，公私立高中職與五專都擴大免試名額，目標至少需占總招生名額的 55% 以上，這些調整都帶動了高中就近入學率的提升。

數據資料來源：教育部，教育統計年報 高中新生就近入學率

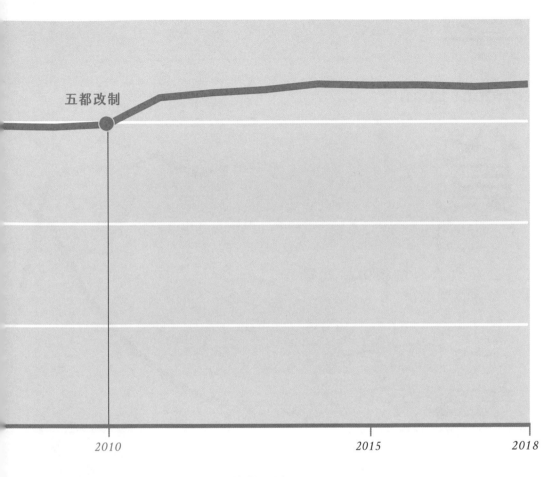

2010   2015   2018

明星高中迷思是否為就近入學的阻礙？

根據教育部公務統計資料，106 學年度全國就近入學比率已達 83%，細看各縣市資料，可發現臺北市因為交通便利、擁有多所傳統名校等因素，吸引了許多外縣市的學生就讀，就近入學率僅 60.4%。

雄中、雄女學生在 2019 年發起「終結放榜新聞連署」，這項訴求已經獲得雄女、建中、北一女、師大附中等學校與教團表態支持，顯示可能愈來愈多學生拒絕被套上成功的模板。或許均質化教育與就近入學最大的挑戰，並不是教育資源的分配，而是社會觀念的革新，如何讓學生打從心底相信自己能定義成功，並意識到更多自我實現的可能，才是教育最難的課題。

審訂專家：臺灣師範大學教育政策與行政研究所教授　王麗雲
親子天下媒體中心總編輯　陳雅慧

Student Loan

① 高中職以上就學貸款申請人

（千人次）

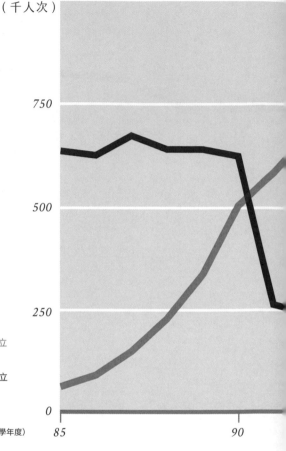

② 公私立大專院校申請就學
貸款人數比率

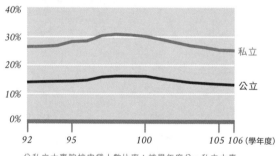

私立

公立

92　　95　　　　100　　　105 106 (學年度)

公私立大專院校申貸人數比率：該學年度公、私立大專
院校申請就學貸款人數占學期底在學人數比率。

85　　　　　　　　90

學貸利率調降及學雜費減免，讓高等教育更加普及

就學貸款申請人次呈現「家庭無法支持子女進入高等教育」的數量，教育部在 92 學年
後逐步調降學貸利率，較低的利率讓申貸人次上升。但 100 學年度起，教育部進一步推
動中低收入戶學雜費減免（註1），使申貸人次逐年下降，104 和 105 學年度也再次調降
就學貸款利率，減少低社經地位家庭的負擔。

註 1 教育部在 2011 年發布《學雜費減免辦法》，低收入戶學生的學雜費全免，中低收入戶學生則減免三成，
2016 年又將減免比例提高到六成。

數據資料來源：1 教育部高等教育司，高級中等以上學校學生就學貸款統計
　　　　　　　2 教育部圓夢助學網，92-106 學年度高級中等以上學校學生申請就學貸款人次、人數及貸款金額

次及貸款利率

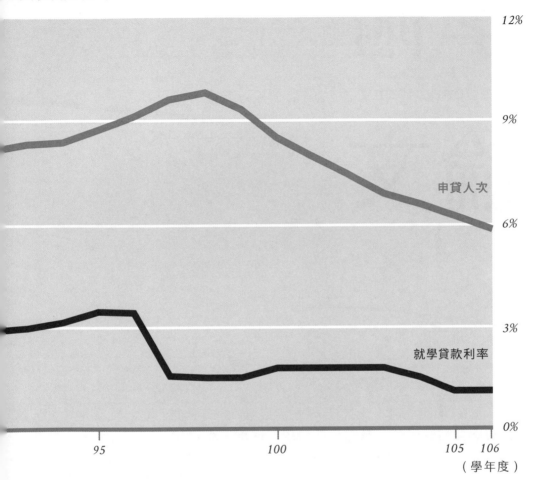

申貸人次

就學貸款利率

95　　　　　　　100　　　　　　105　106
（學年度）

申貸人次減少就代表高教負擔問題解決了嗎？

不論公、私立大專院校申貸人數比率皆從 100 學年度後逐年下降，然而在高中畢
業升學率逼近 95%、高職升學率也達 80% 的現在，全臺仍有三分之二的學生就讀
學費較貴的私立大專院校，而每四個私立學校學生中就有一位申貸，雖然高教逐
漸普及，離「每個人都能負擔的高等教育」目標仍有一段距離。

審訂專家：臺灣師範大學教育政策與行政研究所教授　王麗雲

學術

Academic Paper

論文

① 論文相對影響力

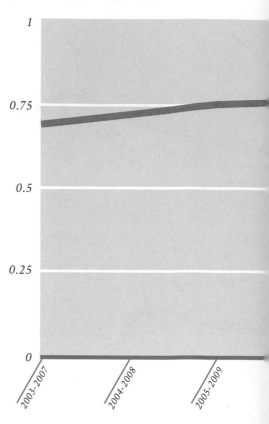

② SCI 及 SSCI 的論文發表數

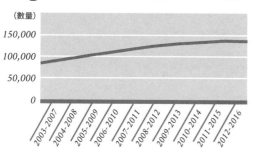

論文質與量皆有提升，臺灣學術表現在國際上受肯定

科學引文索引（SCI）及社會科學引文索引（SSCI）的論文發表數量及引用次數，是國際上常作為評估學術研究成果的重要指標（註1）。近年來，不只是論文登上國際期刊的數量增加，平均每篇論文的被引用次數也提升至與國際水準相當，顯示臺灣的學術研究成果逐漸在國際上嶄露頭角。

註 1 SCI 及 SSCI 為美國科學資訊研究所（ISI）所建立的綜合性學術期刊文獻資料庫，分別收錄自然科學及社會科學的核心期刊，是追蹤查詢國際間科學技術研究成果的重要參考工具。

數據資料來源：1 政策研究指標資料庫，主要國家歷年論文發表量
2 主要國家歷年論文相對影響力

論文相對影響力：國發表論文的被引用次數相較於全球平均的被引用次數，若為 1，代表該國之論文平均被引用次數與全球平均相當。

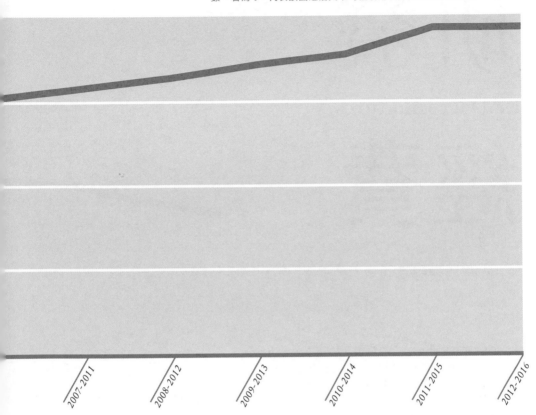

2007-2011　2008-2012　2009-2013　2010-2014　2011-2015　2012-2016

論文發表數及引用數作為評鑑及升等的重要指標適合嗎？

教育部歷年提出「追求卓越計畫」、「頂尖大學」等政策，企圖提升臺灣學術的國際競爭力，但卻也讓論文發表成為教師能否升等、獲得獎補助，以及大學能否獲得更多經費分配的重要依據。

目前臺灣的學術評鑑指標高度重視論文發表及引用，也因此衍生「同儕審查圈與引用圈」（註 2）等為衝高數量但破壞學術倫理的弊端，此外，高度重視收錄英文期刊為主的 SCI 及 SSCI，也讓非英文及在地化的研究相對受到排斥（註 3）。值得思考的是，不論是自然或社會科學，學術研究的價值其實難以被衡量，但在分配有限的資源時，又該如何找到提升學術品質但更多元的評量方式，將是未來臺灣學術界需要面臨的挑戰。

註 2 相關學者大量相互引用彼此的論文，形成「引用圈」。而這些人在論文掛名上卻又不會同時出現在一篇論文上，造成編輯認為他們不是關係密切的合作者的假象，讓編輯容易挑選這些人作為論文審查者。

註 3 黃厚銘（2005）就曾指出：「在 96 個列入 SSCI 的社會學類刊物當中，美國出版的刊物就占了 45 份，英國占了 27 份，而德國與法國則分別只占了 4 份與 2 份，更遑論東方語文所占之比例。」

審訂專家：臺灣大學物理系教授　高涌泉
親子天下媒體中心總編輯　陳雅慧

研發

R&D Expenditures

經費

① 研發經費占 GDP 比率

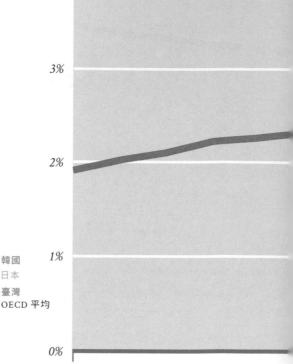

② 各國研發經費占 GDP 比率

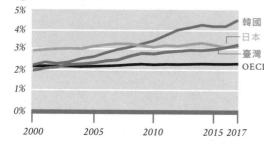

研發經費占 GDP 比率每年穩定成長，在東亞僅次於韓國

臺灣近十年來研發經費占 GDP 比率穩定成長，從 2005 年的 2.32%，到 2017 年已達 3.31%，比較各國研發經費占 GDP 比率，臺灣高於日本（3.2%）、美國（2.8%）、中國（2.2%）、及 OECD 平均值（2.4%）。在東亞僅次於韓國（4.6%），名列第二[*1]。

研發經費的成長主要集中在特定產業

我國研發經費二十年來成長近三倍，來到 5,700 億元新臺幣。然而，主要的成長多來自企業部門的投入（註1），其中資訊通信科技產業貢獻 75.3% 的企業部門研發經費，顯示我國研發行業集中度較其他國家高（註2）。觀察政府部門的研發經費分配，用在「技術發展」的比例占 69.2%，而「基礎研究」則僅占 7.8%，過於偏重後端「技術發展」而忽略「基礎研發」，長期而言並不利創新技術的研發（註3）。

數據資料來源：科技部，科技部統計資料庫 全國科技動態調查 研發經費占 GDP 比率
OECD(2019), OECD Main Science and Technology Indicators Database,
R&D Intensity in OECD countries and other economies

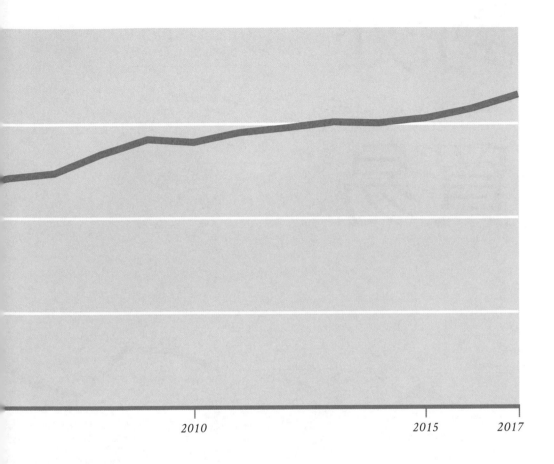

2010　　　　　　　　　　　　　　　　　　　2015　　2017

註 1 2018 年企業部門占整體研發經費比例達 78.7%。2000 年以來整體研發經費增加的 3,790 億元新臺幣中,企業部門貢獻 3,284 億元新臺幣。

註 2 經濟部新聞稿指出,臺灣、南韓及中國均以資訊通信科技產業投入的研發經費最多,而南韓(2014 年)及中國(2014 年)的資訊通信科技產業占企業部門研發經費分別為 53.2% 及 15.5%。

註 3 中華民國物理學會理事長林敏聰(2016)[2] 指出:「一般認為愈趨研發鏈前端就愈能產生前瞻性創新,但是其所需的時間也愈長,愈後端就愈接近量產商品化,只能產生所謂的『維持性創新』,也常常是我們一般認為的製程改良。先進國家為維持其技術領先動能,則普遍重視基礎研發來驅動前瞻性創新。」

審訂專家:中信金融管理學院校長/教授　施光訓
親子天下媒體中心總編輯　陳雅慧

對外

International Trade

貿易

① 貿易順差金額

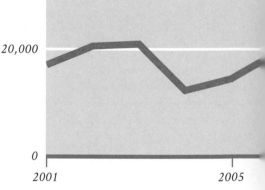

（百萬美元）

② 進／出口總額

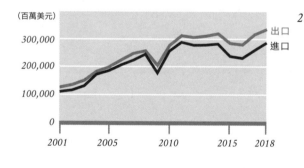

2010 年後貿易順差快速成長，但出口額大致持平

臺灣的貿易順差二十年來成長了近 3 倍，主要從 2010 年後開始快速成長，然而同期間進出口總額呈現平穩波動，顯示臺灣透過貿易賺取的利潤有擴大的趨勢。臺灣的貿易型態以進口原物料（註1），加工產製成零組件及半成品等「中間財」（註2）後再行出口為主。

自 2009 年起智慧型手機逐漸普及，手機零組件的「電機設備及零件」占臺灣出口總額比率從 2008 年的 35%，成長到 2016 年接近 45% 的水準，正是帶動貿易順差逐年增長的要角。惟 2018 年首度出現出口成長但貿易順差衰退的狀況，值得持續觀察。

數據資料來源：財政部，貿易統計資料查詢 國家／地區與貨品交叉分類表
　　　　　　　中央銀行，銀行間成交收盤匯率

圖註：2016 年起進出口統計由原先「特殊貿易制度」改為「一般貿易制度」，將自貿港區倉儲物流業、保稅倉庫、及物流中心納入統計範圍，並回溯修正到 2001 年。為求歷年比較基準統一，因此僅選取 2001 年後數值[1]。

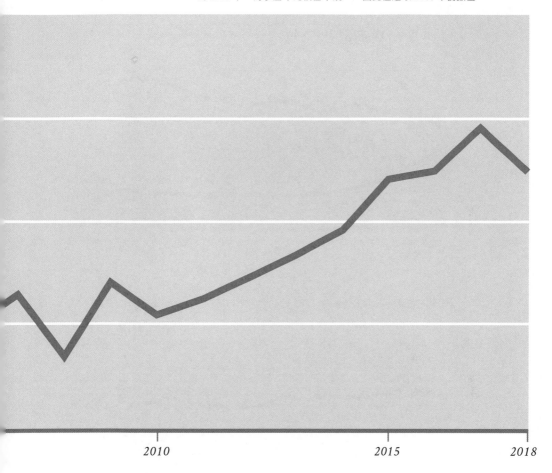

2010　　　　　　　　　　　*2015*　　　　*2018*

註 1 2015 年後國際原油價格大跌，讓另一項主要進口產品「礦物燃料」的進口額大減，但由於包括石油化工原料、礦產品，以及塑膠、合成橡膠、合成纖維等石化產品皆與原油價格密切相關，雖然生產成本下降，但出口品的價格也隨之下跌。

註 2 國發會報告 (2014)[2] 指出，我國製造業主要為代工生產模式，出口集中於少數資訊與通信科技（Information and Communication Technology，ICT）主力產品，中間財占七成餘。

審訂專家：中信金融管理學院校長／教授　施光訓
政治大學政治學系教授　蔡中民

③ 主要出口商品出口額占比

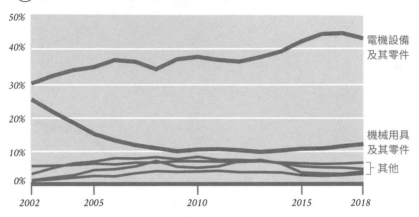

④ 新臺幣外匯存底、兌美元匯率　■ 外匯存底　— 兌美元匯率

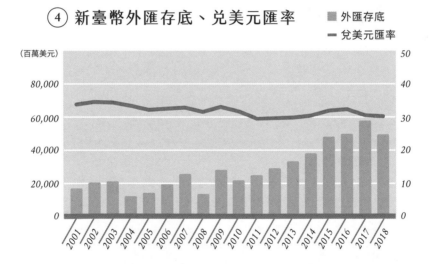

數據資料來源：財政部，貿易統計資料查詢　國家／地區與貨品交叉分類表
　　　　　　中央銀行，銀行間成交收盤匯率

出口商品及市場高度集中，潛藏轉型風險

臺灣的出口高度依賴電子零組件及中國市場（註3），雖然近年的確讓臺灣在貿易上獲得不少好處，但也易使出口額受手機需求及中國經濟之好壞而變動。雖然目前臺灣正處於貿易順差的歷史高峰，但占出口比重 40% 的中國，近年經濟成長放緩、電子產業升級轉型，我國政府與相關企業應提前思考未來如何拓展多元出口市場、扶植優質中小企業促進出口商品多樣化 [3]，甚至進一步降低經濟成長動能對外需的依賴。

低匯率保護出口競爭力，犧牲的是產業長期競爭力

另一方面，歷年貿易順差成長，理應推動新臺幣升值，但為維持出口競爭力，央行長期透過提高外匯存底，將新臺幣兌美元匯率控制在低檔。然而，長時間採行壓低匯率政策的代價，除了讓臺灣以出口「中間財」為主的貿易模式毛利降低，更影響國內購買力，抑制內需市場的發展 [4]。

放眼整體產業的長期競爭力，外銷產業過去靠貿易順差累積的資本，若能有效用於國內投資，積極發展技術及知識密集的項目，提升產品的附加價值，將更有助於產業的永續發展。

註 3 2004 年以來對中國出口額皆約占總出口額的 40%，2018 年達 41.2%。

長期

Long-term
Unemployment

失業

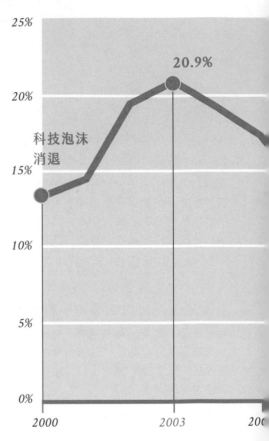

① **長期失業率**

科技泡沫
消退

20.9%

② **總失業率**

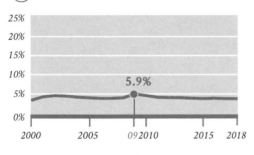

5.9%

為什麼選擇討論「長期失業率」，而不是「總體失業率」？

其實這兩者皆十分重要，但長期失業者通常在社會上聲音微弱，較少被公部門與媒體關注，因此相關公開資料較缺乏，然而長期失業成因複雜（註1），需要更深入探究其樣貌，才能促進更多的討論與研究，希望透過此數據分享，讓更多人開始關心此議題。

另外，長期失業問題背後隱藏著社會結構的惡性循環。當一個人長期缺乏穩定收入且逐漸與勞動市場脫軌，容易失去勞動市場競爭力並處於社會邊緣，生活品質與身心都可能十分不穩定，進而衍伸其他社福問題。

註1 李易駿教授在「台灣長期失業者的圖像、特徵及其就業障礙之研究」[1]中，歸納了相關研究對失業及長期失業的理論解釋，分別是「經濟環境及結構變遷觀點」、「人力資本觀點」、「勞動市場」和「人口特質觀點」。

數據資料來源：勞動部，勞動統計查詢網 失業者（依失業期間分）

長期失業率：長期失業人口佔總失業人口比率（長期失業人口指有工作能力與意願者長達一年以上處於失業狀態。

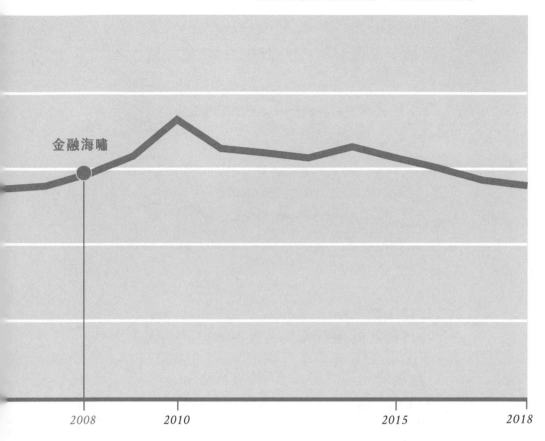

金融海嘯

2008　　　　*2010*　　　　　　　　　*2015*　　*2018*

長期失業率的波動較總體失業率大，但兩者皆在金融危機後趨緩

長期失業率與總體失業率在 2000 年後的走勢大致相似，皆在經濟環境波動時明顯受到影響，於 2000 年科技泡沫消退、2008 年金融風暴時有較大的波動。但兩者的最高點卻不相同，長期失業率在 2003 年達最高點 20.87%，總體失業率的最高點則在 2009 年達到 5.85%，若從波動幅度來看，長期失業率的變化明顯較大，近年來雖逐漸趨緩，但走勢尚未穩定，仍需持續觀察。

審定專家：國立政治大學經濟學系專任副教授 陳鎮洲、中研院社會研究所所長 / 研究員 謝國雄

② 長期失業者中，初次尋職與非初次尋職比率

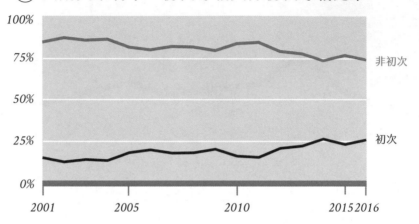

③ 長期失業者中，
各年齡層的長期失業人數占其總失業人數比率

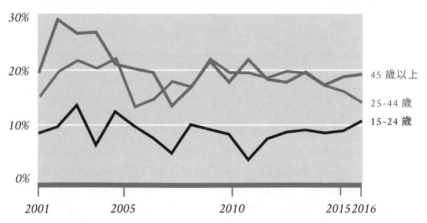

長期失業者中，「初次尋職失業者」比率不斷提升

在失業者中，愈來愈多人初次找工作就面臨長達一年以上的失業挫折，雖然目前缺少更完整的公開資料來探究這些人的樣貌與原因，不過我們從主計總處的人力運用調查報告發現，15 至 24 歲的失業者中長期失業者的占比也持續提升，表示愈來愈多青年失業者面臨長期失業壓力。

臺灣總體的長期失業率自 2014 年後緩緩下降，但青年長期失業率卻呈現上升趨勢。雖然教育部和勞動部都各自提供技職教育、職業訓練計畫，希望能提高求職者和求才者的媒合機率，但兩者各自為政，從結果來看，教育機構和勞動市場還是存在不小的落差。

其實不論是教育或業界都正面臨著轉型與升級的考驗，或許在思考教育系統與就業市場間的距離如何縮短時，應試著讓雙方在動態中互相合作、保持進步的節奏，而不是單向配合或互相遷就，如此才能同時維持勞動者與勞動市場的競爭力。

低失業率的背後還隱藏著哪些挑戰？

雖然臺灣的總體失業率與長期失業率皆低於 OECD 平均，但低度就業 (註 2) 問題日益浮現，根據主計處 107 年的人力運用調查報告，失業者找尋工作過程中有工作機會但未去就業者占 34.79%，其中主要原因為「待遇不符期望」者占 64%；另外，就業者中主要工作為「部分時間、臨時性或人力派遣工作」之主要原因為「找不到全時、正式工作」者占 23.85%。其他相關問題如薪資差距擴大、不同產業中的勞動市場供需不平衡等，都不容忽視，接下來如何看待這些問題，將決定臺灣是否能在資本主義與社會主義之間，走出一條自己的路。

註 2 根據國際勞工組織（International Labour Organization，ILO）之分類，低度就業有兩種型態：外顯的與內臟的。外顯的低度就業（Visible Underemployment）意指工作時間較正常為短。內藏的低度就業（Invisible Underemployment）意指某人之工作無法讓其充分表現能力與技術，其所得異常的低，或其被雇用於一生產力異常低的經濟單位中。

工作
Working Hours
時數

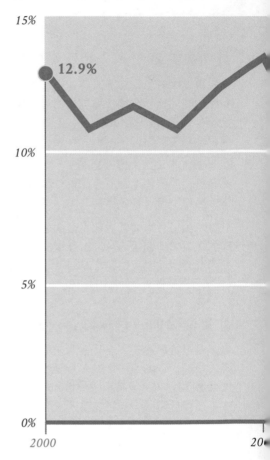

① 受僱者每週平均總工時達 5

15%

12.9%

10%

5%

0%

2000   20

② 每人每月平均總工時

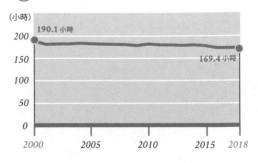

(小時)
190.1 小時

200

150   169.4 小時

100

50

0
2000   2005   2010   2015   2018

數據資料來源：主計總處，人力運用調查報告 就業者主要工作每週平均經常工時

小時以上比率

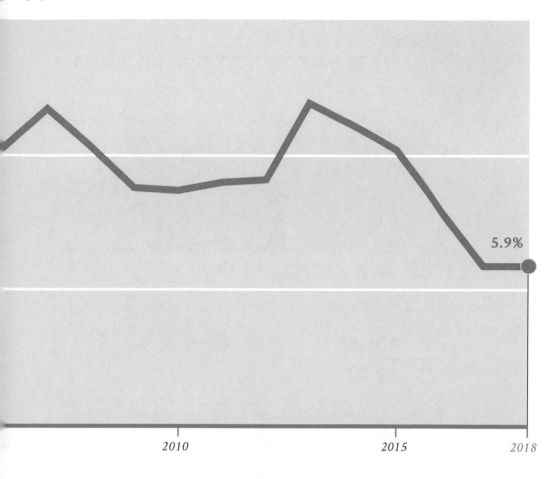

5.9%

2010   2015   2018

《勞基法》逐年修正，超時工作狀況改善

勞基法逐年修正（註1）限制總工時，加上勞動意識提升，使超時工作比率逐年下降。此外，每人每月總工時緩緩下降，也顯示在超時工作情況改善的同時，整體勞動條件緩步改善。扣除滿足吃飯睡覺基本需求、通勤及家務的時間後，若單週工時超過 50 小時，從事其他活動的時間將相當有限。因此經濟合作暨發展組織的美好生活指數，將每週 50 小時的工作時數作為長工時的門檻[1]。

註 1 《勞動基準法》於 2000 年修正，規定雙週總工時不得超過 84 小時；2016 年進一步修正，改為單週工時不得超過 40 小時，規範原則上週休二日、輪班需間隔 11 小時等，但可經勞資協議有彈性空間。

審訂專家：社團法人臺灣職業安全健康連線執行長 黃怡翎
中研院社會研究所所長／研究員 謝國雄

③ **2016 年各國受僱者每週經常工時 50 小時以上比率**

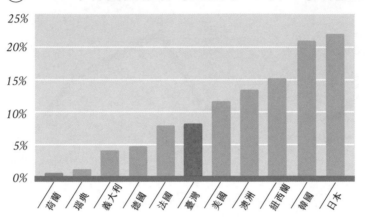

④ **2017 年各國全時就業者每週經常工時**

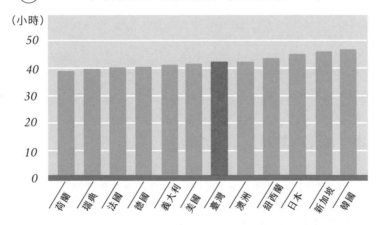

數據資料來源：勞動部，國際勞動統計　全時及部分工時就業者主要工作每週經常工時
　　　　　受僱者每週經常工時 50 小時以上比率

⑤ **2017 年各國部分工時就業者人數比率**

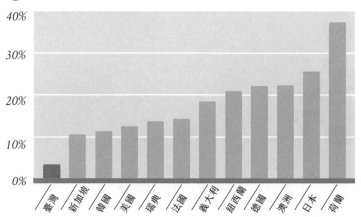

與國際相比，臺灣是「過勞之島」嗎？

在 2016 年以來《勞基法》修正的討論中，時常可見引用臺灣 2017 年的每人平均年總工時為 2,035 小時，在 OECD 國家中排名第四，超過日韓等鄰近國家[*2]。

工作時數超越日韓聽來可怕，但觀察年總工時的計算方式，包括了全職工作者與部分工時工作者。若部分工時者占比愈高，年總工時的平均就會相對拉低。以 2017 年為例，我國部分工時就業者占比僅 3.3%，而日本（22.4%）及韓國（11.4%）的部分工時者占比較高，也因此拉低了日韓的平均年總工時。

相比日韓，我國的數據更真實反映了全職工作者的勞動狀況。因此同一份統計中，2017 年臺灣全職就業者的每週平均經常工時（42.3 小時）及工時過長比率（8%）相對較低，反而是日、韓分別有約 20% 的勞工工時過長。

除了部分工時者占比外，工時的統計也受到其他因素影響，造成統計與真實情況的落差（假打卡等），因此要以此單一面向來論斷臺灣整體的勞動環境仍然稍嫌不足。若想要更真實地了解臺灣勞工的面貌，應該先深入探討各行業不同的工作型態，因應不同的行業情況展開討論，才有可能更貼近真實的狀況。

勞資
Labor Dispute
爭議

① 勞資爭議件數

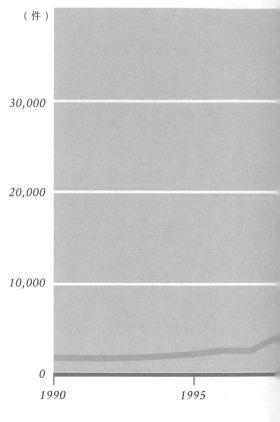

（件）

30,000

20,000

10,000

0

1990　　　　　　1995

② 勞資爭議涉及率 *

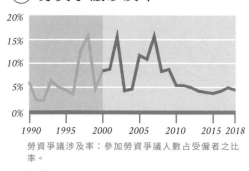

勞資爭議涉及率：參加勞資爭議人數占受僱者之比率。

勞動權利意識提升，勞資爭議件數顯著增加

近年勞資爭議件數逐年成長，但涉及率並無明顯成長，可推測近年爭議由少數人或個人發起的件數相較於過去增加，顯示勞權意識的抬頭。勞權意識上升之餘，政府也於2011 年修正《勞資爭議處理法》（註 1），改善調解效率，讓個案平均花費時間縮短至15 日內，2020 年將實施的《勞動事件法》（註 2），將進一步下修訴訟的門檻與成本，值得持續觀察後續的影響。

註 1 過去勞資爭議多由勞工局出面調解，平均需耗時 2 至 3 個月；2011 年修法 [1] 後，改良調解及仲裁機制，增設獨任調解人或委託由民間團體辦理調解，讓勞工不用在勞工局排隊等候調解委員會召開。

註 2 《勞動事件法》[2] 施行後，除了將減免勞工起訴所需繳納之訴訟費用及執行時之執行費用，也新增「保全制度」，勞工於訴訟期間仍可依法請求雇主支付薪資，減輕勞工的後顧之憂。

數據資料來源：勞動部，勞動統計查詢網 勞資爭議件數、涉及率

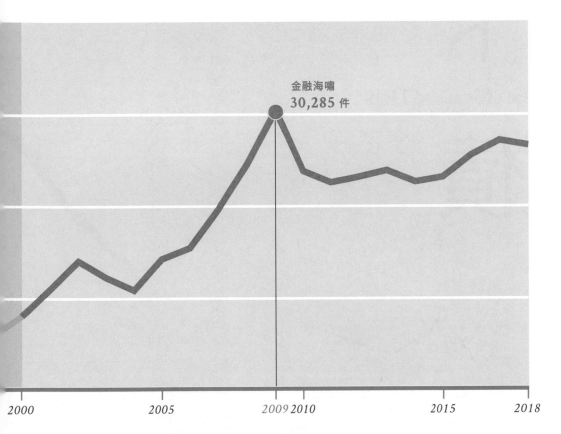

金融海嘯
30,285 件

2000　　　　　　　　2005　　　　　　　　2009 2010　　　　　　　　2015　　　　　2018

代表勞工的工會，真的能幫助平衡勞資關係嗎？

勞工在勞資關係中要爭取更好的勞動條件，除了透過訴請勞資爭議，組建工會行使團體協商權及爭議權，亦是勞方向資方爭取權益的重要方式。雖然 2018 年臺灣的工會組織率達 32.9%（註3），然而其中以協助處理勞保事宜的職業工會占多數（註4），且目前的工會制度使工會要實質代表勞工執行協商和罷工的功能受到一定限制（註5）。未來，如何更完整傳達勞工的聲音，並與資方充分地溝通，是政府與勞資雙方須共同努力的方向。

註3 工會組織率的定義為「加入工會的會員人數占全體受僱者的比率」。

註4 雖然法律上平等保障不同類型工會皆有罷工權，但邱羽凡（2018）[3] 指出，我國職業工會長期以來在運作上以辦理勞健保為主，讓職業工會實質上難以進行罷工。

註5 張烽益（2017）[4] 指出，一個企業內只能有一個工會，工會成立後依法所有勞工要強制加入該工會（現實上少有工會做到），更讓代表性問題難解，要不工會被資方把持，抑或被少數勞工把持。

審訂專家：陽昇法律事務所律師　鄧湘全、法律白話文運動
社團法人臺灣職業安全健康連線執行長　黃怡翎

卡

Credit Card Debt

債

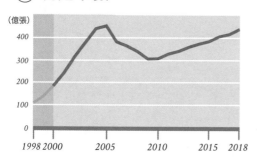

① 流通卡數

(億張)

400
300
200
100
0

1998 2000　2005　　2010　　2015 2018

① 卡債循環信用餘額

（億元）

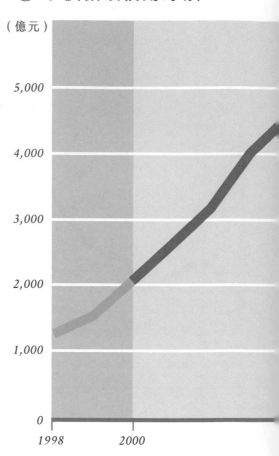

5,000

4,000

3,000

2,000

1,000

0

1998　　　2000

2005 年雙卡風暴，卡債循環信用餘額達到高峰

1990 至 2000 年初臺灣興起現金卡、信用卡預借現金的消費習慣，銀行發卡、放款容易，導致預借現金量與卡債信用餘額快速累積。在 2005 年達到高峰後，金管會及銀行公會出面協調解套方案（註 1），並制定《消費者債務清理條例》，才使卡債循環信用餘額有效下降。

註 1 金管會自雙卡風暴後，提出對應措施限制信用擴張，個人信用額度不得超過月薪 22 倍，降低循環利息從上限 20% 降低至 15%，銀行公會出面協調，訂定「債務協商機制」，與卡債族協助零利率還款，以降低循環信用餘額。

數據資料來源：中華民國統計年鑑，信用卡業務統計

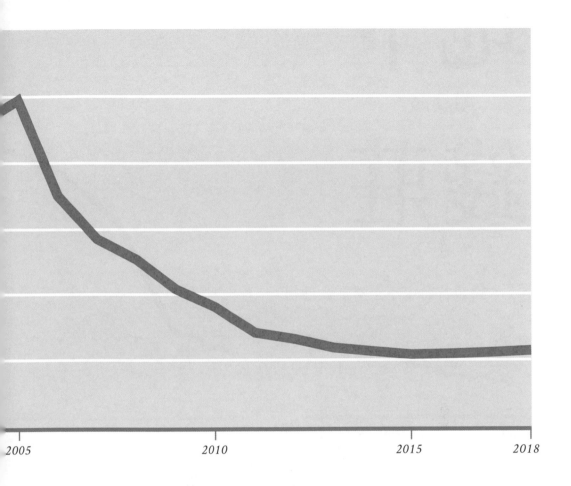

2005　　　　　　　　　　2010　　　　　　　　　2015　　　2018

辦卡條件逐年放寬，信用卡流通數回到當年高峰

近年來信用卡的申辦管道更加多元、條件也逐漸放寬，使流通卡數在 2018 年達到 4400 億張，相當於雙卡風暴時的水準。回顧歷史雙卡風暴、連動債風暴、目標可贖回遠期契約（Target Redemption Forward，TRF）衍生性金融商品風暴（註 2），顯示金融監管若未能發揮作用，各社經階層均可能受到波及。從週期性風暴角度觀察，目前流通卡數量是否可能醞釀另起金融風暴，應是金管會需小心監控的問題。

註 2 2008 年雷曼兄弟破產，使其發行的連動債價值暴跌，以及 2014 至 2015 年間人民幣兌美元匯率急貶，導致匯率選擇權衍生性金融商品的投資人及銀行大幅損失。兩次重大金融事件主要皆因本國銀行為求獲利，銷售高風險金融商品給不適合的客戶及未盡產品風險告知義務所致，後續衍生本國銀行未落實高風險金融商品的風險揭露、金融檢查缺失及內部控制等爭議。

審訂專家：中信金融管理學院校長／教授　施光訓　陽昇法律事務所律師　鄧湘全、法律白話文運動

地下

Usury

錢莊

數據資料來源：內政部警政署，警政統計查詢 查獲經濟案件概況 地下錢莊（高利貸放）案件
金管會，本國銀行 107 年 11 月底辦理中小企業放款情形

① 地下錢莊（高利貸）查獲件

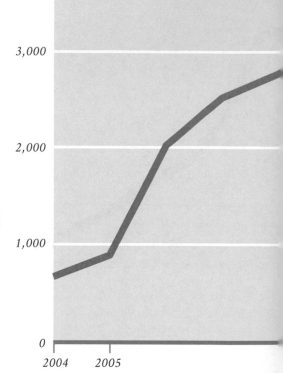

（件）

3,000

2,000

1,000

0

2004 2005

② 本國銀行對中小企業放款餘額

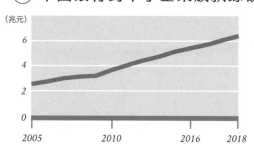

（兆元）

6

4

2

0

2005　　2010　　2016　2018

銀行擴大放款給中小企業，近十年違法地下錢莊件數減少

違法放高利貸的地下錢莊往往鎖定底層急需週轉的民眾及小企業（註 1），查獲件數在 2008 年前後達到高峰，除了可能與警方歷年加強查緝有關，也與金融危機衝擊造成更多急需用錢者鋌而走險相關。2009 年起，金管會積極要求本國銀行擴大對中小企業放款，使放款餘額從 2009 年約 3 兆元成長到 2018 年超過 6 兆元。

註 1 警政署（2019）*1 分析，地下錢莊放款予需錢孔急的底層民眾時，其放款利率最少自 40%（年利率）起跳，多數案件的利率均達 100% 至 500% 間。然而，每件地下錢莊案件通常涉及多位被害人與關係人，但受限於偵查多由業者端查緝，因此目前公布的統計數據無法得知被害者總數。

數

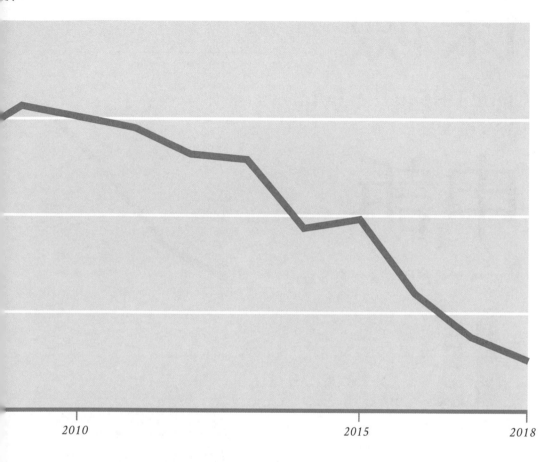

2010   2015   2018

可以和銀行借，為什麼要去地下錢莊？

不論向銀行或當鋪借錢，通常都會需要評估貸款人的信用及財產，依有無資產擔保、未來還款能力，決定整體授信額度，最後判斷應貸出多少錢，然而若需錢孔急的人得不到合法貸款時，就會轉往地下錢莊。

銀行的貸款利率是影響放款門檻的重要因素，若利率調降，將降低銀行放款意願，進而使更多人無法獲得融資（註2）；但若過度要求銀行放寬放款標準，也將增加金融風險，須審慎拿捏。不過，融資法令的良窳與銀行社會企業責任的實踐，配合良善金融監管，或許稍能緩和類似問題的產生。

註2 根據《民法》第205條規定，法定最高年利率為20%。根據前金管會副主委吳當傑在立法院的報告，若利率降到15%，會有294萬戶融資受影響，降到12%則有338萬戶無法取得融資[2]。

審訂專家：中信金融管理學院校長／教授　施光訓
法律白話文運動
陽昇法律事務所律師　鄧湘全

保險

Claim Disputation in Life Insurance

申訴

① 每十萬件人身保險申訴比率

（件／十萬件）

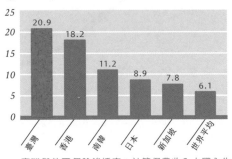

② 2018 年臺灣與他國保險滲透度

臺灣 20.9
香港 18.2
南韓 11.2
日本 8.9
新加坡 7.8
世界平均 6.1

臺灣與他國保險滲透率：計算保費收入占國內生產毛額 (GDP) 的比例。

2005

在金融海嘯達高峰後，近十年穩定下降

人身保險申訴的案件數在 2009 年金融危機前後達到高峰便開始下降，2013 年後便大致維持在每十萬件約 1.2 件的水準，推測主要原因可能為 2008 年起金管會保險局推動「申訴綜合評分值」制度（註 1），讓保險業者積極透過前期調處避免申訴案件影響評分，而受到承保業務及保額限縮等懲罰（註 2）。

註 1 當保戶向金融消費評議中心提出申訴時，即視為 1 件申訴案。若進入金融消費評議中心，則會再計一件評議案、若達和解則會改計為 0.5 件評議案。

註 2 《保險業辦理網路投保業務應注意事項》*¹ 及《保險業經營保險金信託業務審核及管理辦法》*² 等法規，皆明訂保險業者須符合最近一年內的保險申訴率在排名前 80%，然而 2013 年陸續修法後，也加入業者可向主管機關提出說明的彈性空間。

數據資料來源：金管會保險局，108 年 5 月保險市場重要指標　人身保險申訴案件統計表
金管會保險局，108 年 5 月保險市場重要指標　2018 年世界各國保險滲透度前 20 名排行表
（摘譯自「Swiss Re, Sigma No. 3 ／ 2019"）

人身保險申訴比率：計算保險申訴件數占所有簽單契約件數的比例。

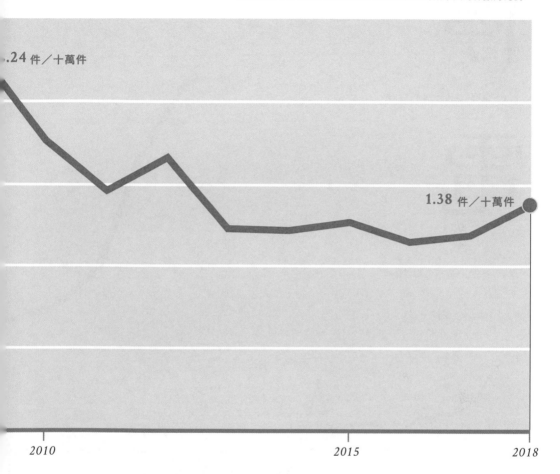

.24 件／十萬件

1.38 件／十萬件

2010　　　　　　　　　2015　　　　　　　　2018

保險申訴制度該如何同時保護保險業者及保戶？

現行的「申訴綜合評分制」雖然提升保險業者處理申訴案件的服務流程及品質，但業者卻也反應現行採取「排名制」易導致保險黃牛仗勢漫天喊價。2018 年臺灣的保險滲透率達 20.9%，名列世界第一。隨著投資型保單等衍生性保險商品愈加多元複雜，如何適時調整申訴制度，讓理賠制度更加健全地保護雙方，是金管會及保險業者需持續溝通的課題。

審訂專家：法律白話文運動

停

Power Outage

電

① 每戶停電時間

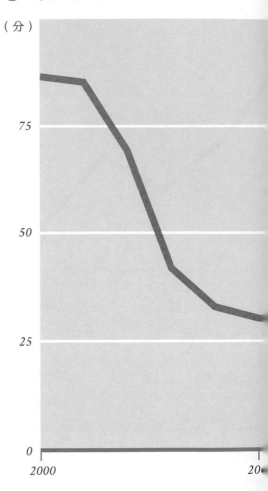

（分）

② 每戶停電次數

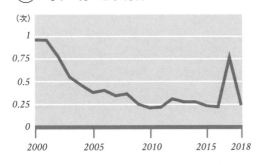

雖然停電次數及時間減少，臺灣的缺電風險卻上升了

每年每戶停電時間及次數是國際上評估電業績效與經商環境的重要指標（註1），2000 年後數值隨著電力系統技術升級而快速下降，唯一的高點便是 2017 年因為大潭電廠 6 座機組跳脫導致的八一五大停電。

若想進一步觀察電力系統可靠程度，則需搭配觀察備用容量率的歷年變化。隨著每年的最高小時用電量持續創新高，2018 年的備用容量率（註2）降到二十年來最低的 10%（法定合理目標值為 15%）（註3），讓每日實際可調度的電力基礎更加吃緊，間接增加供電穩定的風險。

數據資料來源：臺灣電力公司，臺電統計年報 歷年系統可靠度

圖註：每戶停電次數及時間統計並未計入颱風、地震等重大天災所造成的停電。

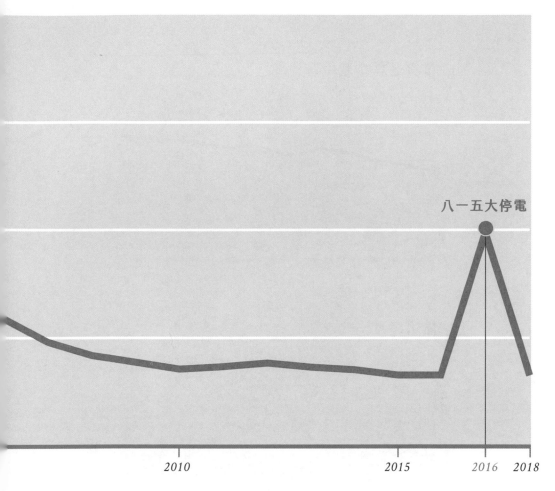

八一五大停電

2010　　　　　　　　　　　2015　　　　2016　2018

註 1 《電力調度原則綱要》明訂：「輸配電業應擬具參酌國際標準（如 IEEE 1366）衡量電力網可靠度之效能指標，至少應包括系統平均停電時間及系統平均停電次數。」世界銀行也在《2019 經商環境報告》（Doing Business 2019）中將這兩個指標作為評估「電力取得」的依據，臺灣在 190 個經濟體中排名第 8。

註 2 備用容量率＝（系統規劃淨尖峰能力－系統尖峰負載）／系統尖峰負載 x 100%，主要用來評估每年的供電充裕度。然而實際每日供電狀況仍需視當日各電廠運轉狀況及尖峰用電需求狀況。

註 3 據臺灣電力公司[*1]指出，2005 年以前備用容量率目標值為 20%，2006 年下調至 16%，2012 年再次調整至目前政府核准之合理備用容量率目標值為 15%。

審訂專家：資深記者　呂國禎
資深記者　劉光瑩

③ 每年最高小時用電量

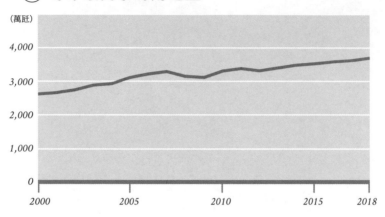

④ 備用容量率

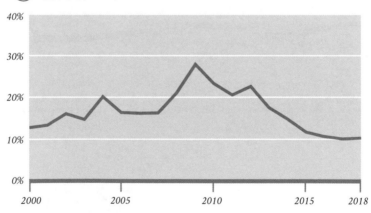

數據資料來源：臺灣電力公司，臺電統計年報 歷年尖峰負載及備用容量率

多蓋幾座電廠就能解決缺電問題嗎？

解決缺電問題主要可以從開源、節流及增加電力調度彈性等三個面向思考。

從開源的角度，不論要興建新的發電機組、開發新興再生能源或延役現有機組，在提升發電能力的同時，也需要考慮環境永續及周圍居住品質的問題，且雖然新增發電機組可以因應更高的用電需求，但若尖峰用電持續提升，無止境地蓋電廠也並非真正解決問題的長久之計。

從節流的角度，推動智慧電網可以讓用電規劃更靈活，但就會需要廣泛設置的時間及龐大經費；或是透過時間電價等誘因分散尖峰用電，讓尖峰時段的電力更有餘裕，然而這也有賴智慧電網的建設，也需面對改變民眾生活習慣的挑戰。

從增加電力調度彈性的角度，政府目前試行需量反應管理，透過與用電量較多的高壓用戶約定於尖峰時段減少用電，再配套電價調配等做法鼓勵節電。目前雖有初步成效（註4），但仍需持續擴大分散用電的對象，才能讓我們不需為了短暫尖峰需求，而花大錢新蓋傳統電廠。

推動能源轉型以維持穩定優質的供電是臺灣接下來的重要課題，除了持續關注政府，也需要你我的共同參與！

註 4 臺灣電力公司 (2018) 報告[*2] 指出，2018 年 8 月 1 日為尖載日，實施需量反應措施抑低用電 104 萬瓩，對備轉容量率貢獻 2.87%。

上網

Internet Access

① **12 歲以上民眾曾經使用網路比率**

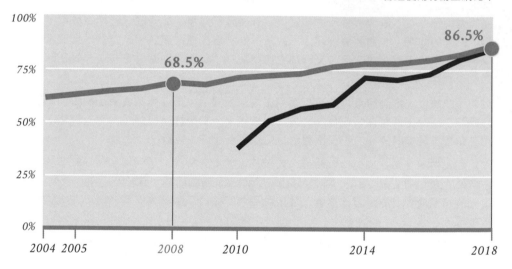

曾經使用網路比率
曾經使用行動上網比率

曾經使用網路：包括使用手機 3G 或 4G 行動上網、Wi-Fi 及固網寬頻。

行動上網逐漸普及，讓更多人有上網經驗

隨行動上網逐漸普及，有上網經驗的人數比率也逐年成長，2018 年已達 86.5%。此外，40 歲以上中高齡族群的網路使用率也大幅上升。顯示行動裝置普及化後，其便利性帶動了原先不上網的人也開始上網。然而，上網普及率仍存在城鄉差距（註 1），是未來在縮短數位機會落差需持續努力的方向。

註 1 國發會 (2019) 報告 [*1] 將全國鄉鎮市區分為 5 級數位發展區域，其中數位發展 1 級區域中曾經上網的人口比率有 90%，5 級區域則只有 62.1%。

數據資料來源：國發會，歷年數位機會（落差）調查彙整資料 個人上網率、行動上網率、各年齡層網路使用率

② 30 歲以上曾經上網比率

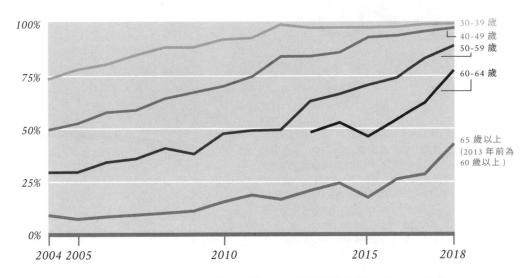

圖註：原始數據中亦有統計 30 歲以下曾經上網比率，但由於歷年皆維持在 90%以上，因此未呈現於圖中。

網路普及帶來的資安與假訊息，是現代人的新課題

除了取得資訊外，行動上網的即時性使線上的社交功能更加活躍，改變了人與人間的互動模式，同時深深影響學習及消費等行為。身為網路世代，在享受便利的同時，也應注意相繼而來的資訊安全問題，以及衍生的假訊息散布風險。

公園

Greenery

綠地

臺灣人均綠地計算方式：都市計畫區內已闢建之狹義公園綠地面積／都市計畫區內之市民人數。世界各大都市探討的都市公園綠地定義不盡相同，狹義多指都市計畫地區劃設且開闢的公共設施用地中之「公園、綠地、廣場、兒童遊戲場與體育場」，即提供市民從事休閒遊憩與運動之開放空間。（廣義綠地定義則指「可提供生態、環境保全、防災、生產、景觀、環境教育與休閒遊憩等功能的開放空間」，所以除了人為建設的公園與道路綠帶外，舉凡山坡森林、溪流水岸、農田、濕地、樹群、池塘等等都應是被保護或適度利用的綠地資源。）

① 都市計畫區內人均公園綠地

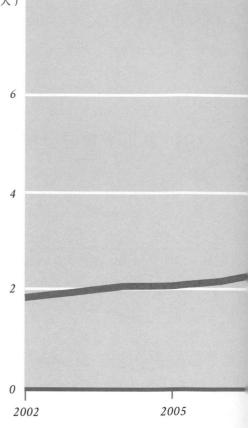

（平方公尺／人）

② 公園綠地占都市計畫區面積比率

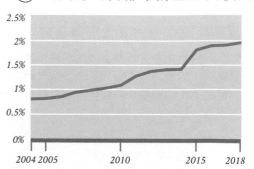

數據資料來源：內政部統計處，內政統計查詢網 都市計畫公共設施用地已闢建面積—按區域別分

面積

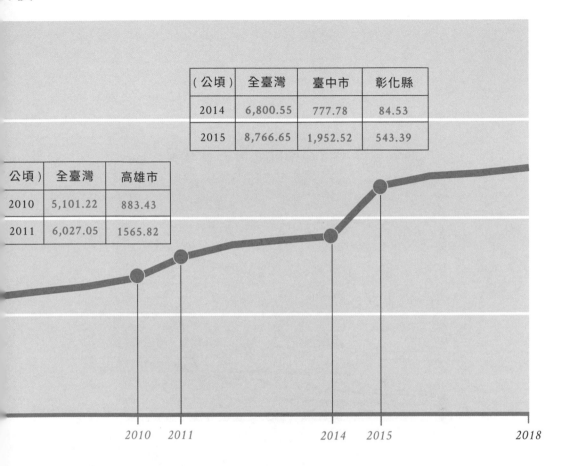

(公頃)	全臺灣	臺中市	彰化縣
2014	6,800.55	777.78	84.53
2015	8,766.65	1,952.52	543.39

公頃)	全臺灣	高雄市
2010	5,101.22	883.43
2011	6,027.05	1565.82

2010 2011   2014 2015   2018

穩定微幅成長，但都市計畫變更不斷，需長期追蹤

從圖表中可看出 2011 年和 2015 年有兩個較明顯的提升，細看營建署的營建統計年報，發現主要由特定都市計畫中的公園綠地面積大幅增加造成。2011 年全臺新增的公園綠地面積為 926 公頃，其中高雄市都市計畫就占了 682 公頃（註 1）；2015 年全臺新增的公園綠地面積為 1,966 公頃，臺中市大坑風景區與彰化的八卦山風景特定區就分別占了 886 與 467 公頃，但其實兩者在 2014 年原本就屬於都市計畫的風景區與風景特定區，只是在 2015 年變更為都市計畫公園用地，由此可見，全臺人均綠地提升未必有實質成長，需要大家關心在地的都市計畫，並長期追蹤。

註 1 高雄市於 2009 年進行縣市合併，但高雄市在 2011 年間所增加的 854 公頃已闢建公園綠地面積，主要皆來自舊高雄市的都市計畫（新增 682 公頃），並非受縣市合併影響。

審訂專家：政治大學地政學系教授 蔡育新
輔仁大學景觀設計系所教授兼系所主任 王秀娟

③ 六都公園綠地占都市計畫區面積比率

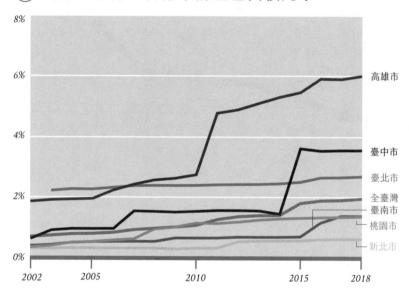

數據資料來源：內政部統計處，內政統計查詢網 都市計畫區人口數與人口密度—按區域別分

「人均公園綠地面積」我們需要多少？

根據王秀娟老師指出「聯合國將綠地量或『綠覆面積』作為代表都市生活環境品質與國民富裕程度的指標之一。一個提供優質生活的城市，其中的綠地面積應占全市面積的30% 至 50%」。根據世界衛生組織，綠地不只改善都市人的身心健康，更具有豐富生態、調節氣溫及環境減災等多重功能（註 2）。除了增加綠地面積，提升綠地質量也十分迫切，因應各城市的地形生態提高公園綠地的多樣性、建立更完善的自然保育與維護系統，並串接都市城鄉與自然生態系統，都是各地方首長的重要任務。

我家門前已沒有小河，綠地應該離我們多近？

若距離遙遠、接觸不易，那再多公園綠地對居民的助益仍然有限。在城市中，公園綠地的分布同時牽涉居住正義的議題，每個居民都應享有接觸自然、被美好的環境療癒的權利。在你的城市中，公園綠地都在哪些地方呢？從你家走到最近的公園，距離多久呢？

註 2 世界衛生組織（World Health Organization，WHO）主張「都市中的公園綠地對人類有諸多好處：可隔絕噪音、改善空氣品質（樹木會製造氧氣並過濾掉對人體有害的空氣污染物）、調節氣溫使城市變得涼爽（綠地與水域皆有此功能）、提供人們在此從事休閒運動與社交活動、提升人們的心理健康並治療心理疾病」。

公共

Public Transportation

運輸

① 公共運輸乘客人次

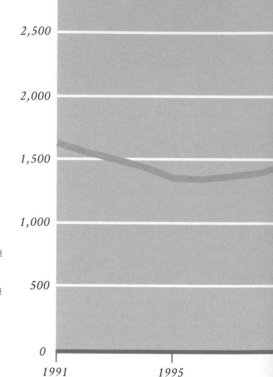

② 主要大眾交通工具年運量

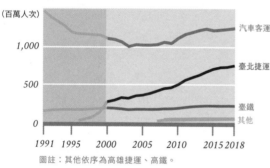

圖註：其他依序為高雄捷運、高鐵。

二十年來公共運輸運量成長 53%，但地區差距仍嚴重

隨著多項重大交通建設完工（註1），公共運輸每年的搭乘人次穩定成長，2018 年已達約 24 億人次，然而成長的運量主要來自臺北捷運（註2）。據交通部調查（註3），公共運輸市占率雖從 2009 年的 16.3% 上升至 2016 年的 18.1%，但僅有北北基 3 個縣市超過 30%，其餘 19 個縣市皆在 15% 以下。

註 1 2007 年高鐵通車（各停靠站陸續開通）、2008 年高捷通車、2017 年桃園機場捷運通車，以及臺北捷運陸續開通內湖線、新莊線、信義線、松山線等。

註 2 近二十年公共運輸運量增加的 8.2 億搭乘人次，其中有 4.9 億人次來自臺北捷運。

註 3 公共運輸市占率為抽樣電訪受訪者昨日外出所有使用的運具中，使用公共運具（含計程車）的次數比率 [1]。

數據資料來源：交通部，環境永續指標 公共運輸乘客人次
交通統計查詢網，臺鐵、高鐵、捷運客運量

公共運輸乘客人次：汽車客運、公路汽車客運、捷運、鐵路等交通運輸工具之乘客人數。

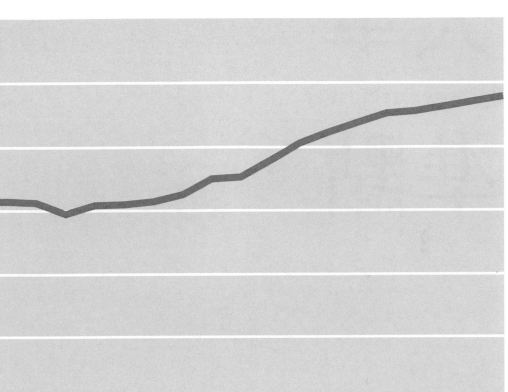

2005　　　　　　　2010　　　　　　　2015　　2018

如何解決非都會區公共運輸的虧損問題？

公共運輸除了能減少都市交通壅塞及溫室氣體排放，對偏鄉地區及弱勢族群而言更是重要的交通工具。然而現況下，非都市地區因人口相對分散，在營運收入無法自給下，長期缺乏完善的公共運輸網。因此，未來政府在規劃公共運輸時，或許可以善用多元車輛共享平台及需求反應式公共運輸（註4），在解決非都會區交通問題的同時也兼顧成本效益。

註 4 以需求導向提供固定路線、不固定班次的公共運輸服務，採取預約及定時定點派車接駁，避免空車造成資源上浪費，同時解決偏鄉地區老人就醫、兒童就學的問題 *2、*3。

審訂專家：淡江大學運輸管理學系教授　張勝雄

火車

Railway Punctuality

準點

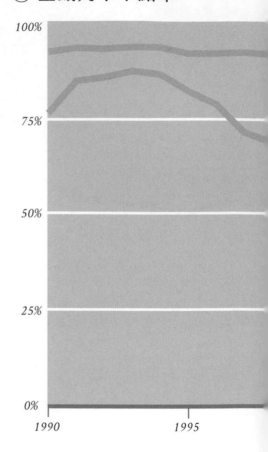

① 臺鐵列車準點率

高達 90% 的準點率，為何與旅客實際感受有落差？

準點率是評估公共運輸可靠度的重要指標，歷年臺鐵列車的準點率皆維持在 91% 至 95% 之間，其中長途的自強號準點率更在 2007 年實施改點後大幅提升，近十年皆維持在約 90%。然而，只要列車抵達終點站時誤點在 5 分鐘內，在統計上都算是準點〔註 1〕，因此從數據上難以反映尖峰時段及中途停靠站誤點的情形。

註 1 臺鐵準點標準自 2008 年起由原先的「到達終點站延誤 10 分鐘內」，改為比照高鐵標準的「5 分鐘」。

數據資料來源：交通部統計查詢，臺灣鐵路管理局旅客列車準點率—按列車別分

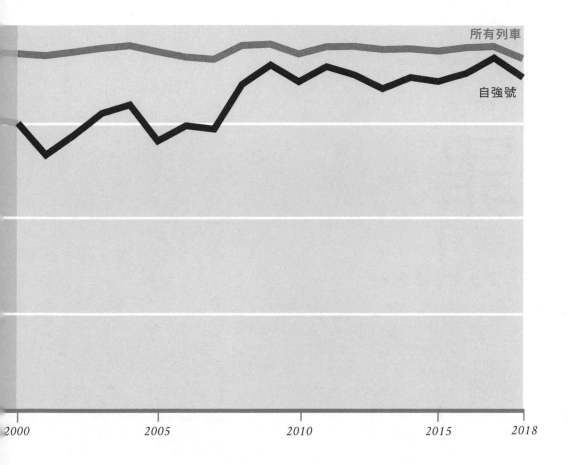

所有列車

自強號

2000　　　　　2005　　　　　2010　　　　　2015　　2018

提升準點率，除了「趕車」還能怎麼做？

當準點率被列為重要考核項目（註2）時，就會促使更多「趕車拚準點率」的狀況發生，但趕車不但治標不治本，更容易增加行車風險。分析臺鐵誤點主因，「車輛、設備故障」是最常見的問題（註3）。因此若要治本，提高設備妥善率、透過各站旅客數據安排更合宜的班表，以及建立更系統化的管理模式，並再由管理方及各級員工間研商精進在職訓練及教育內涵，以審視管理、服務與技術專業等價值間如何平衡的務實作法，才是未來在安全優先原則下提升準點率的重要任務。

註2 交通部歷年的所屬事業工作考成實施要點中[*1]，準點率皆為其中一項指標，低於年度設定目標值便會扣分。

註3 延誤主要係受電車線設備故障、慢行、CTC號誌設備故障、車輛故障以及平交道死傷事故影響所致[*2]。

審訂專家：淡江大學運輸管理學系教授　張勝雄

犯

Crime

罪

① 每十萬人口刑案發生件數

（件／十萬人）

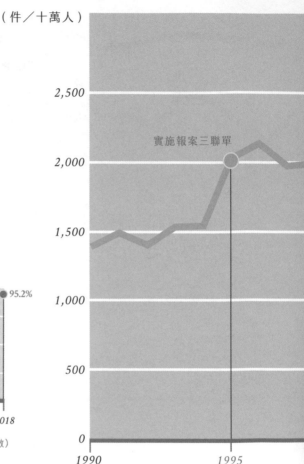

實施報案三聯單

2,500

2,000

1,500

1,000

500

0

1990　　　　　1995

② 刑事案件破獲率 *

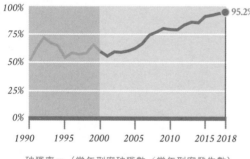

95.2%

100%

75%

50%

25%

0%

1990　1995　2000　2005　2010　2015 2018

破獲率＝（當年刑案破獲數／當年刑案發生數）
× 100，其中破獲數含非當年度的積案破獲。

犯罪率二十年來先升後降，但治安真的改善了嗎？

刑案發生率從 1998 年起開始攀升，直到 2006 年到達高峰後轉為逐年下降。推測 1995 至 2000 年初期犯罪件數的增加，是因為報案處理流程更加透明化，讓原先的犯罪黑數現形（註 1）。而 2006 年起開始下降，則主要和竊盜、搶奪等治安直接相關案件大幅減少有密切關係。

註 1 警政署為減少匿報吃案狀況，1995 年實施報案三聯單、2000 年開放網路查詢報案情形，也讓兩個年度的刑案發生率都有突然上升的情形。

數據資料來源：內政部警政署破獲數及嫌疑犯人數－按案類別

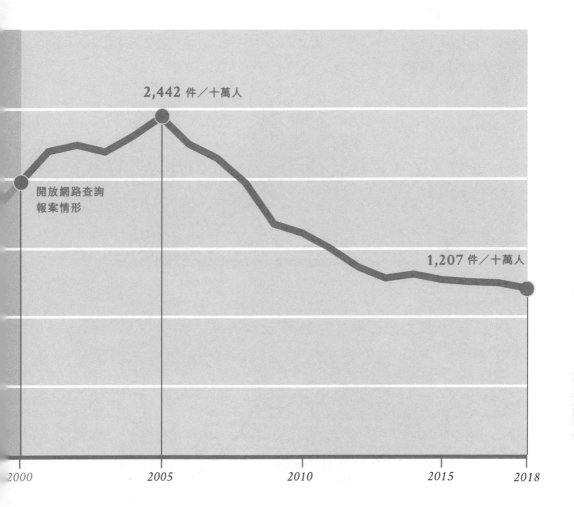

2,442 件／十萬人

開放網路查詢
報案情形

1,207 件／十萬人

2000　　　　　　2005　　　　　　2010　　　　　　2015　　　2018

雖然刑案發生率降低，破獲率也屢創新高，2018 年甚至突破 95%。但也需注意警政署歷年以「減少刑案發生率、提升破案率」設定量化績效目標，是否因此存在匿報難以偵破的案件、浮報「發生等於破案」的酒駕取締、詐欺等刑案以美化治安數據的情形，有待商榷。

審訂專家：法律白話文運動

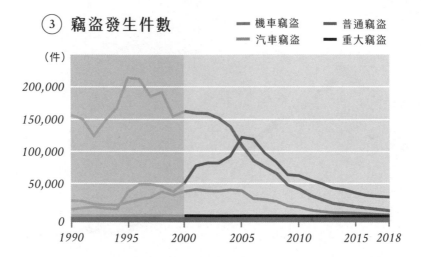

③ **竊盜發生件數**　　　— 機車竊盜　　— 普通竊盜
　　　　　　　　　　　　　— 汽車竊盜　　— 重大竊盜

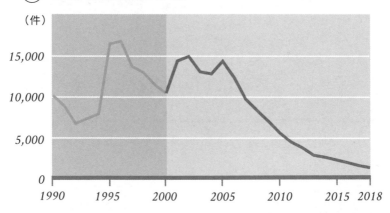

④ 暴力犯罪發生件數

暴力犯罪案件：包括故意殺人、強制性交、強盜、搶奪、重傷害、擄人勒贖、恐嚇取財等案件。

犯罪成本提高使竊盜及暴力犯罪顯著減少

刑案發生率下降與占整體刑案近半的竊盜案件從 2006 年起大幅減少有密切關係，除了監視器等保全系統更加普及完善外，2006 年《刑法》修正改採「一罪一罰」（註 2）加強刑罰，以及同年起陸續推動機車烙碼（註 3）增加嫌犯變賣難度，都使竊盜的犯案成本大幅提高，竊盜發生件數在十年間減少 75%。

然而，隨著犯罪手法日新月異，雖然竊盜、搶奪等傳統犯罪件數明顯減少，但詐欺、毒品、網路犯罪等牽涉到龐大犯罪集團的案件，除了所查獲的案件，可能還存在許多難以查獲的黑數。此外，目前逮捕的嫌疑犯，多是集團底層的車手，因此即使宣告破案，這些新興犯罪背後往往仍有複雜的共犯結構，未來更需要積極從源頭預防及根除。

註 2 2006 年新修正施行的《刑法》廢除連續犯及牽連犯，改採一罪一罰。換句話說，過去連續犯下 100 起竊盜只會認定為一個罪：《刑法》修正後，就會認定為 100 個罪，再加上數罪併罰合併刑期由原來最高可達 20 年，提高至 30 年。

註 3 2005 年起開始推動機車烙碼，即在機車殼上烙印防竊的引擎號碼，並於 2006 年修正通過《道路交通安全規則》第 17 條之 1，規定汽機車必須完成加設防竊辨識碼，始得辦理新登檢領照。

酒

Drunk Driving

駕

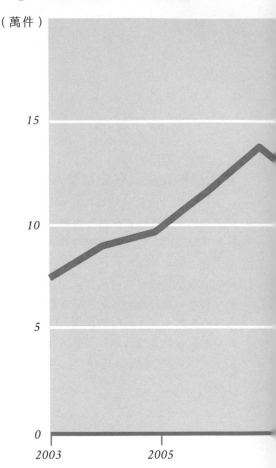

① 酒駕取締違規件數

（萬件）

15

10

5

0

2003　　　2005

② 酒駕肇事件數

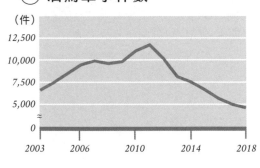

（件）

12,500
10,000
7,500
5,000
0
≈

2003　2006　2010　2014　2018

酒駕案件數微幅下降，但每年仍取締違規超過十萬件

隨著近年來刑罰加重（註1）、加強取締，以及民眾對酒駕風險的意識提升，酒駕的取締違規及肇事件數從 2012 年以來皆逐年下降。然而，目前每年仍有超過 10 萬件的酒駕取締件數，仍有改善空間。

註1 2011 年《刑法》修正，酒駕者處 2 年以下有期徒刑、拘役或科或併科 20 萬元以下罰金，酒駕致人於死者，處 1 年以上、7 年以下有期徒刑；致重傷者，處 6 月以上、5 年以下有期徒刑。2013 年《道路交通安全規則》修正，將酒駕取締的酒精濃度標準由 0.25 mg ／ L 調整為 0.15 mg ／ L 即違規。2019 年 6 月《道路交通管理處罰條例》修正，修法後酒駕累犯、拒絕酒測都將加重開罰。

數據資料來源：警政統計查詢 道路交通案件 —— 酒後駕車取締件數、肇事件數

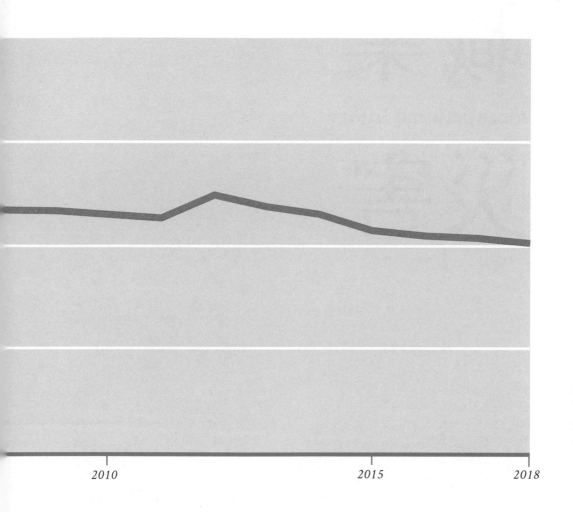

2010   2015   2018

嚴刑峻法真的對酒駕者有嚇阻作用嗎？

2017 年確定有罪的酒駕肇事判決中，有酒駕前科者的比例占超過四成，顯示即使持續加重刑罰，對於部分酒駕者而言可能並無嚇阻作用。因此，除了加強取締外，如何降低飲酒者坐上駕駛座的機率（如酒精鎖、乘客連坐罰則等）（註2），透過增加酒駕阻力、提高共同監督的力量，將會是接下來持續減少酒駕的重要課題。

註 2 2019 年修法也新增「強制酒精鎖」、「車輛沒入」、「同車乘客連坐處法」等。其中，酒精鎖為駕駛人發動引擎前，必須先通過酒測器檢測，若酒測值超過法律標準，酒精鎖會自動把引擎鎖住。

審訂專家：淡江大學運輸管理學系教授　張勝雄
法律白話文運動

職業

Occupational Injury

災害

① 勞保職業災害千人率

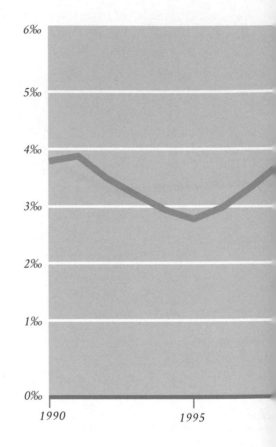

② 職業災害傷病、失能、
死亡千人率

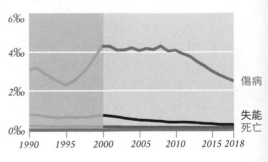

傷病

失能
死亡

數據資料來源：勞動部，勞動統計查詢網

勞保職業災害千人率：平均每千名工作者中，因勞動場所之建築物、機械、設備、原料、材料、化學品、氣體、蒸氣、粉塵等或作業活動引起傷病、失能或死亡之人次，不含交通事故給付職業災害。

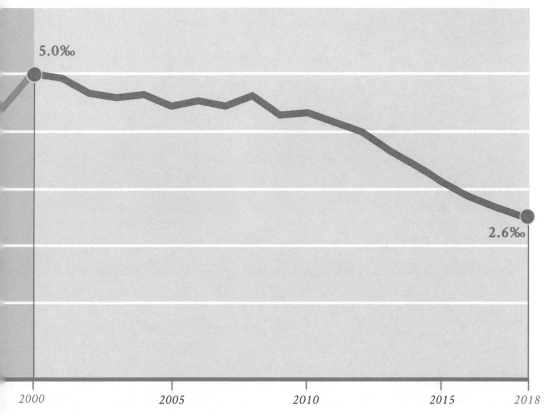

5.0‰

2.6‰

2000　　　　　2005　　　　　2010　　　　　2015　　2018

傷病給付人次減少，職業災害千人率明顯下降

職業災害的勞保給付千人率逐年減少，2018 年的發生率約僅為 2000 年的一半，也逐漸縮小與國際差距。原因可能為政府自 2001 年以來陸續推動降災中程計畫（註1）、全國職場 233 減災方案（註2）等減災策略，此外，自 2013 年通過《職業安全衛生法》，對於不符安全標準的機械、設備及化學品相關規範，從原先的「使用端規範」拓展到「源頭管理」，也減少機械設備切割、夾、捲及因接觸危害性化學品造成的職業災害。

註 1 四年內達成減少職業災害死亡人數 40% 的目標。

註 2 兩年內達成職災死亡百萬人率及殘廢百萬人率較前兩年之平均值各減少 30% 的目標。

審訂專家：社團法人臺灣職業安全健康連線執行長　黃怡翎

《報導者》記者　曹馥年

③ 各行業職災千人率

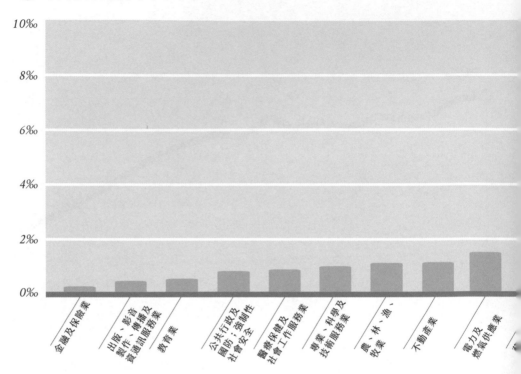

但是補償、災後重建制度夠完善嗎？

雖然近年在預防職業災害發生上有改善，然而，因為各行業的工作型態與環境不同，所面對的職災風險也有所差異。因此，在實務上仍存在保障對象、職災補償認定標準不夠完備的問題（註 3）。

部分工時、自僱自營等非典型工作者未受保障

由於目前職災保險屬於勞保的一部分，使部分未強制納保勞保的勞工缺乏職災的保障。然而，以所有行業中職災風險最高的營建工程業為例，鋼筋、泥作、模板等短期工作常透過層層轉包，最後由臨時工或小型自營工作者承接，若不幸發生職災，往往因不具勞保身分而被排除在職災的保障之外（註 4）。

數據資料來源：勞工保險職業災害保險給付千人率

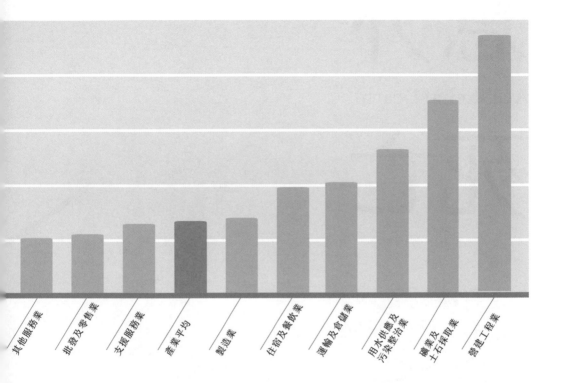

職業傷病認定及舉證困難

目前職業傷病的認定多數仍需由勞工負擔舉證責任，然而許多慢性職業病（如爭議許久的 RCA 案及北捷潛水夫症等）在離開原職或退保一年後才發病，在現行的法規下就會被排除在傷病給付之外（註 5）。在認定相對保守下，勞保職災保險在參考前一年度給付狀況時，就會因為給付減少而再降低職災保險費率，使目前臺灣的職災保險費率僅 0.21%，相較其他亞洲鄰國如日本 0.7%（2016 年）、中國 0.75%（2017 年）、韓國 1.8%（2016 年）低了許多。

註 3 目前職災補償制度分散在《勞動基準法》、《勞工保險條例》、《職業災害勞工保護法》、《民法》等法令之中，然而各法規的涵蓋族群不一，主責單位不同，認定給付計算方式也不同。

註 4 根據勞動部勞動及職業安全衛生研究所「營造業重大職災知識平台」統計，2004 至 2018 年，59.7% 的營造業重大職災發生在 10 人以下的小公司，其中更有 46.8% 是經過兩次以上的轉包。此外，重大職災案件中，營造業受災者中未保勞保的比例高達 56%，遠超過製造業及整體平均。

註 5 《勞工保險條例》第 20 條規範，勞保被保險人在退保之後發生傷病事故，僅能在保險效力停止後一年內請領職業傷病各類給付，若退保一年之後才出現職業病症狀，該職業病必須確認於「保險有效期間」發生，且給付項目僅限於「失能給付」。

意外
Accidental Death
死亡

① 事故傷害死亡率

（人／十萬人）

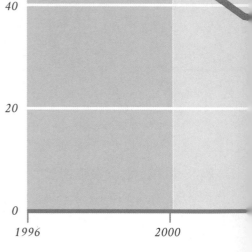

60

40

20

0

1996　　　　　2000

② 各事故傷害原因死亡率

（人／十萬人）

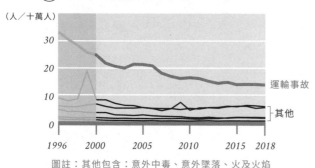

30

20

10

0

1996　2000　　2005　　2010　　2015　2018

運輸事故

其他

圖註：其他包含：意外中毒、意外墜落、火及火焰所致、意外之淹死及溺水。

二十年來「運輸事故」死亡減少近半

排除 1999 年的九二一大地震，1996 至 2003 年間事故傷害死亡率快速下降（註1）。觀察事故死因，可以發現以機車為主的運輸事故死亡率，和整體事故傷害死亡率的下降趨勢一致，主要可能與 1996 年起立法強制騎機車須戴安全帽（註2），大幅減少運輸事故死亡人數有關。

註1 2018 年死因為事故傷害死亡的男性約為女性的 2.3 倍，主要是因為男性的運輸事故死亡率是女性的 2 至 2.5 倍，意外墜落死亡率更高達 4 倍以上。

註2 1996 年《道路交通管理處罰條例》修正通過，第 31 條第 6 款之規定：「機器腳踏車駕駛人或附載座人未依規定戴安全帽者，處駕駛人新臺幣 500 元罰鍰。」

數據資料來源：衛福部統計處，死因統計 歷年事故傷害死亡人數、死亡率

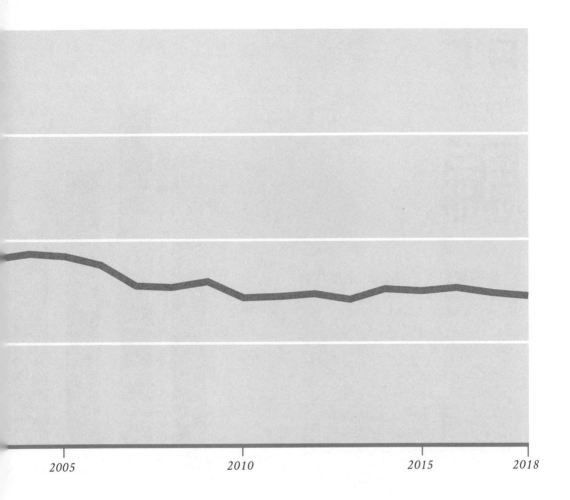

2005   2010   2015   2018

0 歲以下及 65 歲以上事故死亡率最高，卻多是「可預防的意外」

事故傷害死亡率從 2007 年以後就大致持平，其中以 0 歲以下的嬰兒及 65 歲以上的老人占比最高。觀察兩者的主要死因，0 歲以下嬰兒的主要事故死因為「異物梗塞窒息」，65 歲以上老人則為「運輸事故」及「意外墜落而死亡」（註3）。因此，未來完善老人照護規劃，以及減少嬰幼兒因照顧疏忽猝死，將是需要努力的方向。

註 3 賴建丞等 (2009) 的研究指出「意外跌墜的死亡率會隨著年齡增加而上升，且 70 歲以上老人意外跌墜的死亡率比其他死因高出許多」。

審訂專家：成功大學公共衛生所教授　呂宗學

詐

Fraud

騙

① 詐欺案件發生件數及財損金

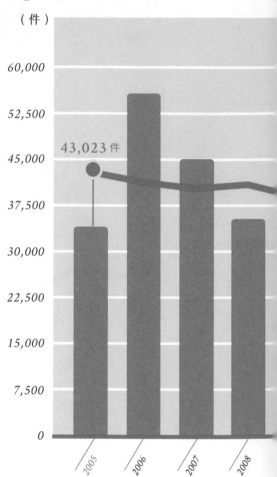

（件）

60,000

52,500

45,000 — 43,023 件

37,500

30,000

22,500

15,000

7,500

0

2005　2006　2007　2008

② 地檢署偵查終結詐欺罪案件數

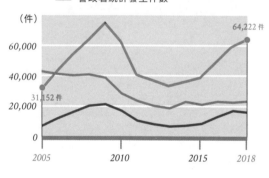

偵查終結件數　　起訴件數
警政署統計發生件數

（件）

64,222 件

60,000

40,000

31,152 件

20,000

0

2005　2010　2015　2018

反詐騙政策奏效，讓詐欺案件逐年減少？

從 2006 年開始，詐欺案件數及財損金額皆開始顯著下降。主要原因可能為 2005 年底，165 專線和全國警察機關建立「警察電信金融聯防平台」（註 1），讓相關單位的平行合作更加緊密。不過，在警政系統逐年提升破案率的績效要求下，是否存在吃案以美化數字的問題，值得討論。

註 1 整合各刑事單位詐騙電話查處流程，可以縮短詐騙電話停話時間，降低發生率。

數據資料來源：警政署，警政統計查詢 詐欺統計
　　　　　　　　行政院綜合業務處，93 年至 104 年詐騙案件財損統計

額

圖註：公開資料中未有 2018 年財損金額統計。

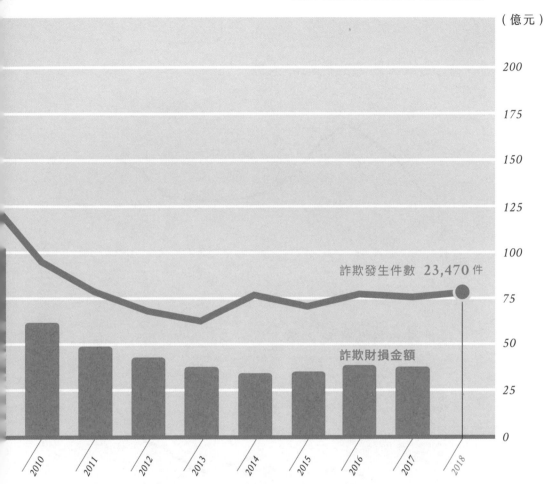

（億元）

詐欺發生件數 **23,470** 件

詐欺財損金額

2010　2011　2012　2013　2014　2015　2016　2017　2018

地檢署偵辦的詐欺件數為何較警政署統計的詐欺發生件數多？

2006 年以來，地檢署偵查終結（註2）的詐欺罪案件皆較警政署公布的詐欺發生件數多，2018 年地檢署偵查終結 64,222 件詐欺罪案件，較發生件數多出四萬件。對此，法務部統計處回應，雖然詐欺罪屬於非告訴乃論，多數發生案件應直接由警方移送地檢署，然而實務上也存在許多提起刑事告訴的單純民事案件，而其起訴率低於其他詐欺案件。因此，若觀察歷年起訴件數，就會較接近警政署統計的發生件數。但隨著近年詐欺犯罪型態轉往較難查緝的跨國詐騙集團，詐欺案件實際發生的數量是否真的受到控制仍有待商榷。

註 2 偵查終結包括起訴、不起訴、緩起訴及其他，並不代表裁判確定有罪。

審訂專家：法律白話文運動
陽昇法律事務所律師　鄧湘全

③ 地檢署判決詐欺定罪人數

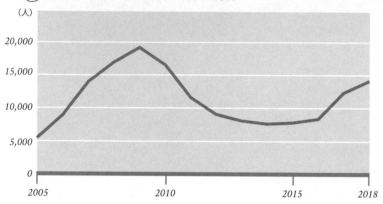

④ 詐欺案件少年犯人數

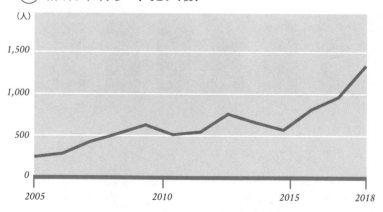

數據資料來源：警政署刑警局，刑事雙月刊第 76 期 打擊詐欺犯罪現況與具體策進作為
法務部，法務統計查詢網 地方檢察署偵查案件終結件數

詐欺少年犯人數持續上升，多擔任底層、高風險角色

2009 年後詐騙定罪人數雖然持續下降，但少年犯的人數卻不減反增，十年來增加了一倍多。少年犯在集團中通常擔任底層的「車手」、「收簿手」，替集團收購親友存摺、到提款機前提領詐騙款項，因此被逮的風險也最高。

詐騙集團多利用金錢誘惑、「未成年被抓到會輕判」等理由吸收少年成員。而少年加入詐騙集團，除了同儕拉力、物質慾望驅使，更多是來自高風險家庭：年紀尚輕卻得自立生活，甚至是賺錢養家。

負責領錢工作的少年如同免洗筷一般，遭詐騙集團利用完即丟棄，任由少年去背負刑責。除了從源頭消滅詐騙集團、提升少年對犯罪刑罰的認識外，社會安全網如何接住來自高風險家庭的孩子？不只是行政機關，身為社會一員的我們也可以思考，是否有更溫柔的方式去對待犯錯的少年回歸社會，讓他們不會走上回頭路？

International Conferences

① 舉辦國際會議場次

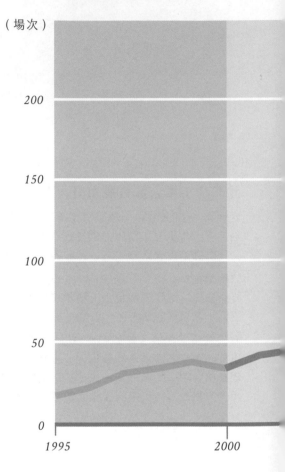

（場次）

國際會議鏈結全球及推廣臺灣，帶來龐大經濟效益

據國際會議協會（International Congress and Convention Association，ICCA）統計，我國於 2000 年舉辦的國際會議（註1）場次為 33 場，全球排名 35，到了 2018 年達到 173 場、排名躍升第 23，創歷史最高。國際會議有助於連結全球、推廣機構，認識產業客戶及相關領域專家。國際會議及其衍生的商務旅遊也促進城市觀光發展。據外貿協會統計，2018 年國際會議帶來的經濟效益達到新臺幣 250 億元。

註1 根據國際會議協會（ICCA）對國際會議的定義，需包含以下 3 項：參加會議人員必須在 50 人以上、必須是經常性的會議、必須要至少在 3 個國家以上輪流舉辦。不含企業會議及政府組織會議。

數據資料來源：ICCA 國際會議協會年報

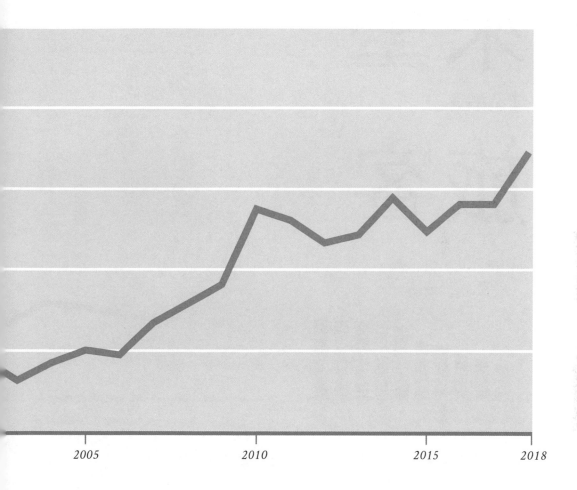

2005　　　　　2010　　　　　2015　　　2018

舉辦國際會議對臺灣有什麼幫助？

除了帶來可觀的經濟效益，由於國際情勢，與我國有官方外交關係的國家並不多，因此藉由舉辦國際會議各國有實質上的經貿、醫學、科技等交流，無論是民間或是政府舉辦，都是促進實質外交的重要手段。除了展館等硬體設施外，周遭住宿、交通等規劃也會影響舉辦意願，我國目前由國貿局規劃（註 2）。未來政府如何持續推動國際會議舉辦、增進與國際實質交流，都值得相關產業持續關注。

註 2 泰國、新加坡有會議展覽局，馬來西亞有觀光推廣局會議科，臺灣則是由國際貿易局主管。

審訂專家：政治大學外交學系副教授　張文揚

來臺
Tourists
旅客

① 來臺旅客人次

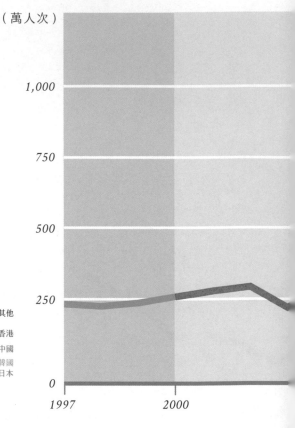

（萬人次）

1,000

750

500

250

0

1997　　　2000

② 中、港、日、韓、
其他來臺旅客

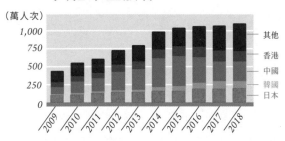

（萬人次）

1,000
750
500
250
0

2009 2010 2011 2012 2013 2014 2015 2016 2017 2018

其他
香港
中國
韓國
日本

觀光人次穩定成長，旅客居住地比例則逐漸改變

除 2003 年因 SARS 疫情而下降外，我國旅遊觀光人次逐年穩定上升。其中增幅最驚人的為韓國觀光客（註1），十年來增加超過五倍；中國觀光客在 2011 年開放自由行後，比例曾經高達 40%，2016 年後因臺灣政黨輪替等因素快速下跌，但仍是單一國家中占比最高的。

註 1 韓國觀光客的大幅成長可能可以歸功於韓國旅遊節目《花漾爺爺》及綜藝節目《Running Man》陸續來臺取景拍攝。《花漾爺爺》節目於 2013 年 8 月播出，據統計當年 9 月韓國來臺旅客較去年同期成長了 50%，此後觀光人次也不斷攀升。節目製作人羅暎錫因此在隔年獲得臺灣觀光局頒發「臺灣觀光貢獻獎」。

數據資料來源：交通部觀光局　觀光統計資料

來臺旅客人次：根據內政部統計定義，旅客人次的計算為入
境人次，觀光、商務、留學、移工、探親等皆算在內。

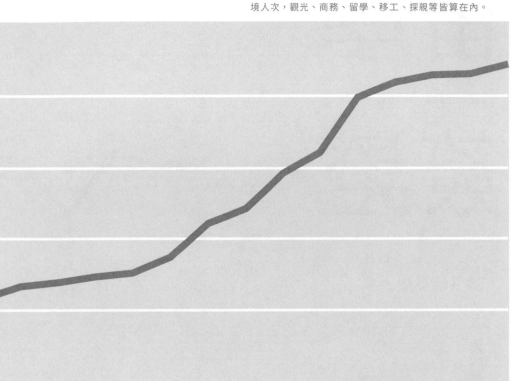

2005 2010 2015 2018

政策推廣及廉價航空興起，東南亞地區來臺人數快速增加

2016 年後新政府致力於「新南向政策」，我國陸續與多個東南亞國家簽署免簽協議、簡化簽證流程，加上廉價航空開航，東南亞地區的旅遊人數逐年上升。2018 年來臺旅遊人次有超過 240 萬來自東南亞地區（註 2），相當接近中國的 269 萬。

然而，值得注意的是雖然觀光人次不斷攀升，但是觀光外匯收入卻從 2016 年開始下降，即使 2018 年回升，仍較 2015 年減少約 400 億元（註 3），可能與 2016 年後中國團客驟減有關。如何在觀光品質以及產值間尋求平衡點，是觀光產業以及相關政府部門接下來需要面對的挑戰。

註 2 值得注意的是，來臺旅客人次包含移工入境人次。2004 年至 2018 年間，東南亞來臺移工人數從 31 萬人成長至超過 70 萬人。

註 3 據觀光局統計[*1]，2015 年觀光外匯收入為 4,589 億元，2016 年為 4,322 億元，2017 年為 3,749 億元，2018 年為 4,133 億元。

審訂專家：資深記者 劉光瑩
政治大學外交學系副教授 張文揚

留學

Student Visa

簽證

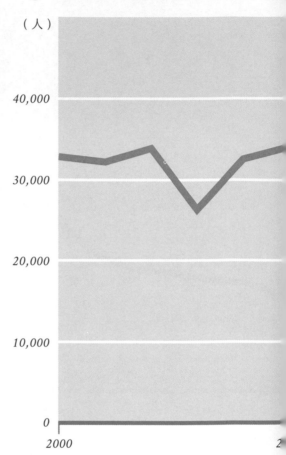

① 臺灣學生辦理留學簽證人數

② **2017 年臺灣學生
赴各國就學人數**

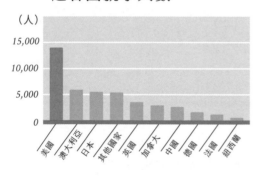

留學國家選擇漸趨多元，不再集中英美兩國

我國境外留學人數除 2003 年因 SARS 疫情爆發而稍微下降外，大致呈現成長趨勢。留學選擇國家也漸趨多元，不再集中於美英兩國。尤其 2012 年英國政府將學成後工作簽證原先的停留時間從兩年縮短為四個月[*1]，後赴英人數便顯著下降。另近年來澳洲大力發展教育產業（2017 年教育相關產業為澳洲的第三大出口產業[*2]），也吸引臺灣學子赴澳留學。

數據資料來源：教育部國際及兩岸司，2008-2018 各年度我國學生赴主要留學國家留學簽證人數統計表
教育部國際及兩岸司，107 年度世界各主要國家之我留學生人數統計表

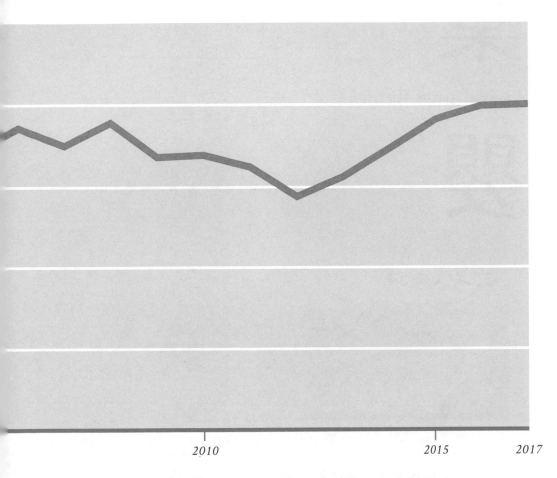

2010   2015   2017

全球化時代人力資源流動屬正常現象，惟須留意人才外流現象

除了留學，赴海外工作的國人也逐年增加，目前已超過 70 萬人（註1）。前往海外留學、工作增加國際經驗固然是好事，但若國人長期未返國，我國對外籍人才拉力又不足（註2）時，長期下來會導致人才外流。除了生活品質、生活成本及未來發展，薪資更是勞工考慮去留的重要因素。政府與企業應思考如何創造良好的就業及生活環境，才能留住優秀國人、也吸引外國人才。

註1 主計總處公布 2017 年國人赴海外工作人數計 73.6 萬人，較 2009 年增加 7.4 萬人。

註2 2018 年瑞士洛桑管理學院（International Institute for Management Development，IMD）世界人才報告中，臺灣整體雖在 63 個評比國家中排名 23 名，但在「吸引與留住人才」指標中的表現稍弱，尤其在「吸引外籍人才」指標中，僅排名 55 名。

審訂專家：政治大學外交學系副教授 張文揚

Abandoned Babies

嬰

① 棄嬰或無依兒童占所有新生

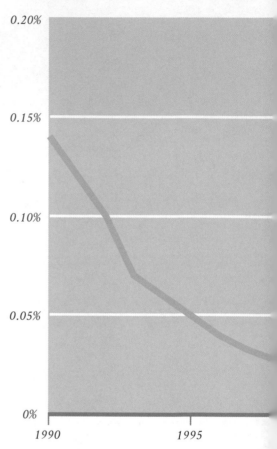

② 非婚生子女佔
　總出生人數比率

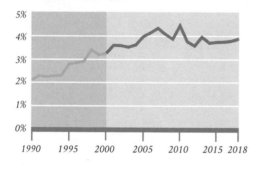

未預期懷孕有適當配套，棄嬰大幅減少

棄嬰比率是評估嬰兒福利的重要指標，隨著出養及收養管道漸趨完善，1990 年起棄嬰比率快速下降，早年以棄嬰之名行出養之實的狀況不復見（註 1）。此外，觀察非婚生子女佔比從 1990 年的 2.1% 上升至 2018 年的 3.9%，同期間棄嬰比率卻下降，顯示社會對於未成年懷孕及未婚生子的「未預期懷孕」接受度及出養等配套措施皆有改善。

註 1 2011 年《兒童及少年福利與權益保障法》修正後，除了繼親和一定親等內的親戚收養外，所有無血緣或遠親間的收養案件，都必須透過主管機關許可的收出養媒合服務者，私下收養案件法院將不予以認可。

數據資料來源： 內政部戶政司，人口統計資料 出生數按婚生、非婚生及無依兒童
內政部戶政司，人口統計資料 出生按性別及生母年齡（按發生）

兒比率

棄嬰或無依兒童指胎兒出生後即被生父母所遺棄，經由他人發現，並經撫養人或兒童福利機構申辦出生登記者。

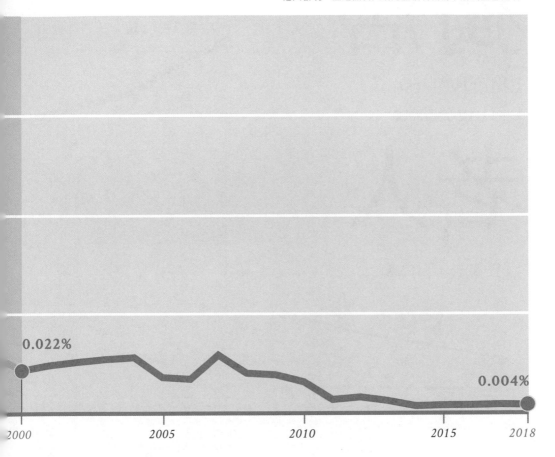

0.022%

0.004%

2000   *2005*   *2010*   *2015*   *2018*

失聯移工生下的「無國籍寶寶」該何去何從？

近年來通報的棄嬰數量大幅減少，然而，仍有一群生母為失聯移工、生父不詳的「無國籍兒少」（註2）的各項權益亟需關注。雖然 2017 年修法後（註3）在居留權問題上取得初步進展，但在國籍認定仍懸而未解下，實務上這群兒少就學就醫仍因沒有國籍證件而常遭拒絕。現行移民單位對非本國籍兒少的權益往往繫於其生父母之國籍、婚姻狀態及其身分合法與否，然而考量兒少的最佳利益，未來更應思考如何與社福、醫療及教育單位合作，讓所有出生在這塊土地上的孩子都能得到更完善的人權保障。

註 2 由於台灣的國籍認定採屬人主義，因此生父不詳、生母為失聯移工的新生兒將被認定為無國籍。

註 3 內政部於 2017 年訂定「辦理非本國籍無依兒少外僑居留證核發標準作業流程」，無國籍兒少可由社工向移民署申請專案居留證，依此居留證可取得健保醫療等相關資源。

審定專家：串門子社會設計創辦人 黃珮婷
《報導者》特約記者 簡永達

獨居

Elderly Persons Living Alone

老人

② 喪偶老年人口數

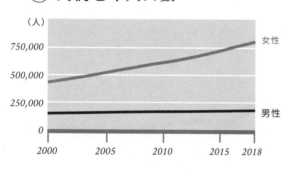

① 獨居老人占 65 歲以上人口比

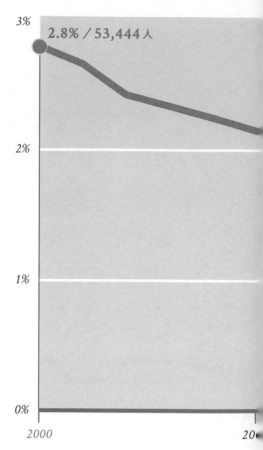

2.8% / 53,444人

獨居老人數量微幅下降，但列冊人數可能無法反映真實數據

雖然歷年老年人口快速增加，但列冊獨居老人的數量及比例皆微幅下降。然而在青年人口快速往都市移動（註1），且喪偶的老年人數逐年增加的現況下，獨居老人人數減少令人質疑。目前衛福部計算獨居老人人數，主要依賴獨居者自行聯絡或經鄰里通報（註2），因此可能有更多實際獨居的老人未被列入，相關機構不能因數據改善而鬆懈。

註 1 林品華（2019）*1 分析 2011 至 2017 年縣市人口遷移狀況，發現六都每年人口淨移入 1 至 3 萬人，而非六都則呈現淨移出。

註 2 經詢問臺北市婦幼庇護協會，目前部分縣市民政和戶政系統會掌握轄內 65 歲以上的人口資料，通報當地社會局處派社工進行訪視，若經評估有需要便會納入獨居老人清冊。然而實際執行與彙整成果，從已公開的資料中無法得知。

數據資料來源：衛福部統計處，性別統計指標 列冊需關懷獨居老人人數及服務概況
行政院性別平等會，重要性別統計資料庫 婚姻狀況—按區域別、年齡別分

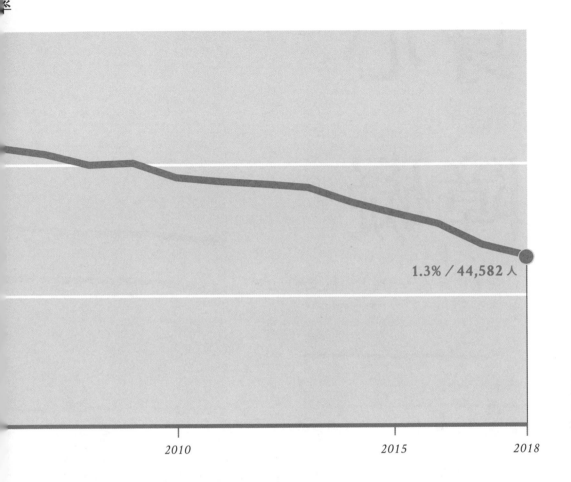

1.3% / 44,582 人

2010   2015   2018

除了減少獨居老人，也應降低獨居的風險

臺灣將於 2026 年進入超高齡社會，未來勢必出現更多需要照顧的老人。面對老人獨居可能產生的健康風險及照顧問題，除了選擇 24 小時長期照顧機構、政府積極推動的社區整合式照顧服務（即所謂長照 2.0 服務），或引入外籍看護工之外，未來政府及社會更應透過加強社區與鄰里的功能，建構更綿密直接的關懷網絡，在提升老年人生活自理能力及環境安全下，尊重個人生活形態選擇，將會是臺灣社會學習與老化共存的重要課題。

審訂專家：臺灣大學社工學系教授兼系主任 楊培珊

身心

Disability

障礙

② 身心障礙者、一般人口就業率

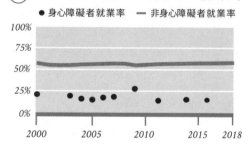

① 身心障礙者就業法定進用人

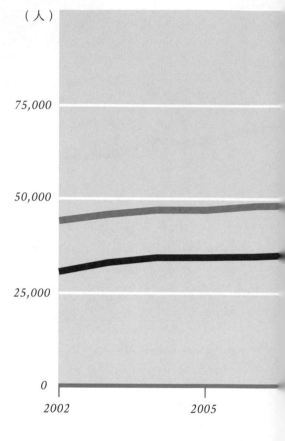

身心障礙者就業率：身心障礙者就業人數／15 歲以上身心障礙者總人口；「一般人口就業率」為就業人口／15 歲以上民間人口。身心障礙者就業率資料來自《身心障礙者勞動狀況調查》，因此並無逐年數值，2007 至 2010 年僅有統計 15 至 64 歲身心障礙者人數，其餘年數為 15 歲以上所有身心障礙者人數。

「定額進用」保障了身心障礙者的基本就業機會

自我國推動「定額進用制」（註 1）以來，更確實保障了身心障礙者（註 2）的工作權利，從「定額進用身心障礙者概況。」報告中，可見 2012 至 2016 年的實際進用人數皆高於法定進用人數，且緩緩成長。但以 2016 年調查結果，當年身心障礙就業人口約 208,786 人，比較同期定額進用之實際人數 81,984 人，可知定額進用僅保障基本就業機會，但身心障礙者就業率和一般人口就業率的差距卻沒有明顯改善。

數據資料來源：勞動部，族群勞動統計 身心障礙者之就業服務、定額進用、職業訓練狀況

數與實際進用人數

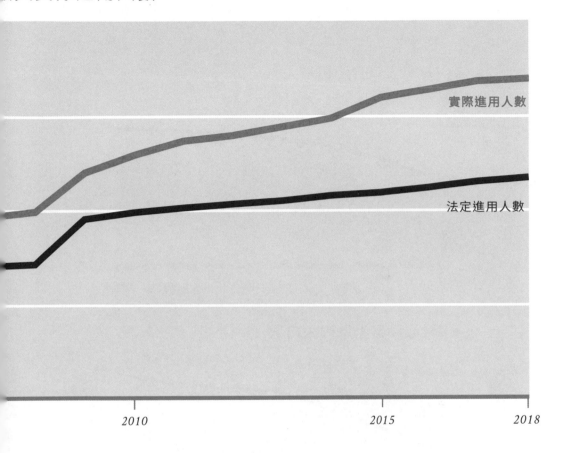

實際進用人數

法定進用人數

2010 　　　　　　　　　　　　　2015　　　　2018

身心障礙者失業率仍是一般人的三倍

進一步觀察，歷年來身心障礙者的勞動參與率皆僅為一般民眾的三分之一，但在這些投入勞動市場的身心障礙者中，歷年失業率卻皆約為總體失業率的近 3 倍（註3），顯示身心障礙者求職市場的嚴峻。

註 1 根據 2007 年修訂的《身心障礙者權益保障法》第 38 條的規定，公、民營機構的員工總數達到指定數量時需聘用一定比例的身心障礙者。

註 2 衛福部對「身心障礙者」的定義為「特定身體系統構造或功能，有損傷或不全導致顯著偏離或喪失，影響其活動與參與社會生活，經醫事、社會工作、特殊教育與職業輔導評量等相關專業人員組成之專業團隊鑑定及評估，領有身心障礙證明者」。然而《身心障礙者權利公約》的定義則為「身心障礙者包括肢體、精神、智力或感官長期損傷者，其損傷與各種障礙相互作用，可能阻礙身心障礙者與他人於平等基礎上充分有效參與社會」。

註 3 2003 至 2016 年間，身心障礙者勞動參與率皆落在 20% 到 30%、失業率約為 10% 到 15%，而總體勞動參與率則為 58% 左右，失業率則約為 3% 至 5%。

審訂專家：臺灣人權促進會副祕書長 施逸翔
新北市身心障礙者職業重建服務中心（新店區）主任 董鑑德

③ 每萬人口身心障礙人數

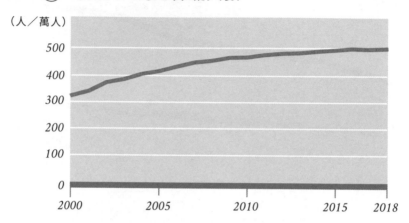

④ 身心障礙者原因人口數

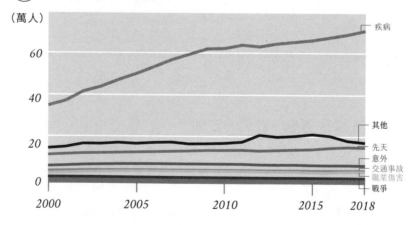

數據資料來源：勞動部，族群勞動統計 身心障礙者調查報告
　　　　　　　衛福部，社會福利統計 身心障礙人數按類別及年齡別分

「定額進用」是身心障礙者就業的最佳解嗎？

2000 年時身心障礙者人口占臺灣總人口的 3.19％，2018 年已達 4.98％，隨著人口老化、身心障礙者的壽命延長等發展，國家政府、企業財團以及整個社會都需要更全面地落實《身心障礙者權利公約》，阻止與預防身心障礙者不斷地被邊緣化。

根據《身心障礙者權利公約》，整個社會，包括家庭，應提高對身心障礙者的認識，促進對身心障礙者權利與尊嚴之尊重，才能真正拉近身心障礙者與職場和社會的距離。唐氏症基金會副執行長朱貽莊也認為，「促進身心障礙者就業的目的在使身心障礙者融入社會」。值得思考的是，未來臺灣要向自由主義的「反歧視法」靠近，被動地保障弱勢權益，還是要向社會民主主義看齊，提供更多元的就業支持措施？

失蹤

Missing Persons

人口

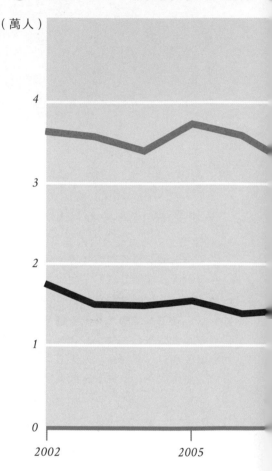

① 失蹤人口及累計未尋獲失蹤

（萬人）

2002　　　　　2005

② 各年齡層每萬人失蹤人口

—— 少年 12-17 歲　—— 老年 65 歲以上　—— 其他

（人／萬人）

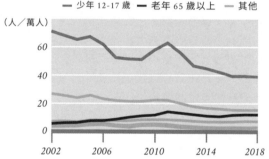

2002　2006　2010　2014　2018

圖註：其他年齡層依失蹤人口率多寡依序為青年
（18-23 歲）、成年（24 歲以上）、兒童（未滿 12 歲）。

每年失蹤人口明顯減少，但仍有超過 12,000 人未尋獲

歷年失蹤人口率皆以「12 至 17 歲」年齡層最高，隨著 2012 年起 12 至 17 歲失蹤少年
數量顯著下降，整體通報失蹤人口也跟著減少。估計因為從該年起，警政署與教育部合
作，將最新學生異動資料串接「協尋未入學及中輟生資訊系統」（註1），讓教育端以及
警方端可以共同合作，使得這些少年能在被通報失蹤前就由各系統展開協尋，也因此減
低被通報為失蹤人口的人數，以及降低青少年失蹤所面臨的危機。

註 1 2012 年教育部修正「國民中小學中途輟學學生通報及復學輔導辦法」[1]，中輟生通報系統資料將於每日自動
交換至內政部警政署之相關系統。

數據資料來源：警政署，警政統計年報　失蹤人口統計

人口

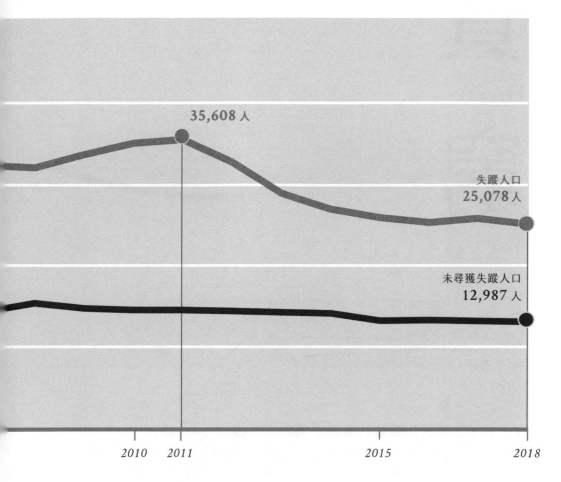

35,608人

失蹤人口
25,078人

未尋獲失蹤人口
12,987人

2010　2011　　　　　　　2015　　　2018

老年失蹤將是接下來面臨的最大挑戰

觀察各年齡層的每萬人失蹤人口，僅 65 歲以上老人呈現增加的趨勢，最主要原因在於「離家出走」。而除了離家出走外，「失智造成的走失」也是另外因素之一。隨著臺灣即將進入超高齡社會，如何有效預防失蹤老人的增加以及老人失蹤後所面臨的問題，將是未來各系統間的一大挑戰。

審訂專家：臺灣大學社工學系教授兼系主任　楊培珊
串門子社會設計創辦人　黃珮婷

Poverty

① 低收入戶占總戶數比率

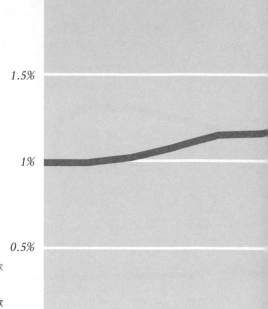

② 各款別低收入戶占比

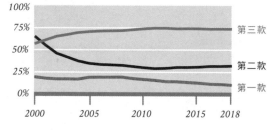

收入趕不上最低生活費的成長，低收入戶占比逐年增加

低收入戶的占比在 2012 年之前逐年上升，觀察所有低收入戶的貧窮狀況，可以發現最貧窮的「第一款低收入戶」占比逐年減少，但同時有愈來愈多人從近貧落入「第三款低收入戶」（註1），由此可知在最低生活費逐年成長下，有愈來愈多家庭的收入水準趕不上支出成長。然而，在 2010 年修正低收入戶認定標準（註2）後，低收入戶比率從 2012 年開始緩緩下降，或許這所代表的是在貧窮線以下的絕對貧窮者數量降低了，但隨著生活物價的提升，相對貧窮的狀況是否真的有改善仍需持續觀察。

註 1 依據《社會救助法》第 11 條規定，低收入戶生活扶助等級分為三款。第一款：全家人口均無工作能力，且無收入及財產。第二款：全家人口有工作能力者在總人口數三分之一以下；且家庭總收入平均分配全家人口，每人每月在最低生活費標準三分之二以下。第三款：家庭總收入平均分配全家人口，每人每月逾最低生活費三分之二，且在最低生活費以下。

註 2 《社會救助法》2010 年修正低收入戶認定標準，若家庭總收入平均分配全家人口，每人每月在最低生活費以下，且家庭財產未超過主管機關公告之一定金額者即認定為低收入戶。最低生活費為當地區最近一年每人可支配所得中位數的 60% 定之。

數據參考資料：勞動部，族群勞動統計 身心障礙者之就業服務、定額進用、職業訓練狀況

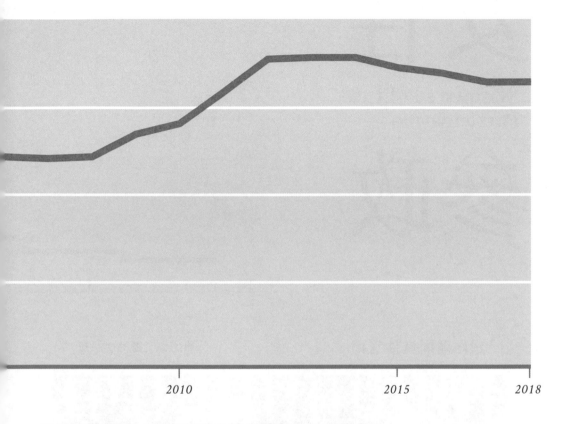

2010   2015   2018

除了金錢補助，還有什麼方法能讓低收入戶脫貧？

貧窮與整體資本社會結構的不平等相關，然而，現在福利供給模式仍較為偏向給予低收入戶金錢補助，僅治標不治本。雖然金錢補助有其必要性。但金錢補助以外的策略也十分重要。

目前公部門以及社福單位常為中低收入戶提供脫貧方案或是就業協助等措施，但如何衡量效益？是檢視發放金額還是受助者整體改善程度？此類援助行為是否具備退場機制等，皆需要時間的驗證。在還沒有標準答案之前，我們更應該集結公部門及社福單位的各方力量，與時俱進，持續發展解方。

審訂專家：戴伯芬、串門子社會設計創辦人 黃珮婷

女性
Women's Political Participation
參政

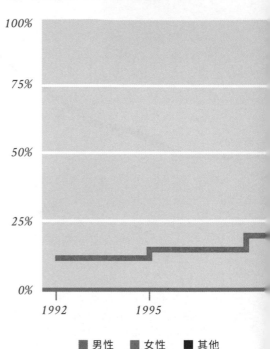

① **歷屆女性立委比率**

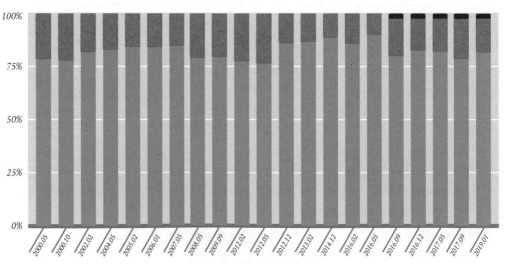

② **歷屆內閣閣員性別比**　　■ 男性　■ 女性　■ 其他

圖註：以行政院長就任當時最初的內閣名單為主，內閣閣員包括副院長、行政院祕書長、發言人、部會首長、政務委員，不含副首長、次長、行政院長。

數據資料來源：中央選舉委員會，中選會選舉資料庫 立法委員選舉 選舉概況總說明
姜貞吟 (2017)，從婦女保障名額談 女性參與政治之進展

圖註：1992 年首次進行立法委員全面改選，共選出 161 席，1998 年再增為 225 席，並開始增設不分區
立法委員。2005 年修憲後，2008 年起立法委員減為 113 席，並改採單一選區方式選舉，任期則改為 4 年。

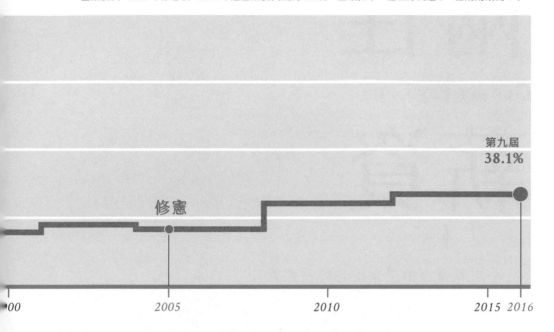

女性立法委員比率增加，接近北歐國家設定的進步指標

2016 年臺灣選民投票選出第一位女性領導人蔡英文（註 1），同年立法委員當選人女性比
例也達到 38.1%。不僅高於鄰近的日、韓（註 2），也高於世界平均的 24%。女性立委比
例高於其他亞洲國家，最主要與《憲法》本文規範婦女保障名額有關。2005 年《憲法》
增修條文修正（註 3）後，明訂不分區立委女性當選比例不得低於二分之一，也使 2008
年以來，立委女性當選比例較以往增加幅度更大。

不能民選的內閣閣員，有實踐性別平等嗎？

雖然女性立委比例漸趨平等，但觀察 2000 年以來的內閣組成，女性閣員比例始終未達
四分之一，顯示在缺乏制度保障下，女性參政權的平等仍有許多待落實的空間。未來，
政府應更積極落實法規與其他層面的性別平等，突破傳統以男性為主要成員的公共領
域，才能真正實踐不同性別間在政治決策中的均等代表性。

註 1 蔡英 1 文當選前，亞洲女性領導人有朴槿惠（韓國）、柯拉蓉·艾奎諾（菲律賓）、翁山蘇姬（緬甸）等，
但皆來自政治世家，或為政治強人遺孀，但蔡英文並非如此。

註 2 國際國會聯盟 (2019) 統計[1] 指出，日本女性國會議員比例為眾議院 10%、參議院 21%；韓國為 16.7%。

註 3 1947 年《憲法》第 134 條就已有明訂各種選舉，應規定婦女當選名額。2005 年第七次增修，規定政黨提名
的不分區委員與僑選委員，女性當選名額不得少於二分之一。

審訂專家：臺灣大學政治學系教授 黃長玲
臺灣大學政治學系教授 王業立

兩性

Gender Pay Gap

薪資

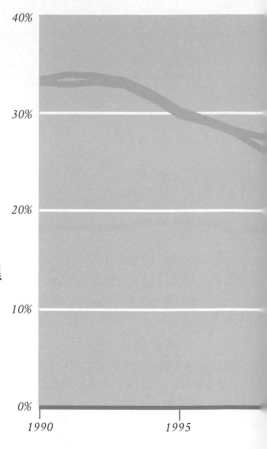

① 男女受僱員工每月總薪資差

② 不同職業別中男女平均時薪差異

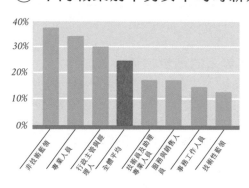

非技術藍領 / 專業人員 / 行政主管與經理人 / 全體平均 / 技術員及助理專業人員 / 服務與銷售人員 / 事務工作人員 / 技術性藍領

性別間薪資差距逐年縮小，但女性平均仍較男性低 17%

兩性總薪資差距從 2000 年的 25.8% 下降至 2018 年的 17%，經常性薪資差距則為 13.3%，相較日本（31.9%）及韓國（35.4%）（註1），性別間的薪資差距較小。此外，二十年來女性勞動參與率從 46% 上升至 51.1%，皆顯示臺灣在性別不平等的改善上有初步成果。

註 1 勞動部報告比較各國間的經常性薪資差距，我國數據來自行政院主計總處之 107 年受僱員工薪資調查；日本數據來自 2017 年每月勤勞統計調查；韓國數據來自 2016 年 Survey on Labor Conditions by Type of Employment。[*1]

數據資料來源：勞動部，勞動統計查詢網 受僱員工每人每月薪資－按性別分
臺灣社會變遷基本調查 2012 年（六期三次）社會階層組資料

總薪資：包含「經常薪資（固定月薪）」及「非經常薪資（加班費、獎金等）」。

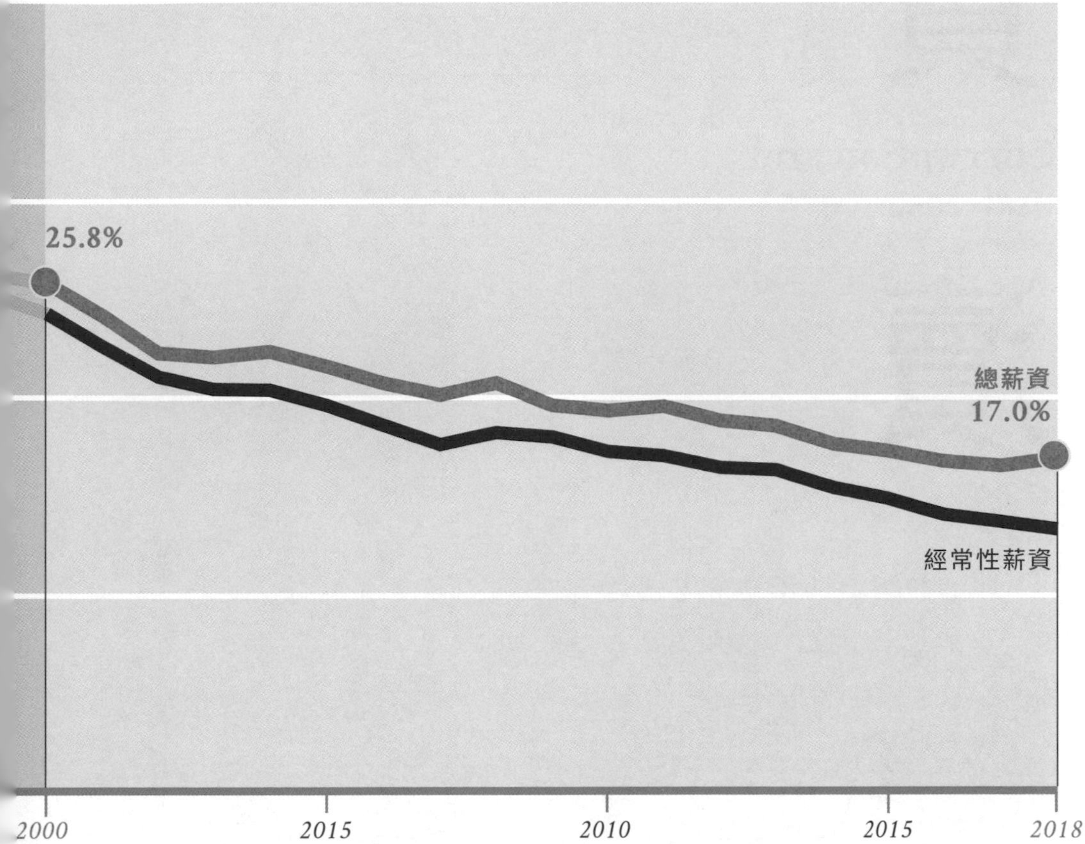

平均薪資差距縮小代表勞動市場兩性平等了嗎？

雖然兩性間的平均薪資差距逐年縮小，但中研院報告 [*2] 指出，差距縮小的主因與少數女性有機會進到收入較高的白領職業有關。觀察不同職業別的性別薪資差距，可以發現「非技術性藍領」的差距最大（註 2）。因此，雖然少數女性進入高階白領行業拉近了性別間的平均差距，但未來不論企業或政府，都應持續正視許多行業中仍存在同工不同酬或是因性別刻板印象所導致的不平等問題。

註 2 研究中控制人力資本及工作職務等因素後，「行政主管及經理人」和「專業人員」的薪資差距幾乎不受性別影響，但性別仍對底層藍領及白領的薪資差距有顯著影響。

審訂專家：社團法人臺灣職業安全健安連線執行長 黃怡翎
臺灣大學政治學系教授 黃長玲

貪

Corruption and malfeasance

瀆

② 貪瀆起訴案件不法利益金額

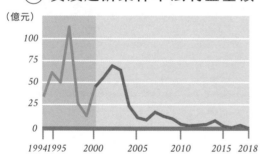

（億元）

100
75
50
25
0

1994 1995　2000　2005　2010　2015 2018

① 貪瀆起訴案件件數

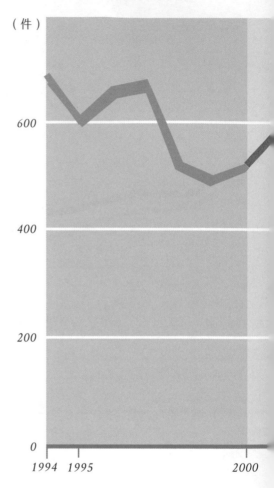

（件）

600

400

200

0

1994　1995　　　　　　　2000

近二十年貪瀆不法所得達新臺幣 378 億元

從貪瀆件數、金額來看，我國貪瀆情況雖然有改善的趨勢，但據 2018 年國際透明組織公布的全球貪腐趨勢指數，臺灣排名世界第 31 名，與過往十年相差不大。然而，在亞洲仍落後新加坡、香港、日本，顯示有持續改善的空間（註 1）。

註 1 亞洲鄰國中，新加坡排名第 3、香港排名第 14、日本排名第 18、南韓排名第 45、中國排名第 87。

數據資料來源：法務部法務統計

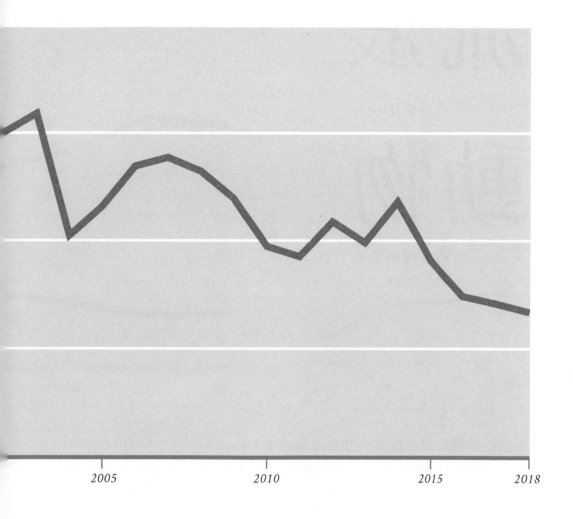

2005　　　　　2010　　　　　2015　　2018

揭弊關鍵「吹哨者」保障不足，須加快立法進程

許多弊案都需知情的內部員工才能揭發（註2），而這些揭弊者被稱為「吹哨者」。公部門的吹哨者雖然經常判決免刑，但仍「有罪」且被予以免職、不得再錄用處分。保護吹哨者除了能鼓勵揭弊、減少弊案，也有助於降低公眾利益被損害的可能。行政院已於2019年5月通過《揭弊者保護法》草案待立院審議，後續法案進程有待大眾持續關注。

註2 除了公部門，私人企業也有可能發生危害公共利益的弊案，如食品業販賣黑心食品、銀行業等。

審訂專家：臺灣大學政治學系教授　王業立
法律白話文運動

流浪

Homeless Animals

動物

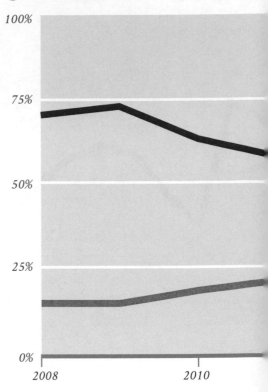

① 公立動物收容所認領養率及

② 公立動物收容所收容隻數

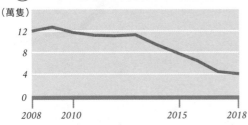

收容隻數：當年度進入收容所之動物量（包含捕捉、民眾送交、拾獲等）。

流浪動物議題關注提升，帶動認領養率上升

流浪動物的認領養率從 2013 年起快速提升，每年收容的動物中有約七成被認領養，且歷年收容隻數也有明顯減少。領養增加、棄養減少的現象，很可能與民眾動保意識的提升有關（註 1）。然而，2018 年收容隻數減少，但認領養率卻回跌，可能代表目前民眾認領養出現飽和（註 2）的問題，值得持續觀察。

註 1 歷年來相關團體透過遊行、紀錄片、生命教育、挺挺動物生活節、世界動物日等多方管道推廣「領養不棄養」觀念，加上 2013 年紀錄片《十二夜》凸顯收容所犬隻的生存環境，皆是整體動保意識提升的可能原因。

註 2 根據農委會 106 年度全國家犬貓數量調查推估，全臺有 177 萬隻家犬、73 萬隻家貓，相當於平均每 3.5 戶就有養一隻犬貓。面對家戶領養飽和，政府也於 2017 年起推出多元化認領養方案如工作犬、監獄犬、校園犬等，但實際能消化多少收容所的動物數量仍有待觀察。

數據資料來源：農委會動物保護資訊網，全國公立動物收容所收容處理情形統計表

依法人道處理率

認領養率：當年度認領養隻數／當年度收容隻數。

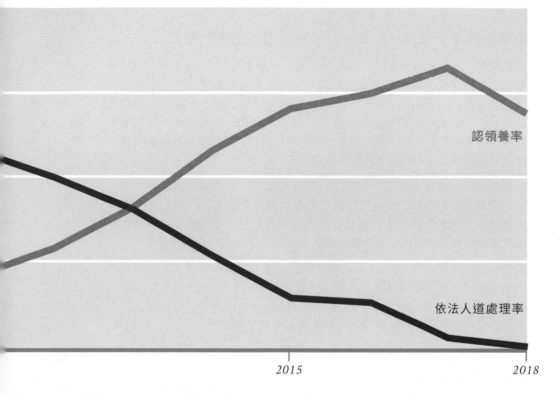

認領養率

依法人道處理率

2015

2018

零安樂死，流浪動物問題就解決了嗎？

2017 年臺灣正式實施零撲殺政策，然而這也間接導致公立收容所改採「精準捕捉」（註3）原則，或將動物轉送往私人狗場（註4），以減緩所內超額收容壓力的隱憂。但收容隻數減少，也就相應衍生更多流浪犬貓的潛在問題（註5）。在零撲殺下，除了針對流浪動物熱區或生態敏感區的流浪動物進行移除及收容安置以減少衝突外，透過 TNVR（註6）、管制寵物繁殖買賣等控制流浪動物數量、改善收容所環境，以及落實源頭的飼主課責管理及生命教育等，都是改善流浪動物問題的重要任務。

註 3 原則為僅捕捉通報人確認確有問題犬隻、影響交通安全，或經通報的犬隻。

註 4 雖然農委會資料顯示認養對象中，「個人認養」仍占約八成以上，但根據監察院 2017 年的報告指出：「國內公立動物收容所將大量動物送往民間狗場，現行民間狗場多設置於農地，復因各式因素而未能申辦成為動物收容處所，農委會對此類民間狗場係認定為《動保法》中之飼主，其相關法規政策規範與實務現況間容有落差，對動物福利或環境維護恐生不良影響。」

註 5 流浪犬貓增加可能產生更多人犬衝突、遊蕩動物與野生動物間的衝突等。

註 6 誘捕（Trap）、結紮（Neuter）、施打疫苗（Vaccination）、原地回置（Return）的方式，是國際間用於解決流浪動物問題的一種方式。

審訂專家：窩窩編輯部
臺灣大學獸醫系教授 費昌勇
NOE 行動組織理事長 李榮峰（李火山）

致謝一起參與的重要推手

沒想過這輩子能出一本書,和這麼多厲害的人一起完成

為了把關 100 個數據及導讀內容的正確性,我們邀請了 71 位不同領域的專業工作者(依審訂數據排列順序列如下)協助審訂,每個人都是在繁忙的工作之餘撥出寶貴的休息時間,和我們反覆討論與調整、甚至不厭其煩地細心協助校對用詞,許多信件回覆的時間都在深夜,讓我們內疚又感激。真的非常感謝這些在不同領域耕耘,但都同樣努力讓臺灣慢慢變好的力量,讓我們能站在巨人的肩膀上完成這本書。

除此之外,特別感謝李怡志老師從一開始到最後不斷提供圖表製作的專業建議與啟發、天下雜誌吳琬瑜總編對計畫的支持與鼓勵、以及 Plan b 的共同創辦人張良伊在過程中不斷給予專業建議與前瞻性的啟發。也要感謝時報出版的編輯黃筱涵與顧問郭佩伶細心把關出版過程中的種種細節。

最後,想向 1980 年的時任主計處長鍾時益先生及其團隊致敬,在當時跟上國際的腳步,有遠見地彙編《社會指標統計年報》,雖然在 2012 年《社會指標統計年報》已停止發佈,盼本書能延續當時的精神,提供經濟指標以外更寬廣的視野、作為持續精進整體生活素質的參考基礎。

| 協助審訂專家名單 |

疾病管制署防疫醫師 鄭皓元
臺北市立聯合醫院眼科部主治醫師 蕭雅娟
財團法人器官捐贈移植登錄中心執行長 江仰仁
國立臺灣大學流行病學與預防醫學研究所研究員 吳昀慶
國立臺灣大學公共衛生學院流行病學與預防醫學研究所教授兼副所長 郭柏秀
國泰綜合醫院精神科暨兒童心智科主治醫生 陳劭芊
國立成功大學公共衛生所教授 呂宗學
中國醫藥大學新竹附設醫院眼科主任 陳瑩山
中華民國器官捐贈協會理事長 李明哲
國立臺灣大學醫院精神醫學部主治醫師 陳宜明
國立臺灣大學健康政策與管理研究所博士 李芳盈
國立臺灣大學醫院顧問醫師 姜至剛
國立臺灣大學食品科技研究所助理教授 陳宏彰
資深記者 呂國禎
看守臺灣協會祕書長 謝和霖
環境資訊中心副主編 彭瑞祥

資深記者 劉光瑩
特有生物研究保育中心助理研究員 林德恩
中央研究院生物多樣性研究中心兼任研究員 邵廣昭
地層下陷防治資訊網路
國立海洋科技博物館助理研究員 廖運志
財團法人中衛發展中心農業經營組顧問 陳怡君
《上下游》記者 蔡佳珊
東華大學環境學院教授 夏禹九
國立臺灣大學森林環境暨資源學系副教授 邱祈榮
國立臺灣大學森林環境暨資源學系教授 丁宗蘇
國立臺灣大學環境工程學研究所教授 闕蓓德
文字工作者 鄭涵文
棒球球評、基層棒球隊教練 黃國洲
世新大學廣播電視電影學系助理教授 張道平
資深電影製片 焦雄屏
國立政治大學科技管理與智慧財產研究所副教授 陳秉訓
社團法人中華民國表演藝術協會專案研究員 蔡淳任
國立臺灣師範大學教育政策與行政研究所教授 王麗雲

｜協助審訂專家名單｜

親子天下媒體中心總編輯 陳雅慧
國立臺灣大學物理系教授 高涌泉
中信金融管理學院校長／教授 施光訓
國立政治大學經濟學系副教授 陳鎮洲
社團法人台灣職業安全健康連線執行長 黃怡翎
陽昇法律事務所律師 鄧湘全
中研院社會研究所所長／研究員 謝國雄
中研院經濟研究所助研究員 楊子霆
國立政治大學財政學系副教授 吳文傑
台灣矽谷創業家協會首席顧問暨創會理事長 趙式隆
法律白話文運動
國立政治大學政治學系教授 蔡中民
國立政治大學傳播學院教授 陳憶寧
國立政治大學地政學系教授 蔡育新
輔仁大學景觀設計學系教授 王秀娟
淡江大學運輸管理學系教授 張勝雄
金宏安全管理顧問有限公司董事長 林金宏
《報導者》記者 曹馥年
串門子社會設計創辦人 黃珮婷
國立政治大學外交學系副教授 張文揚
國立臺灣大學社工學系教授兼系主任 楊培珊
東吳大學社會工作學系助理教授 林佩瑾
新北市身心障礙者職業重建服務中心（新店區）主任 董鑑德主任
台灣人權促進會副秘書長 施逸翔
人生百味共同創辦人 巫彥德
國立臺灣大學醫學院附設醫院小兒部兒童胸腔與加護醫學科主任 呂立
國立臺灣大學政治學系教授 王業立
國立臺灣大學政治學系教授 黃長玲
One-Forty
獄政改革倡議者 林文蔚
國立臺灣大學生物環境系統工程學系教授 童慶斌
NOE 行動組織理事長 李火山
國立臺灣大學獸醫系教授 費昌勇
窩窩編輯部
自由撰稿人 簡永達
台灣人權促進會北部辦公室主任 顏思妤
REnato lab 創辦人 王家祥

作者介紹

CRe-lab

熱愛臺灣的資訊圖表設計顧問公司，成立於 2011 年，使命是為有價值的資訊「簡單說好故事」，提供溝通策略顧問服務與圖表設計製作，一天到晚透過創新的溝通專案探索更多可能，同時驗證資訊設計的成效，在每一次的實驗中不斷進化。創業精神是用資訊設計「防止世界有代溝、守護世界的平等」！

成軍八年，為超過 300 個資訊說出好故事，客戶包括：台積電、台達電、鴻海、世紀奧美公關科技、中國信託、施羅德投信、美盛投顧、摩根資產管理、國泰人壽、Sanofi、資策會、工研院、行政院環境保護署、中區國稅局、台北市社會局等等。除了商業客戶，團隊也持續與各種非營利組織合作，協助推廣理念。

代表作品

出版《人人都能上手的資訊圖表設計術》分享資訊圖表設計原理和案例

成立 Hello Taiwan 粉專推廣臺灣廟宇、臺灣茶等特色文化

成立資訊改造實驗室粉專致力於讓複雜但重要的數據能被看見、看懂，
成立一年半以來，針對許多臺灣的數據進行改造，誕生了一張張簡單易懂的圖表

出版《臺灣數據百閱》和你一起從數據出發，關心臺灣

除了商業專案，我們也做了很多圖表改造與社會實驗計畫：

2012 史高維爾辣度表
2012 臺灣十大癌症報告書，與 info2act 合作
2014 「市長安安，政見給窺嗎？」，與關鍵評論網、劉家熙合作
2014 溫室氣體排放清冊，與環保署合作
2015 一百種法案的死法，與關鍵評論網合作
2015 社群媒體觀察季報，與 QSearch 合作
2016 臺灣小吃解剖實驗
2016 臺灣電影髒話大全，與台味誌合作
2017 日日好果 - 臺灣水果年曆，與上上芊食尚顧問合作
2017 三百六十行，行行按穴道，與中醫說說看、毛醫師、TAAZE 讀冊生活合作
2018 流行音樂展覽數據展牆，與臺北文創記憶中心、Plan b 合作
2018 中華職棒 30 週年特展大數據展牆，與中華職棒大聯盟、INCEPTION 啟藝合作
2018 台北霞海城隍廟資訊圖，與台北霞海城隍廟合作
2019 茶顏觀色 14 種臺灣比賽茶資訊圖表，與茶葉專家陳俊良、Justfont 合作
2019 臺大埔璃獎學金推廣互動測驗，與林埔璃宏泰教育基金會合作

以上案例成果請在以下閱覽　　　　官方網站 www.relab.cc
www.behance.net/Re-LAB　　　　　臉書粉絲專頁 @ReLAB.cc

臺灣數據百閱：100 個重要議題，從圖表開啟對話、培養公民思辨力 / Re-lab 團隊著 . -- 一版 . -- 臺北市：
時報文化 , 2019.11
280 面；16×23 公分 . --（ Hello design 叢書；HDI041 ）
ISBN 978-957-13-7965-4（平裝）
1. 臺灣社會 2. 社會問題
542.0933   108015225

Hello Design 叢書 HDI0041

臺灣數據百閱（雙面書封設計）
──100 個重要議題，從圖表開啟對話、培養公民思辨力

作者｜Re-lab 團隊　編輯｜黃筱涵　校對｜簡淑媛　美術與封面設計｜Re-lab 團隊　內頁排版｜藍天圖物宣字社　第一編輯部總監｜蘇清霖　董事長｜趙政岷　出版者｜時報文化出版企業股份有限公司　10803 台北市和平西路三段 240 號 3 樓　發行專線｜（02）2306-6842　讀者服務專線｜0800-231-705・（02）2304-7103　讀者服務傳真｜（02）2304-6858　郵撥｜19344724 時報文化出版公司　信箱｜10899 臺北華江橋郵局第 99 信箱　時報悅讀網｜http://www.readingtimes.com.tw　法律顧問｜理律法律事務所 陳長文律師、李念祖律師　印刷｜華展印刷有限公司　初版一刷　2019 年 11 月 29 日　定價｜新台幣 480 元

【出版團隊介紹】

著作（主筆） 劉又瑄、吳宗懋

數據蒐集與圖表設計 吳宗懋、楊雁萍、鄔至為、劉又瑄、葉仁智、蔡瀚緯、許勝嵐｜**導讀內容撰寫編輯** 劉又瑄、吳宗懋、周均怡、楊雁萍、鄔至為、葉仁智、談軒宇、何一明、江佩容、蔡念誼、陳允恩｜**視覺與版面設計** 陳乙萱、楊佳媛、陳穎穎、江佩容

時報文化出版公司成立於一九七五年，並於一九九九年股票上櫃公開發行，於二〇〇八年脫離中時集團非屬旺中，以「尊重智慧與創意的文化事業」為信念。

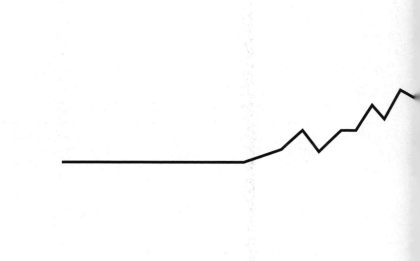

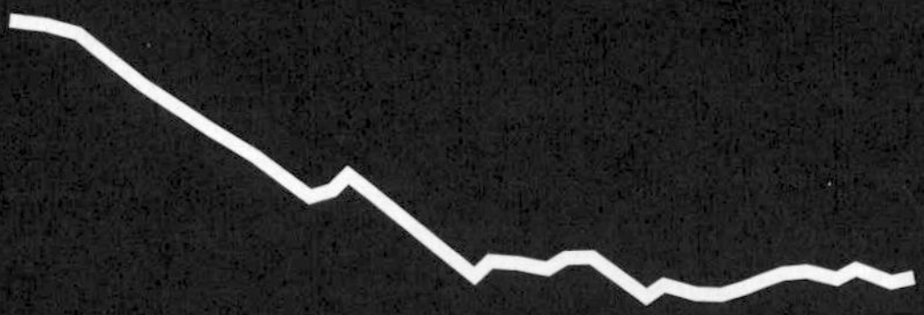

100 Graphs About
Taiwan

臺灣
數據百閱

這是最好的臺灣，
也是最壞的臺灣。
——50件正在進步的事情

100個重要議題，
從圖表開啟對話、培養公民思辨力

○Re-lab 團隊 著

「快速掌握臺灣的樣貌，同時兼顧深度與廣度！」

世新大學新聞系助理教授 / 李怡志

臺灣是一個變動很快速的社會，不論政治、經濟、社會、健康等層面，在過去幾十年中都有很大的變化，有些領域項目變動之快，在短短二十年間彷彿是兩個不同的社會一樣。

在這麼快速變動的社會當中，光靠親身體會，可能無法完全理解這環境發生了什麼樣的變化，也很難察覺變化幅度大小。

有什麼方法可以讓我們一口氣快速掌握臺灣的樣貌，同時兼顧深度與廣度呢？答案或許就是這本《臺灣數據百閱》。

這種用圖表來呈現一個社會概況的書籍，很多國家都有，例如 TED 創辦人 Richard Saul Wurman 在二十年前出版的《Understanding USA》，在一本書中用了大量不同的資訊視覺化技巧來呈現美國的樣貌；或者矢野恒太紀念會的《日本國勢圖會》，從 1927 年開始出版迄今已經 77 版，用大量的統計圖表來介紹日本的局勢。不同於《Understanding USA》的花俏或者《日本國勢圖會》的複雜，本書採用了一個大膽而簡單的方式來呈現資訊，那主要圖表完全只採用 William Playfair 在 1786 年發明的折線圖。作為量化數據視覺化的始祖，折線圖在這兩百多年來都一直很好用，一個軸是時間，一個軸是數量，雖然資訊視覺化的方法在最近幾年千變萬化，但我們還是經常繪製折線圖，也經常看到折線圖，不過很少有機會一口氣看到 100 張與我們周遭生活息息相關的折線圖。

在過去的十五年之間，我在國內外不同企業、學校與政府部門開設了無數的資訊視覺化訓練課程學員從大一新生一直到上市公司總經理、董事都有。早年我發現臺灣人的問題是不會畫圖表，但後來發現問題可能是不會說故事，所以我近幾年開始把教學重點轉移到「數據故事」（Data-Driven Story）上，希望學員能夠講述好的商業數據故事與數據新聞故事，畢竟圖表不是目的，透過視覺化的方式讓讀者產生數據感才是重點。

《臺灣數據百閱》中有足足 100 個數據故事，超過 100 張經過反覆推敲、修正的圖表，每個精挑細選的故事可以各自獨立閱讀，又可以彼此相連，串成一個個更大的數據故事。除了按照書本的順序來閱讀之外，我覺得這本書也很有參考書的潛力，就像從昭和二年出版至今的《日本國勢圖會》一樣，會出現在非常多人的書架、辦公桌上，只要想到臺灣局勢，就會拿起來翻一下，透過這 100 個已經說好的數據故事，來擴充你想說的新故事。

紐約時報在 2017 年時推出了一個線上版的故事，叫做〈You Draw It: What Got Better or Worse During Obama's Presidency〉，讓讀者自己先畫折線圖，猜猜看不同的指標在歐巴馬任期內與布希任內相較，有什麼樣的變化。《臺灣數據百閱》提供了 100 個這樣的機會，建議你先看看目錄，心中猜想看看這些數據在過去的二十年間會是如何變化，然後再把書打開，會覺得更有意思。我自己覺得這種「玩法」很棒，也推薦你試試看。

這本書只是一個新的開始，期望後續在臺灣能不斷看到新的作品，用數據與圖表來說出一個個讓我們有感的臺灣故事。

站在 100 個數據上，
可以看見什麼？

「你覺得臺灣這二十年來變好還是變壞了？」

這本書不會提供一個簡單的答案，但我們把自己探索答案的過程整理成一百個線索和大家分享。

整本書整理了 100 個重要的數據，同時也提供幾種不同的閱讀方式。你可以看見臺灣正在進步的地方，看見哪些努力已經有初步成效、可以如何修正做得更好；當然，你也會看見臺灣令人擔憂的地方，看見你可能從未想過的問題，但也同時才有機會檢討與改進。

在搜集 100 個數據的過程中，我們觀察到通常數據發生遽變，多是因為統計方法或定義的改變，而事情真實變化的速度其實是緩慢的。這其實就像國家的發展轉型與大眾的思考改變一樣，很多難題無法一夕之間解決，需要長期的關心與努力對話才有可能緩緩前進，但越少人關心、越多人對立，卻也會讓事情慢慢變糟。

Hans Rosling 在《真確》一書的最後寫下：「我要你看見故事背後的數據，也要你看見數據背後的故事。不靠數據無法了解世界，但光靠數據也無法了解世界」，這本書和這個世界一樣，並不會提供一個標準答案，我們邀請你在閱讀的過程中思考、甚至可以提出質疑，也希望除了閱讀外，你更能藉由了解開啟更多實質對話。因為唯有透過了解、對話、與反覆辯證，我們才能更貼近真相、發現我們過去可能忽略的問題、同時知道我們該怎麼朝理想的模樣繼續前進。

這本書只是一個開端
支持我們的計劃
網址：https://url.relab.cc/100plan

從過去的作品認識我們
認識資訊設計
網址：https://url.relab.cc/relab

選出 100 個數據的三步驟

你一定很好奇,這 100 個數據如何選出來的?
雖然過程很複雜,我們盡量簡單說明:

Step1 決定主題類別

參考歷年主計總處公告之社會指標統計及國民幸福指數、以及聯合國所
制定的永續發展目標 (SDGs) 的具體目標,選取重點指標並決定 8 個主題
類別。

Step2 搜尋有指標性的數據

依各主題領域至政府部會統計、相關國際組織資料庫 (WHO、ILO、
OECD 等) 搜尋統計期間截至 2018 年有至少 10 年資料的數據 (部分統
計僅公布至 2017 年) 。

Step3 檢視與篩選數據

進一步檢視數據的統計方法與名詞定義,交叉比對不同來源的資料,將
較有疑慮的數據替換。
最後撰寫數據導讀,並請各領域專家協助審訂、調整,希望能提醒數據
本身的限制,並打開更多思考與討論。

礙於實體書篇幅的限制,我們將參考資料(內文標示 * 以供對照)
與延伸閱讀放置於網路空間,方便大家能直接透過線上連結開啟資料或文章
網址:https://url.relab.cc/100ref

過去二十年來社會快速的發展，也陸續浮現許多新的問題，
從數據的變化可以發現非傳染性疾病的發生、自然生態的威脅、
生產力進步後面臨的產業轉型等種種社會逐漸發展後相應而來的
問題令人擔憂。

然而，我們不需因此而絕望，
或許是因為通報機制更加完善、或統計方法更接近真實，
讓過去未在統計上呈現的隱藏數字浮現，
反而讓我們發現過去沒有看見的問題。
每一件事都不可能簡單用二分法區分好壞，透過導讀或提問，
我們期待能提供第二層思考的線索，邀請你透過不同角度觀察數
據，
找到更多元的答案。
（小提醒：數據改變的背後可能有其他隱藏的人為原因，如：統
計方法與定義的更動、計算方式誤差等，從圖表備註中可以看到
更多說明。）

發現問題，是解決問題的第一步。
雖然現況令人擔憂，但若我們積極釐清並找出問題的真正原因，
反而更有機會解決過去未被關注的隱藏危機。

第一種閱讀方式——九大領域目錄
從你最關心的領域出發，看看 20 年來臺灣哪些事情令人擔憂

我們將 100 個數據依領域分類，你可以從平常自己關心的領域出發，
也可以藉此觀察臺灣在不同領域有哪些令人擔憂的事！

另一種閱讀方式——百大社會課題導引

對你來說，最重要的價值是什麼？

國研院科政中心於 2018 年調查 20,000 位民眾，彙整出 100 項臺灣人最關心的社會課題。
你可以先看看大家都關注哪些議題，同時想想自己關心什麼。
接著，對應後方的數據，從過去 20 年的變化更了解這些議題的發展，並檢視數據和自己原來的想像是否有所不同。
透過了解開啟對話，讓你心中重要的事成為更多人「心中」重要的事情。

51 工作時數與彈性	53 生物多樣性	54 空氣中微粒狀污染物	56 溫室氣體
工作時數　G72	生物多樣　B34	空氣污染　G22	溫室氣體　G34

57 政府組改	58 社會住宅	59 城市交通壅塞	60 友善職場
政府負債　B78	房價　B82	道路肇事　B102	性侵　B94

61 都市能源效率	62 土壤重金屬污染	63 公共運輸安全	64 農作物生產過剩或歉收
公園綠地　G90	污水處理　B86	公共運輸　G94	糧食自給　B76

70 全球經濟治理	72 貧富階級深化	74 身心障礙者之支持	76 多元化的能源供應
外交　B106 國際會議　G114	貧富差距　B66	身心障礙　G124	電力　B48

79 酒駕或違規肇禍	80 時間電價	84 產業水電供應	85 毒品流通與販賣
酒駕　G102 道路肇事　B102 國道車禍　B104	電力　B48 停電　G84	電力　B48 停電　G84	毒品　B90

86 畢業生基礎學力	91 國土規劃	92 空氣污染監測	95 健保給付範圍
高教入學　B60	違建　B84 森林破壞　G32	空氣污染　G22	慢性疾病　B12

98 職場歧視	100 職場安全衛生		
女性參政　G132 兩性薪資　G134	職業災害　G104		

授權提供：財團法人國家實驗研究院科技政策研究
與資訊中心 我國百大社會課題調查研究

健康

Healthy Life Expectancy

餘命

① 不健康存活年數

（年）

② 平均壽命與健康平均餘命

（歲）

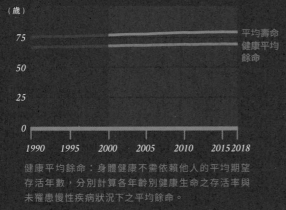

平均壽命
健康平均
餘命

健康平均餘命：身體健康不需依賴他人的平均期望
存活年數，分別計算各年齡別健康生命之存活率與
未罹患慢性疾病狀況下之平均餘命。

健康平均餘命的成長跟不上平均壽命

雖然臺灣人的平均壽命從 2006 年的 76.7 歲進步到 2016 年的 79.9 歲（註1），但健康平均餘命（Healthy Life Expectancy，HALE）和平均壽命間的差距，卻也從 2000 年的 9 年擴大至 2016 年的 10 年，可見臺灣人晚年在疾病中度過的平均時間正在增加。

註 1 此處考量資料完整性，選用國際組織 Institute for Health Metrics and Evaluation（IHME）的統計資料，主計總處所公布之最新統計資料為 2016 年，臺灣人平均壽命為 80.0 歲，健康平均餘命則為 71.2 歲。

數據資料來源：Institute for Health Metrics and Evaluation，Global Burden of Disease (GBD) Compare, Healthy Life Expectancy (HALE)
Institute for Health Metrics and Evaluation，Global Burden of Disease (GBD) Compare, Life Expectancy

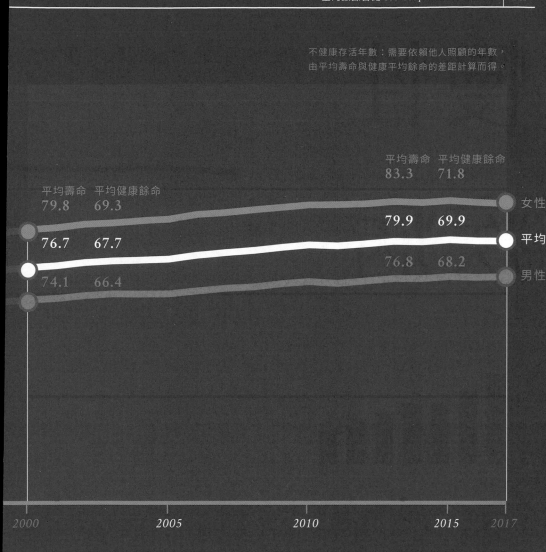

不健康存活年數：需要依賴他人照顧的年數，
由平均壽命與健康平均餘命的差距計算而得。

平均壽命 平均健康餘命
83.3 71.8

平均壽命 平均健康餘命
79.8 69.3
女性

76.7 67.7

79.9 69.9
平均

76.8 68.2

74.1 66.4
男性

2000　　　　　2005　　　　　2010　　　　　2015　2017

超高齡社會將至，臺灣如何應對老年健康的挑戰？

造成健康生命損失年（Years Lived with Disability，YLD）(註 2) 前三大因素分別為
骨骼疾病、心理疾病、以及慢性呼吸道疾病*1。在未來的十年內，臺灣即將邁入超高
齡社會，每五個人中就會有一位老人 (註 3)，也因此，未來政府在規劃老年政策時，
除了更密切追蹤這些疾病，也應建構更完整的長照體系因應壽命延長後的照護需求。

註 2 計算因為疾病、失能等狀態而損失的健康生命年數。
註 3 根據國發會的人口推估，2026 年臺灣 65 歲以上的老年人口將超過 20%，正式步入超高齡社會。

審訂專家：臺灣大學流行病學與預防醫學研究所研究員 吳昀縈
疾病管制署防疫醫師 鄭皓元

慢性

Chronic Illness

疾病

① 慢性病健保費用支出占比

50%

40%

30%

20%

10%

0%

2007   *2010*

② 2017 年臺灣主要危險因子
所導致的慢性病疾病負擔

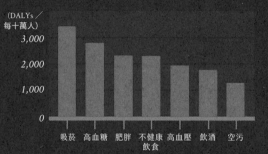

(DALYs／每十萬人)

3,000

2,000

1,000

0

吸菸　高血糖　肥胖　不健康飲食　高血壓　飲酒　空污

失能調整生命年（DALYs）：每十萬人因為疾病失能或死
亡所導致的負擔。計算因為過早死亡而損失的潛在壽命，
加上因健康狀況不佳或失能而損失的「健康」年歲。

慢性病在健保費用中的占比成長加速

2016 年慢性病（註1）占健保費用比例突然上升是因為慢性病診斷碼認列範圍調整（註2），
但除此之外，相較過去十年的狀況，近兩年的成長幅度也明顯加快。根據 2018 年的健
保重要財務資訊 *1，當年度不重複的健保就醫人數為 2,291 萬人，因慢性病就醫的人數
為 1,169 萬人，占總就醫人數的 49.6%。

註 1 慢性病案件定義參考自健保署公布的「全民健康保險慢性疾病範圍」。

註 2 2016 年的突然上升，致電健保署詢問，業務承辦人員表示因為當年國際疾病傷害及死因分類標準由第九版
（ICD-9）轉換為第十版（ICD-10），因此影響慢性病診斷碼認列的範圍，然而詢問醫師則認為 ICD 轉換雖有影
響，但實際原因仍需深究。

數據資料來源：衛福部中央健保署，106 年全民健康保險統計 門住診醫療費用申報狀況－按特約類別分
Institute for Health Metrics and Evaluation，Global Burden of Disease(GBD) Compare，Non-Communicable
diseases attributable to All risks factors, Both sexes, All ages, 2017, DALYs per 100,000

2015   2018

醫療進步、平均壽命延長的同時，該如何防治慢性病？

慢性病在國際上也是常見的主要死因，據 WHO 在 2018 年的統計 [2]，全球有 71% 的死亡是由慢性病導致，臺灣雖然沒有被納入統計，但據衛福部公布的 2018 年十大死因統計 [3] 結果，除了肺炎及事故之外，其餘 8 項都和慢性病有關。分析臺灣慢性病患者的危險因子，可以發現主要與行為因素（吸菸、飲酒、飲食不健康）及生理因素（高血糖、高 BMI、高血壓）有關 [4]，值得大家留意。

審訂專家：臺灣大學流行病學與預防醫學研究所研究員 吳昀慶
疾病管制署防疫醫師 鄭皓元

過重

Overweight and Obesity

肥胖

① **18 歲以上過重及肥胖比率**

② **不同年齡層過重及肥胖比率**

■ 2011　■ 2014　■ 2017

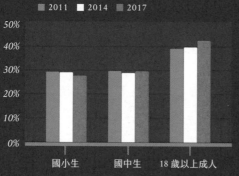

圖註：國小及國中生的過重及肥胖比率統計區間
以學年度進行統計。

過重及肥胖率穩定成長

2015 年後每兩個成年男性，就有一個過重或肥胖，女性則是約三個人就有一個過重或
肥胖，且逐年呈現上升趨勢。國內外研究皆指出肥胖將提高各項慢性疾病的風險，十大
死因中更有 7 項與肥胖有關（註 1）。

註 1 WHO 報告指出，BMI 超標是心血管疾病、肌肉骨骼失調以及部分癌症的主要危險因子。此外，國健署也指
出，2017 年國人十大死因中，就有癌症、心臟疾病、腦血管疾病、糖尿病、高血壓性疾病、腎炎、腎病症候群
及腎病變、慢性肝病及肝硬化等 7 項與肥胖有關。

數據資料來源：衛福部國健署，106 年健康促進統計年報　18 歲以上國人過重及肥胖的百分比
衛福部國健署，106 年健康促進統計年報　國小生過重及肥胖的百分比
衛福部國健署，106 年健康促進統計年報　國中生過重及肥胖的百分比

肥胖：我國對過重及肥胖的定義為 BMI ≧ 24。

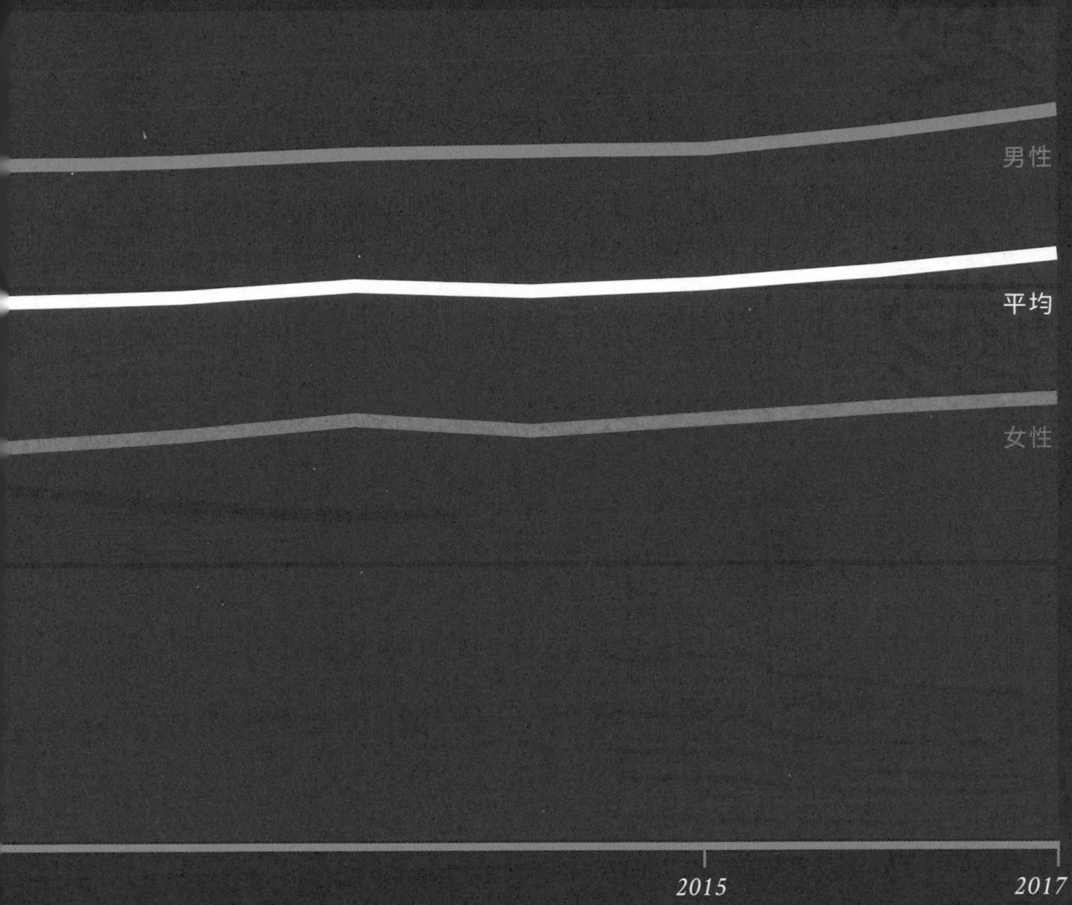

男性

平均

女性

2015　　　　　　　　　　　　2017

臺灣人是只有小時候胖，還是長大後更胖？

觀察中小學的過重及肥胖率，從 2011 年以來皆穩定維持在 30% 上下。然而，成年人的過重及肥胖率，卻在七年內增加 5%，2018 年達 42.3%，顯示臺灣成年人的生活型態其實更加不健康。造成肥胖的主要成因有二：身體活動量不足，及偏好高油、高糖食物[1]。將臺灣的肥胖盛行率與 APEC 十一個亞洲國家相比（註2），男性排名第四，女性則排名第七，對於國人的健康影響值得注意。

註 2 世界肥胖聯盟（World Obeisty Federation）調查世界各國的過重及肥胖盛行率以 BMI ≧ 25 為基準，但我國對過重及肥胖的定義則為 BMI ≧ 24。

審訂專家：疾病管制署防疫醫師　鄭皓元
臺灣大學公共衛生學院流行病學與預防醫學研究所教授兼副所長　郭柏秀

憂

Depression

鬱

① 抗憂鬱藥物使用人數

（萬人）

150

100

50

0

2005

② 各年齡層抗憂鬱藥物使用人數比率

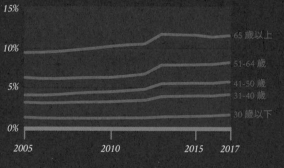

15%

10%

5%

0%

2005　　　2010　　　2015　2017

65 歲以上

51-64 歲

41-50 歲
31-40 歲

30 歲以下

抗憂鬱藥物使用人數十年來增加 56%，51 歲以上增幅最大

世界衛生組織將憂鬱症列為二十一世紀的三大疾病之一，成因除了與心理、社會因素相關，在生理上也被證實與大腦內神經傳導物質有關。而抗憂鬱藥物使用人數逐年增長，除了代表憂鬱症或其他情緒調控失衡的患者增加，也可能與社會意識逐漸能接受「憂鬱症是一種疾病」，讓更多患者願意主動尋求專業醫療協助有關（註1）。

註 1 抗憂鬱藥物使用人數增加的可能原因尚無定論，經諮詢專家，可能原因也包括歷年陸續有作用機轉不同的抗憂鬱劑新納入健保；此外，抗憂鬱藥物也可能作為非憂鬱症的替代藥物（如 TCA 亦可用於協助緩解失眠症狀），皆為可能原因。

數據資料來源：衛福部統計處，性別統計指標、抗憂鬱藥物使用人數

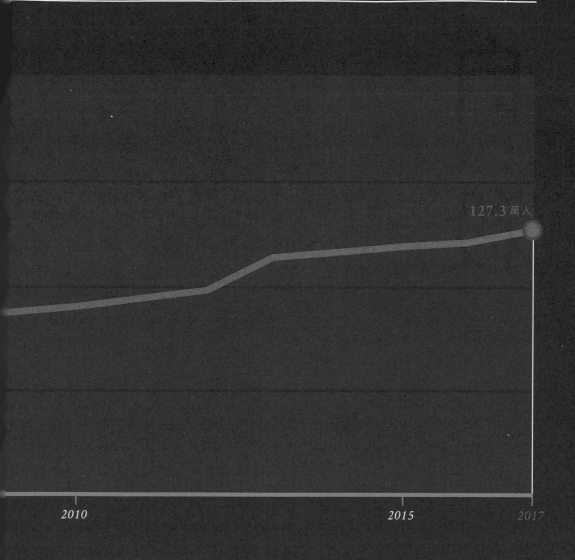

127.3 萬人

2010   2015   2017

憂鬱症也與腦部退化相關

雖然各年齡層使用抗憂鬱藥物的人口比率皆有上升,但其中以 65 歲以上族群最為明顯（註 2）。除了疾病纏身、生活變化所造成的心理失落,老年憂鬱症的主要成因也與大腦額葉功能退化,使調控情緒的神經傳導物質減少,讓他們在面對情緒衝擊時更加難以調適有關。隨著平均餘命持續延長,除了需要關注老年人的生理健康,也不能忽視他們的心理健康。

註 2 相較 2005 年,2017 年 65 歲以上使用抗憂鬱藥物的人數比率增加 2.2%,50 歲以上增加 1.9%,而 30 歲以下及 31 至 40 歲則分別增加 0.37% 及 1.04%。

審訂專家：臺灣大學公共衛生學院流行病學與預防醫學研究所教授兼副所長 郭柏秀
臺灣大學醫院精神醫學部主治醫師 陳宜明

自

Suicide

殺

① 每十萬人口自殺死亡人數

（人／十萬人）

15

10

② 各年齡層每十萬人口
自殺死亡人數

（人／十萬人）

30
20
10
0

1995　2000　2005　2010　2015　2017

65 歲以上

45-64 歲
25-44 歲

15-24 歲
14 歲以下

5

0

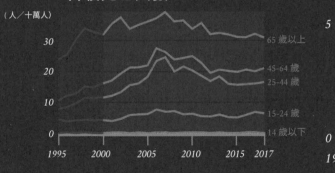

1994　1995　　　　　　　　　　2000

二十一世紀公衛一大難題

自 1997 年以來，自殺一直在國人十大死因的排行榜上，直到 2010 年才首次下降至第 11 名。許多學者從心理學、生物學、社會學等不同的角度進行研究，試圖從人口學特質、精神與生理健康狀態、婚姻狀態和社會階級等各種因素中歸類出一些「自殺危險因子」（註 1），試圖找出高風險群的依據，然這些研究提供「自殺預防」（註 2）的重要線索，卻仍舊無法預測「自殺死亡率」的趨勢變化（註 3）。

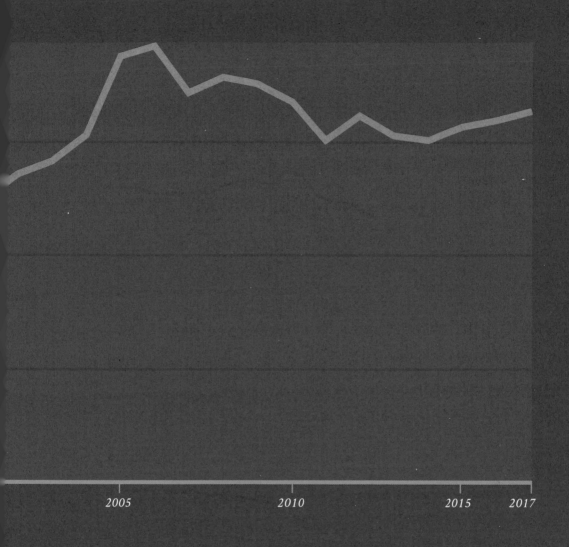

2005   2010   2015   2017

註 1 危險因子[1]是指與自殺有關或導致自殺的可能因素,也就是說「有」危險因子的人有較高自殺行為的可能性。另一方面來說,保護因子可以減少自殺的可能性。

註 2 自殺預防是指區域性公民組織、醫療專業人士以及其他相關領域的專業人士為了減少自殺發生率而做的各種努力。

註 3 廖士程 (2019)[2]指出,臺灣過去 30 年自殺死亡率的趨勢,深受景氣和失業率變化、卡債現象、消費貸款、燒炭等自殺方式興起等等宏觀與微觀因素加總的影響。

審訂專家:國泰綜合醫院精神科暨兒童心智科主治醫生 陳劭芊
臺灣大學醫院精神醫學部主治醫師 陳宜明

④ 自殺死亡人數

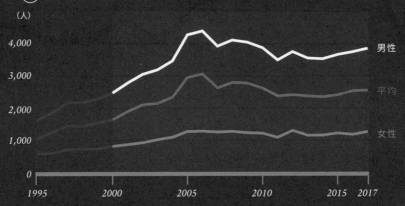

(人)

4,000
3,000
2,000
1,000
0

男性
平均
女性

1995　2000　2005　2010　2015　2017

⑤ 自殺通報關懷系統通報個案數量

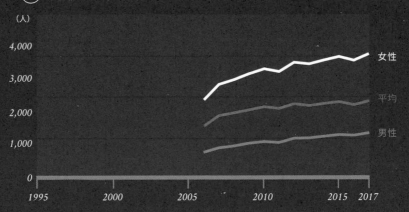

(人)

4,000
3,000
2,000
1,000
0

女性
平均
男性

1995　2000　2005　2010　2015　2017

數據資料來源：衛福部統計處，心理衛生健康性別指標資料

你我可以多付出一點關心

「自殺行為的產生過程，通常是從有自殺的意念，到有自殺的計畫，而進一步可能產生自殺的行動。」（註 4）目前為止最大量的自殺原因的統計來自自殺通報（自殺死亡者的自殺原因較難了解），但自殺死亡前有通報的個案量很少在 2017 年，自殺死亡人數中，死前有通報的個案只占自殺死亡人數 13%，可見絕大多數的自殺死亡者動機只能靠事後分析推論。雖然尚未完整掌握原因，但根據研究發現（註 5），在採取自殺行動但倖存者中，曾接受過關懷訪視者，較未曾接受者，再自殺企圖率降低 32.3%，再自殺死亡率降低 48.2%。

哪些人是自殺的「高風險群」？我們能做什麼？

比較「自殺死亡人數」與「自殺通報數量」的圖表可以發現，自殺死亡者中男性數量一直是女性的兩倍左右，但自殺通報統計中情況卻相反。自殺通報的女性多於男性，可能是因為自我傷害的女性比例多於男性，也可能是因為女性比男性更傾向於就醫而遭到通報。然而，雖然男性與老年人較少自我傷害，但一旦企圖自殺，其死亡機會極大，因而在自殺身亡的人當中，反而男性與老年人占多數（自殺方式較極端者也較難以搶救）（註 6）。

還有一點值得擔憂，愈高年齡層自殺率愈高，隨著人口老化與照護人力的不足，自殺的高風險群人數可能不斷成長，但政府能投入的醫療與社會介入資源有限，所以除了高風險族群與自殺企圖者的防範與追蹤，如何提高地方醫療機構對自殺防治的警覺性、增強社區內的互助網絡、促進民眾更開放地討論，跳脫生存意志力、個人抗壓性與道德批評，更客觀看待「自殺防治」，是提高「保護因子」的重要基礎。

註 4 廖士程等 (2019) 研究 [5] 指出，一般大眾當中，有自殺意念的比例遠高於有自殺計畫的比例，而曾經嘗試自殺的則占少數。因此，國家級自殺防治的介入策略，對於不同層次的族群，設計全面性（Universal）、選擇性（Selective）與指標性（Indicative）策略，分別著眼於一般民眾的心理健康促進、高風險族群的篩檢、以及企圖自殺未遂個案的後續關懷。

註 5 廖士程等 (2019) 研究 [5] 指出，臺灣自 2005 年全國自殺防治中心成立後，醫院對於因自殺送醫的個案須立即通報。其中倖存者，由各縣市心理衛生專責人員於通報後三天內提供即時關懷服務。研究發現，曾接受過關懷訪視者，較未曾接受過關懷訪視者，再自殺企圖率降低 32.3%，再自殺死亡率降低了 48.2%。

註 6 全國自殺通報資料包含自殺身亡與自殺未遂事件，後者占多數，這也包含了本意不是要結束自己生命的自我傷害事件。

愛滋

Human
Immunodeficiency Virus

病毒

① 人類免疫缺乏病毒（HIV）感

（人）

3,000

2,000

1,000

0

1990 　　　　　 1995

疫情飆升：2004 年至 2005 年發生什麼事了？

根據疾病管制署（簡稱疾管署）的統計數據顯示，這段期間的愛滋疫情主因為注射藥癮者共用針具或稀釋液，使感染人數大幅增加（2005 年新增感染者中有 72% 為注射藥癮者），因此疾管署於 2005 年起推動「藥癮愛滋減害計畫」（註 1）作為因應。近年來藥癮愛滋疫情得到控制，2018 年因注射藥癮感染愛滋者僅占所有新增感染人數的 2%。

註 1 「藥癮愛滋減害計畫」主要策略包括：衛教諮詢服務、清潔針具計畫、美沙冬替代療法等。

兲新增個案數

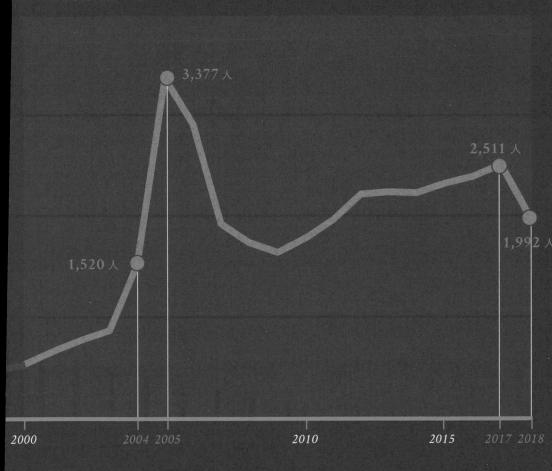

3,377 人

2,511 人

1,520 人

1,992 人

2000　　　　2004 2005　　　　　　2010　　　　　2015　　2017 2018

新增個案數增加，還是「篩檢愛滋意識」提高？

藥癮愛滋疫情趨緩後，HIV 感染個案數仍逐年增加，因「不安全性行為」導致 HIV 傳染成為下一個亟需解決的議題。而隨著愛滋病相關教育推廣與多元篩檢方案（註2）的推動，提升民眾主動接受篩檢的意識，使部分過去未知感染的感染者得以發現自己的感染狀態。另一方面，自 2018 年起新增愛滋感染個案數開始下降，2019 年統計至 9 月的新增個案數（1,418 人）相較 2018 年同期（1,549 人）更低，可能表示目前相關教育與篩檢推廣效益漸漸顯現，不過未來仍需持續關注疫情趨勢的變化。

註 2 疾管署陸續推動 We-Check 社群動員愛滋檢驗計畫、在家愛滋自我篩檢計畫、愛滋外展行動篩檢車等多元篩檢方案。

審訂專家：疾病管制署防疫醫師 鄭皓元
臺灣大學健康政策與管理研究所博士 李芳盈

② 感染、發病與死亡數量變化

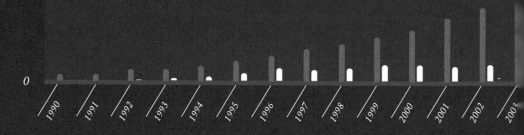

（人）

3,000

2,000

1,000

0

1990 / 1991 / 1992 / 1993 / 1994 / 1995 / 1996 / 1997 / 1998 / 1999 / 2000 / 2001 / 2002 / 2003

治療與防治都有突破，期待社會觀念也能與時俱進

透過多元篩檢管道，更多人能夠了解自身愛滋感染狀態、及早接受治療抑制病毒量，進而降低發病與死亡的可能。同時，疾管署也推動一系列防治政策，包括診斷即刻服藥（註 3）、暴露愛滋病毒前預防性投藥（PrEP）（註 4）等，同時降低已感染者傳染他人，以及未感染者被感染之風險。

若社會大眾能以正確的觀念與正向的態度看待愛滋病，取代恐懼與責怪，將能使愛滋篩檢更加普及與落實、感染者也更能儘早接受治療，降低傳染風險，如此將可促成反轉疫情的正向循環。

數據資料來源：傳染病個案通報系統及慢性傳染病追蹤管理（愛滋子系統）分析結果

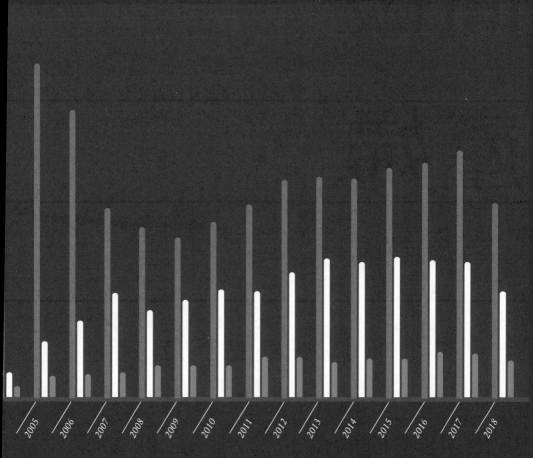

■ HIV 感染個案數　　■ HIV 發病病例數（愛滋病患數）　　■ HIV 死亡人數

圖註：感染 HIV 病毒者只有一定比例會發病成為愛滋病患。

註 3 自 2016 年開始推動「診斷即刻服藥」策略：無論 CD4 淋巴球數量多寡，感染者經診斷後立即開始抗病毒藥物治療，使血液病毒量降低到檢測不到的狀態，不但可維持自身免疫功能，亦大幅減少傳染他人的機率。

註 4 自 2016 年辦理「暴露前預防性藥物（PrEP）」前驅計畫，後續針對有較高被感染風險族群提供整合性 PrEP 服務。

高齡

Advanced Maternal Age

產婦

① 35 歲以上孕產婦占所有孕產

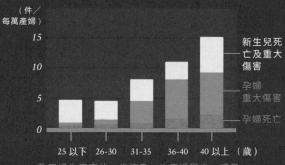

② 孕產婦死亡率

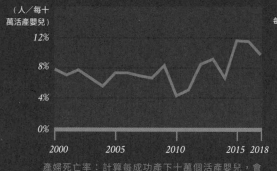

（人／每十
萬活產嬰兒）

產婦死亡率：計算每成功產下十萬個活產嬰兒，會
有多少產婦死亡。

③ 2018 年不同年齡層產婦
生產事故比率

（件／
每萬產婦）

新生兒死
亡及重大
傷害

孕婦
重大傷害

孕婦死亡

25 以下　26-30　31-35　36-40　40 以上（歲）

孕產婦生產事故：指懷孕、生產過程中，或產
後 42 天內，孕婦或新生兒發生嚴重危及生命、
幾乎死亡的狀況，但最終存活者。

數據資料來源：內政部戶政司，人口統計資料 出生按性別及生母年齡（按發生）(65)
　　　　　　　衛福部統計處，性別統計專區 孕產婦死亡率
　　　　　　　衛福部，2018 生產事故救濟報告 生產事故救濟審訂案件分析

比率

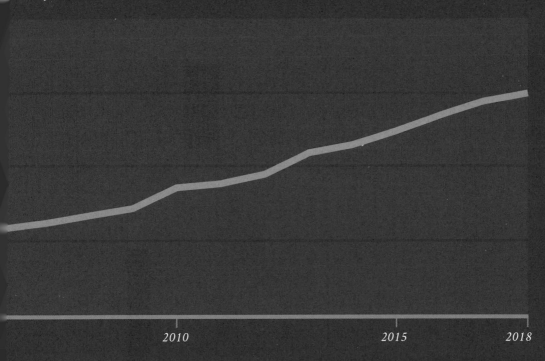

2010   2015   2018

高齡產婦比率增加，影響孕產婦健康與死亡率

隨著高學歷與晚婚的女性數量增加（註1），臺灣女性的平均生育年齡從 2000 年的 28.2 歲上升至 2018 年的 32.0 歲，同時，高齡孕產婦（註2）的比率也逐年上升，2018 年平均每三個孕產婦就有一位是高齡妊娠。

高齡孕產不只提高孕產婦的併發症與死亡風險，也影響新生兒的健康（註3）。此外，隨著 2012 年起孕產死亡通報機制逐步修正，也讓孕產婦死亡率呈現波動上升，更能反映高風險生產事故的實際情形（註4）。且從 2018 年衛生福利部發布的《生產事故救濟報告》[*1] 指出，孕產婦年齡愈高，發生生產事故的比例也提高。

註1 根據內政部戶政司統計，擁有大專以上學歷的女性從 2000 年的 18.4% 上升至 2018 年的 43.8%。女性平均初婚年齡在 2000 年為 26.1 歲，2018 年則上升至 30.2 歲。

註2 根據國健署定義，女性懷孕時年齡滿 34 歲以上，稱為高齡妊娠。

註3 國健署 (2019)[*2] 根據醫學研究指出，高齡產婦易發生的懷孕併發症包括妊娠高血壓、子癇前症、胎盤早期剝離、前置胎盤、妊娠糖尿病、早產等。

註4 Lin 等人 (2019) 研究[*3] 指出，孕婦死亡率在 2012 年後呈現增加趨勢，主要原因為臺灣在 2012 年開始實施生產事故救濟、以及 2014 年開始在死亡證明書加上「是否懷孕」的勾選欄位，讓孕產相關死因能較真實地被反映在統計上。

審訂專家：成功大學公共衛生所教授 呂宗學
文字工作者 鄭涵文

④ 2017 年各國 1 歲以下嬰兒死亡率

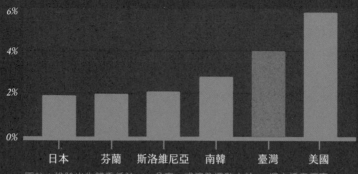

圖註：排除出生體重低於 500 公克，或懷孕週數小於 22 週之活產個案。

⑤ 2017 年不同年齡層產婦新生兒體重過輕比率

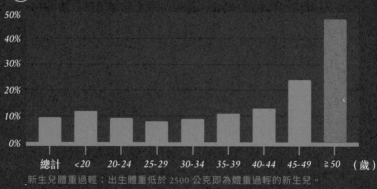

新生兒體重過輕：出生體重低於 2500 公克即為體重過輕的新生兒。

⑥ 2017 年不同年齡層產婦新生兒早產比率

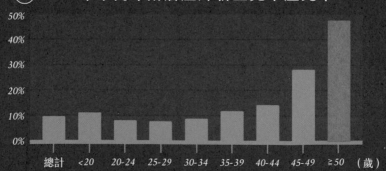

數據資料來源：衛福部國健署，106 年出生通報統計年報 出生通報活產出生體重按產婦年齡分
衛福部國健署，106 年出生通報統計年報 出生通報活產懷孕週數按產婦年齡分
OECD Data, Infant mortality rates

高齡孕產也影響新生兒健康

歷年臺灣的嬰兒死亡率雖然緩緩下降，但和 35 個 OECD 國家相比還是有很大的改善空間。高齡懷孕除了會增加卵子突變、染色體異常的風險（註 5），國健署公布的 2017 年出生通報，也指出 20 歲以下及 35 歲以上的孕婦產下早產兒和低出生體重兒的機率較高，這些危險因子皆為嬰兒死亡的重要原因（註 6）。

當高齡生育成為趨勢，婦產醫療體系該如何因應？

在晚育已然成為既定趨勢的現況下，除了呼籲適齡生育，醫療體系更應努力建立對高風險生產的預防、應變、與檢討機制。在事前預防上，透過早期篩檢針對高危險妊娠的孕婦落實產前轉診，將能更有效進行風險管理。另一方面，面對生產事故，各級醫療院所也應更積極建立整合性的緊急處置及轉診後送流程，讓水栓塞和產後大出血等事故發生時能有效緊急應變，減少重大傷害及死亡的發生機率。此外，衛福部從 2012 年開始推行、並於 2018 年首度公開的生產事故救濟報告，便試圖完善生產事故的通報與檢討，針對重大生產事故事件分析根本原因、提出改善方案以提升照護品質，並提供外部機構參考避免重蹈覆轍。

註 5 據《生醫觀點》報導，婦產科醫師林聖凱指出，超過 34 歲懷孕，由於年紀大卵子品質變差易產生突變，且在受精分裂的過程中，胚胎染色體容易有異常現象而導致畸型。

註 6 國衛院《2030 兒童醫療與健康政策建言書》指出，出生 28 天以內的新生兒死亡占五歲以下死亡人數的四成以上，且大部分與早產和低出生體重兒密切相關。此外，早產往往會衍生出許多併發症，如死亡、呼吸道問題、感染等，慢性病方面，則可能造成發展遲緩或行為問題。

食品中毒

Food Poisoning

① 食品中毒人數及案件數

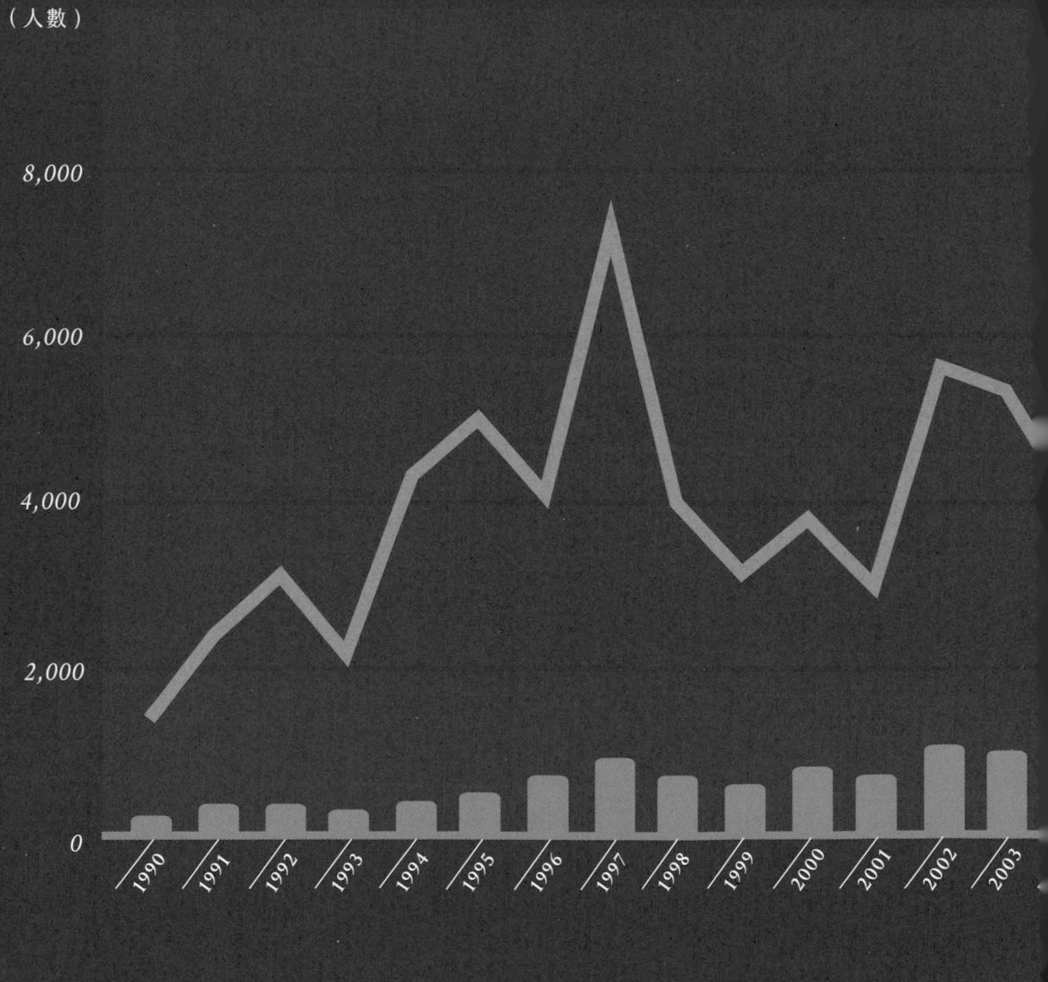
（人數）
8,000
6,000
4,000
2,000
0
1990
1991
1992
1993
1994
1995
1996
1997
1998
1999
2000
2001
2002
2003

數據資料來源：衛福部食品藥物管理署，歷年食品中毒資料 各月份案例與人數統計

食品中毒：二人或二人以上攝取相同的食品而發生相似的症狀，稱為一件食品中毒
案件。但如因攝食肉毒桿菌毒素或急性化學性中毒時，則一人也可視為一件。*¹

── 人數（左）   ■ 發生件數（右）

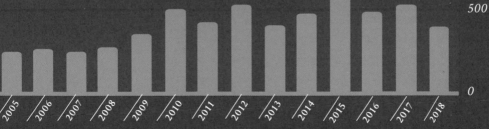

審訂專家：臺灣大學食品科技研究所助理教授 陳宏彰
臺灣大學醫院顧問醫師 姜至剛
成功大學公共衛生所教授 呂宗學

② 2000-2018 年各場所食品中毒案件總件數

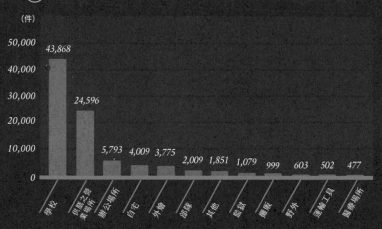

(件)

50,000	43,868
40,000	24,596
30,000	
20,000	5,793 4,009 3,775
10,000	2,009 1,851 1,079 999 603 502 477
0	

學校　供膳之營業場所　辦公場所　自宅　外燴　部隊　其他　監獄　攤販　野外　運輸工具　醫療場所

食品中毒人數在波動中爬升，2009 年後明顯增加

食品中毒人數與事件皆呈現上升趨勢，可能因為民眾對食品中毒認知提高，也可能與外食與團膳比例持續提高有關。觀察各場所中的中毒人數統計表，可見學校與供膳之營業場所最多，此與食品中毒容易群聚感染的特性有關，相較之下，自宅、辦公與攤販等場所可能因為人數較少、較分散而容易被忽略或低估。

數據資料來源：衛福部食品藥物管理署，歷年食品中毒資料 各月份案例與人數統計

③ 2000-2018 年各月份食品中毒
案件總件數

—— 人數
▇ 案件數

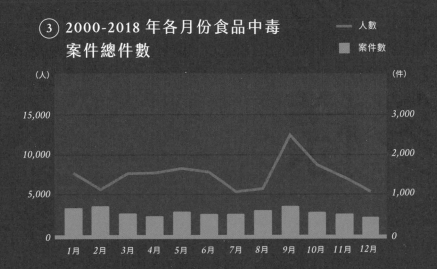

假日節慶需多注意，細菌藏在疏忽裡

食品中毒案件主要分布在 1、2 月與 8、9 月，而中毒人數則以 9 月為主要月份。1、2 月為過年時節，而 8、9 月是中元、中秋時節，遇上節慶食品廠常常需要大量製備食品，再加上 9 月剛好經歷暑假開學，增加提供團膳比例，適逢夏天，微生物在高溫下生長速度較快，也提高食品中毒發生的機會。

另外，原因食品判明的案件中以「水產」、「盒餐」和「複合調理食品」最多[2]，下次大家攝取這些類別的食品或遇到假日節慶時，記得慎選來源、提高警覺！

生物

Biodiversity

多樣

① 有生存威脅及滅絕之虞物種

100%

75%

50%

25%

0%

2004　　*2005*

② 有滅絕之虞的野生物種數

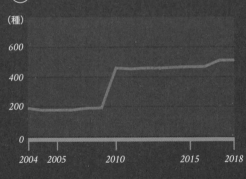

（種）

600

400

200

0

2004　*2005*　　　*2010*　　　　*2015*　*2018*

有生存威脅與滅絕之虞的物種數年年攀升

雖然野生物種數的統計會隨著每年研究成果及物種分類方式的更新而有波動，整體而言，臺灣整體的野生動植物生存處境與全球生物多樣性年年喪失的狀況相符，歷年來皆有約 10% 至 15% 的野生物種面臨生存威脅，有滅絕之虞物種數也持續增加，皆是臺灣保持生物多樣性的警訊。不過需要特別說明的是，2010 年及 2018 年都因為植物分類方式的調整，而有較大幅度變化（註 1）。

註 1 農委會特有生物研究保育中心於 2010 年首度以植物紅皮書分類方式調整物種數量，2017 年則參照國際發布的 APG IV 被子植物分類法，正式發布《臺灣植物紅皮書》，更新與調整了植物的分類方式，導致該年度總物種數量與生存威脅數有較大幅度的變動。然而，農委會資料統計範圍為臺灣地區之「陸域」野生脊椎動物、蝴蝶及野生維管束植物物種，未擴及海洋生物。

數據資料來源：農委會，農業統計資料查詢 公務統計 臺灣地區野生物種數統計

總物種數比率

生存威脅物種：指某類生物，由於棲地驟減或消失、生物間的競爭、疾病的危害或其他突發因素導致族群數量大量減少，但目前尚有一定數量尚未進入「有滅絕之虞」階段的族群。[1]

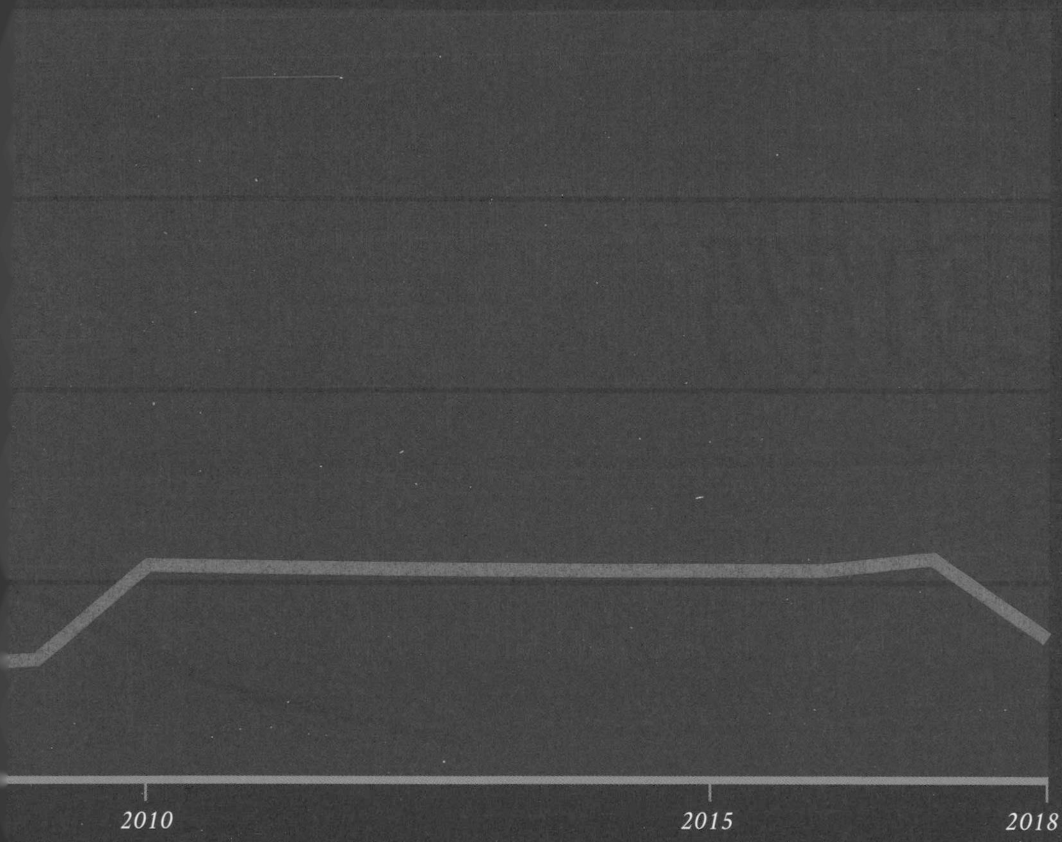

2010   2015   2018

維持生物多樣性，一定要放棄地區發展嗎？

臺灣有相當豐富的生物多樣性，特有種比率占野生物種數超過 20%，然而隨著有生存威脅及瀕臨絕種的野生物種持續增加，除了進行物種復育及保護區內的棲地保育，在人類從事生產活動的場域，其實可以透過友善野生動物的生態廊道、有機農作生產等方式實踐棲地保育，創造「社會—生態—生產」的共榮關係（註2），讓人類的生產與活動區域，和其他保護中的地區串聯起來，成為人和生物共存的「生態綠網」。

註 2 目前農委會正推動「國土生態綠色網絡建置計畫」，效果值得持續關注。[2]

審訂專家：環境資訊中心副主編 彭瑞祥
臺灣大學森林環境暨資源學系教授 丁宗蘇

路殺

Roadkill Animals

動物

① 路死動物通報總數

（數量）

20,000

15,000

10,000

5,000

0

2011

回報機制逐年完善，讓路死動物通報數量快速成長

路殺社（註1）於 2011 年成立後，會員人數便從穩定成長到目前超過 17,000 人，隨著通報系統知名度上升，回報路殺案件數也每年穩定上升，2016 年底啟用路死動物回報 Web App，加上 2017 年 7 月起試辦調查方法標準化的「系統化路死動物同步大調查」（註2），讓路死動物回報的動機由原本的隨興記錄，演變成真正為調查路死動物而出門記錄。

註1 2011 年行政院農業委員會特有生物研究保育中心成立「路殺社」。

註2 農委會特有生物研究保育中心自 2017 年起試辦標準化調查方式，將臺灣劃分成 1440 個方格，依照生態氣候分區、道路密度跟道路型態這三種因子，依面積比例分層隨機取樣來做篩選與路死動物調查，在 1 月、4 月、7 月、10 月各選一天，針對樣區方格內之省道、縣道、鄉道與其他道路，每條調查樣線道路至少大於 3 公里，每年進行 4 次調查。

數據資料來源：臺灣動物路死觀察網 路殺資料庫查詢

路殺：指動物遭受車輛撞擊或輾壓死亡，「路死」是指所有死亡在路上或路旁的動物，其死因可能是車禍、中毒、疾病、天災、人為等各種可能。

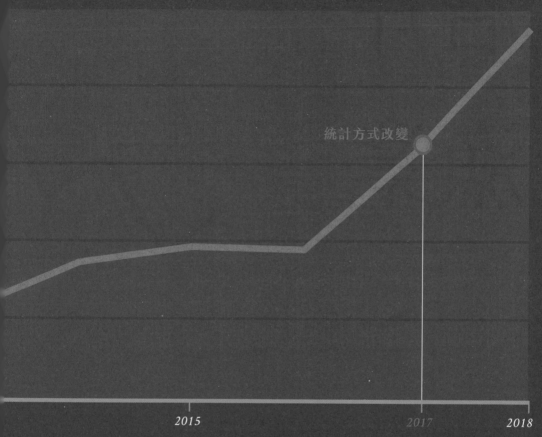

統計方式改變

2015　　2017　　2018

為什麼要記錄動物路殺案件？

根據估算，每年臺灣因路殺（車禍）而死亡的野生脊椎動物數量約有 40 至 400 萬隻以上[1]，雖然目前通報統計數量無法完整呈現真實狀況，但透過長期蒐集、記錄路殺的案件，以科學化的方式找出造成路殺的原因、熱點、受威脅物種，因地制宜因物種需求制定出適當的改善方案（註3），保護臺灣的野生動物，同時提升用路安全。

註3 改善方案包括利用符合動物習性的生態工程、動物廊道等。目前較成功的案例包括國道 3 號 251k 附近的紫斑蝶「國道讓蝶道」、以及綠島奧氏後相手蟹拯救計畫等。

審訂專家：特有生物研究保育中心助理研究員　林德恩

沿岸

Coastal Ecology

漁業

① 北部沿岸魚類物種數量

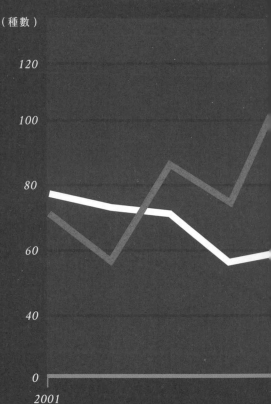

（種數）

② 沿岸漁業合計產量

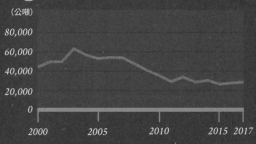

圖註：漁業統計是由漁會推估，並非實際準確記錄的資料，因此漁業署統計資料以參考其趨勢為主。

魚類數量快速減少，威脅沿岸海洋生態及漁業產量

《Scientific Data》的研究指出，2014 年臺灣北部沿岸的魚種數量僅剩下 1987 年的四分之一，且從該海域的漁獲量，也可以發現魚類數量從 2006 年開始快速減少，顯示臺灣沿岸的生物多樣性與豐富性大幅下降（註 1）。

註 1 海洋健康指標（Ocean Health Index，OHI）為海洋健康永續評估的國際標準，2019 年在 221 個國家中臺灣排名 126 名，評分為 65 分，不及國際平均的 70 分。

數據資料來源：Hungyen Chen(2015), Scientific Data, Long-term monitoring dataset of fish assemblages impinged at nuclear power plants in northern Taiwan
農委會漁業署，2017 漁業統計年報 歷年漁業生產量值

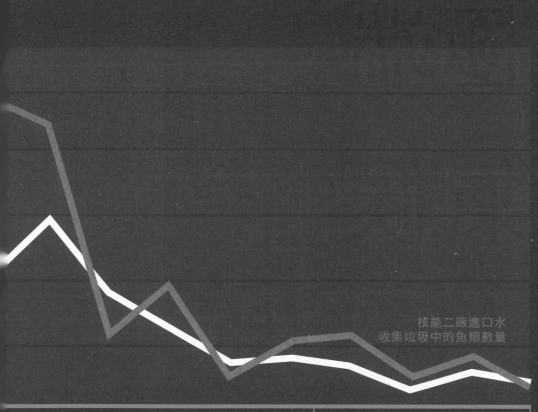

核能二廠進口水
收集垃圾中的魚類數量

2010

核能一廠進口水
收集垃圾中的魚類數量 2014

捕撈漁業是海洋生態枯竭的元凶嗎？

全臺灣近二十年沿岸的漁獲量年年下滑，雖然與北部魚種數量的減少趨勢相似，但因漁業捕撈牽涉範圍（註2）廣泛、海洋生態成因（註3）複雜，其實難以單一歸因為過度捕撈所致。然而過去官方缺乏對海洋生態的長期完整監測資料，讓海洋政策的規劃執行相對零散，難以有整合性的海洋永續策略。一直以來號稱「海洋立國」的臺灣，未來在政策制定上除了思考如何預防海洋生態被更嚴重地破壞，更應致力創造生態保護與捕撈漁業的良善循環、學習與海洋共生，是身為海島國家永久的習題。

註2 捕魚方式分為永續性、針對性與破壞性漁法，各種漁法的適用魚種與捕撈量皆不盡相同。其中「底拖網」、「定置漁網」、「刺網」是沿岸主要的漁獲量來源。

註3 海洋生態成因包含自然環境，如：氣候變遷（海洋酸化、水溫上升）等，以及人為因素影響，如：過度捕撈、棲地破壞、污染及外來物種引入等。

審訂專家：中央研究院生物多樣性研究中心兼任研究員 邵廣昭
國立海洋科技博物館助理研究員 廖運志

極端

Extreme Weather

氣候

① 極端高溫日數

（日）

② 三小時延時強降雨發生日數 (1993-2015)

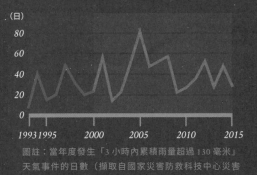

（日）

圖註：當年度發生「3 小時內累積雨量超過 130 毫米」天氣事件的日數（擷取自國家災害防救科技中心災害防救電子報第 132 期 (2016.07) 進行重繪）。

全球氣候變遷，讓極端氣候事件發生頻率增加

全球氣候變遷下，近年來臺灣極端高溫（註1）、短時間強降雨等極端氣候事件出現頻率增加，各月月均溫呈現上升趨勢、小雨日減少、且連續不降雨日數增加（註2）。氣候異常除了讓天然災害造成的損失更難預防，也會對人體健康、農林漁牧的生產，以及生態系統產生衝擊。

註 1 極端高溫日數：以臺北測站 1951 至 2010 年夏季（6-8 月）日最高溫度的第 90 百分序位，定義為極端高溫門檻值，計算每年日最高溫度高於溫度門檻值的日數。

註 2 臺灣過去四十年的年總降雨量並無明顯變化，但颱風降雨所占年總降雨量的比例從 1970 年代的 15% 提升至 2000 年代的 30%，顯示豐水期集中降雨量增加，枯水期降雨量減少。

數據資料來源：臺灣氣候變遷推估資訊與調適知識平台，臺北測站溫度觀測值年際變化 極端高溫日數
國家災害防救科技中心災害防救電子報第 132 期，1993 年至 2015 年各種延時強降雨日數的年際變化與趨勢

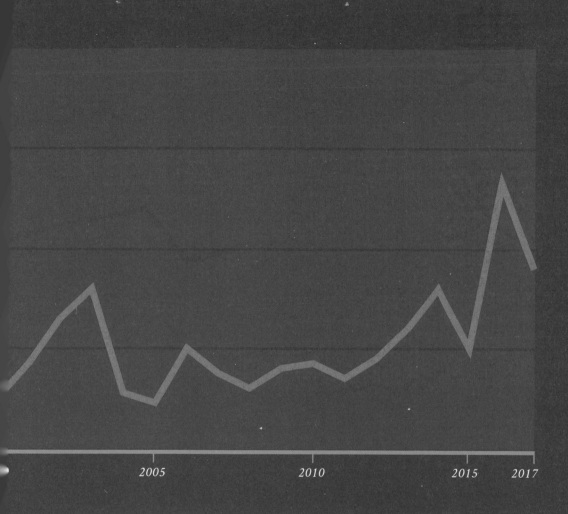

2005　　　2010　　　2015　2017

除了防災更應加強恢復力,建立「耐災」社會

政府近年來在「救災」與「防災」上做了許多努力,減緩災害造成的死傷損失。但接下來面對氣候變遷下愈來愈頻繁的致災性氣候事件,除了抗災外,我們更應該進一步思考如何與天災共存,建立具快速回復的「耐災」社會。

審訂專家:資深記者 劉光瑩、國立政治大學地政學系教授 蔡育新
臺灣大學生物環境系統工程學系教授 童慶斌

農

Pesticide

藥

① 每公頃農地農藥使用量

（公斤）

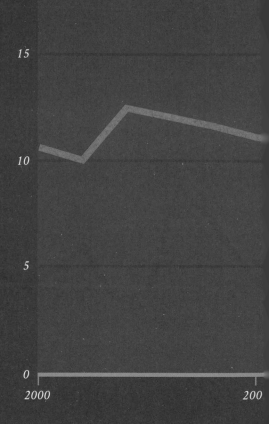

15

10

5

0

2000　　　　　　　　　　　200

② 各種類農藥總使用量

— 除草劑　— 殺蟲劑　— 殺菌劑

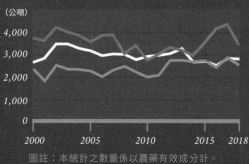

（公噸）

4,000
3,000
2,000
1,000
0

2000　2005　2010　2015　2018

圖註：本統計之數量係以農藥有效成分計。

農藥使用情況逐年微幅成長，其中除草劑占 37.4%

近二十年來臺灣農地耕作面積不斷減少，並逐漸趨向種植單一化作物的耕作模式，加上近年氣候異常，溫度的變化往往也會影響病蟲害的發生與雜草的繁衍，例如溫度的升高會促使雜草萌芽及並加速其生長，也可能擴展雜草蔓延範圍，推論這都是使每公頃農地農藥使用量無下降甚至是微幅上升的原因之一（註1）。

註 1 2017 年起防檢局推動農藥產銷量的電子申報，改變過去由農藥業者自主呈報的方式，估計將使相關統計更貼近真實情況，然而仍有待後續觀察。

數據資料來源：行政院農委會動植物防疫檢疫局，農藥產銷量值
　　　　　　　　行政院國家永續發展委員會，2017 年永續發展指標系統評量結果報告書 每公頃農地農藥使用量

農地農藥使用量:「農藥總使用量(以有效成份計)」與「農耕土地面積」之比,農藥總使用量以當年度進口量加上內銷量進行估算。

2010   2015   2018

維持產量下,農藥使用如何對環境更加友善?

施用農藥是維持穩定優質的產量方便且快速的方式,但長期過量施用,對環境生態與人體健康都會造成負面影響。面對氣候變遷下的病蟲害與雜草繁衍,應採用作物整合管理(註2),倡導農民遵守政府用藥規範,並適時搭配生物防治方法等降低農藥使用量,長久下來將是對環境較為友善的栽培策略。

註 2 作物整合管理(Integrated Crop Management,ICM)是以合乎經濟及生態的基準,建立最適合作物生長的環境條件,藉以生產高品質、高價位的農產品及其附加價值,並將害物控制於可容許之經濟水平之下,而可以獲取最高收益,且永續經營。

審訂專家:財團法人中衛發展中心農業經營組顧問 陳怡君
《上下游》記者 蔡佳珊

檳

榔

Betel Nut Plantation

① 全國檳榔種植面積、占所有

（公頃）

60,000

40,000

② 全國檳榔產量及單價

— 檳榔產量　— 檳榔單價

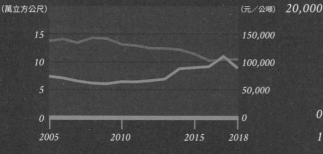

（萬立方公尺）　　　　　　　　　　（元／公噸）　20,000

150,000

10,000

100,000

50,000

0

0

2005　　　2010　　　2015　2018　　　1990　　　　　1995

檳榔種植面積及產量逐年下降，但仍占超過 20% 的果品種植面積

檳榔種植面積在 1990 年代末期達到高峰後，便逐年穩定減少。雖然農委會從 2008 年起積極推動輔導廢園轉作及加強管理山坡地違規種植等源頭減量政策（註1），但觀察每年平均減少的種植面積，可以發現政策推行前後，每年減少的檳榔種植面積皆維持在約 650 公頃，顯示補助轉作的成效可能有限。

註 1 農委會於 2007 年訂定「檳榔產業專案輔導措施」、2014 年制定「檳榔管理方案」，除加強取締違法（規）濫植檳榔，鼓勵辦理種植登記有案農民，申辦廢園或轉作。[1]

果品種植面積比例

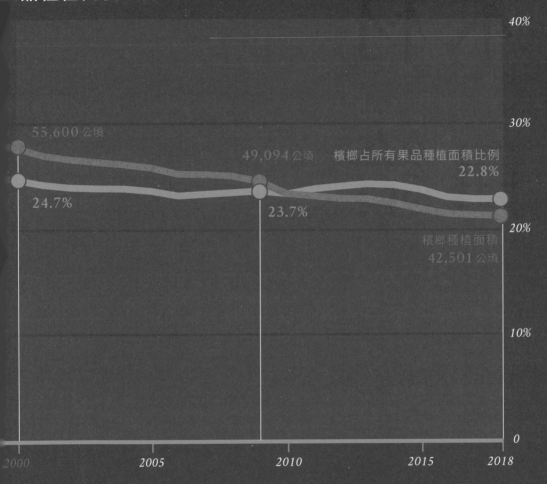

55,600 公頃

49,094 公頃　檳榔占所有果品種植面積比例
22.8%

24.7%

23.7%

檳榔種植面積
42,501 公頃

40%

30%

20%

10%

0

2000　　2005　　2010　　2015　　2018

對健康及環境皆有害的檳榔，為什麼難以管制？

雖然檳榔存在對山坡地水土保持及生態保育不利、以及提升罹患口腔癌的風險（註2）等
害處。然而，檳榔仍高居所有果品種植面積之冠，且歷年單價也隨產量減少而飆升。過
去政府廢園轉作政策卡關的最主要原因，除了產值高又容易照顧的檳榔，是當前老化、
缺工農村的重要經濟依靠；政策著重廢園卻缺乏完善的後端轉作產銷配套，更讓農民看
不見轉作的前景。因此，比起廢園，或許相關單位更應正視廢園後潛在的 4 萬公頃農地
該如何運用。

註 2：國健署指出，國際癌症研究總署（International Agency for Research on Cancer，IARC）在 2003 年宣布檳
榔為第一級人類致癌物，且據統計，臺灣近九成的口腔癌患者皆有食用檳榔的習慣。

審訂專家：國立臺灣大學森林環境暨資源學系教授　丁宗蘇

木材

Timber Self-suffiency

自給

① 木材自給率

2.5%

2%

1.5%

1%

0.5%

0%

1990　　　　　　　　1995

② 木材生產量

（萬立方公尺）

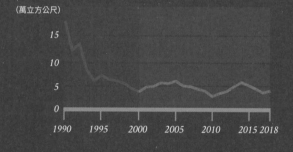

15

10

5

0

1990　1995　2000　2005　2010　2015 2018

木材自給率僅 0.6%，進口木材潛藏生態破壞風險

我國每年木材需求量約 400 至 600 萬立方公尺，但長年以來僅有不到 1% 的木材來自國內，高達 99% 依賴進口。進口木材不但造成大量碳足跡，難以溯源的情況下，也可能產生審查不周，導致進口非法砍伐的林木（註 1），破壞他國森林生態的疑慮。

註 1 李俊彥 (2011) 研究 [1] 指出，舉凡在違法情況下所產生的林木砍法、加工、及交易等的行為，均可視為非法砍伐林木行為。2009 年臺灣實木類產品進口量約 390 萬立方公尺，其中約有 16 至 24% 的可疑非法砍伐木材，而相關紙與漿類進口量約 236 萬公噸，其中約有 11 至 14% 的可疑非法砍伐林木。

數據資料來源：農委會林務局，98-107 年林業統計年報　臺灣地區林產品生產量值
　　　　　　　農委會林務局，98-107 年林業統計年報　臺灣地區木材進出口量值

木材自給率：木材生產量／木材需求量。木材需求量
的估算為木材生產量＋木材進口量－木材出口量。

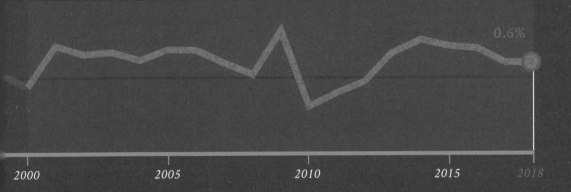

0.6%

2000　　　　　2005　　　　　2010　　　　　2015　　　2018

不依賴進口，難道可以砍臺灣的森林嗎？

臺灣於 1991 年全面禁止伐採天然林（註2）後，每年伐採量從 1988 年前每年超過 30 萬
立方公尺急遽萎縮。於禁伐後圍於社會氛圍，連帶人工林伐採量也大幅下跌，至今每年
僅剩約 30,000 立方公尺。然而，雖然要保護天然林，但若能適當規劃利用目前約 27 萬
公頃的生產性人工林[*2]，除了能有效提升木材自給率，更能重振本土林業，提高林業產
值。因此，除了需要政府合理規劃維持木材的永續資源供應、積極推動確保木材來源的
永續林業認證機制，民眾在生活中選購木製商品時，也可以多關心木材來源，優先選用
國產木材。

註2 過去臺灣仰賴木材伐採支撐經濟發展，木材伐採量最高曾於 1972 年達 179 萬立方公尺。然而 1988 年一篇《人
間》雜誌的〈丹大林區砍伐現場報告〉報導揭發林地濫墾問題，引發社會大量關注，間接促成後續的禁伐政策。

審訂專家：環境資訊中心副主編　彭瑞祥
國立臺灣大學森林環境暨資源學系副教授　邱祈榮

Electricity

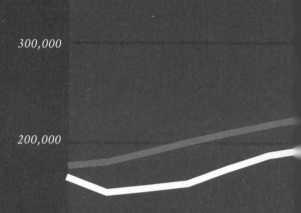

① 電力消費量及國內生產毛額

（百萬度）

300,000

200,000

100,000

0

2000   2005

② 各部門電力消費量

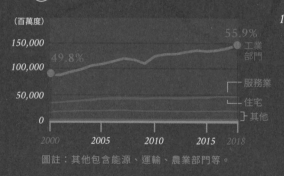

（百萬度）

150,000

100,000

50,000

0

49.8%

55.9%
工業
部門

服務業

住宅

其他

2000   2005   2010   2015   2018

圖註：其他包含能源、運輸、農業部門等。

總用電量逐年成長，工業部門占比過半

我國用電量逐年成長，其中工業用電占比持續提升，用電成長的速度較住商、服務業等其他部門來得更快。觀察主要推動我國經濟成長的資通訊電子產業（註 1）用電量二十年來翻倍成長（註 2），顯示經濟成長是臺灣用電量成長的長期主要原因。因此，如何在維持經濟成長下同時控制用電量，以減少溫室氣體及空污的排放，是接下來在發展上重要的課題。

註 1 主計處 (2018)[1] 指出，2017 年「電子零組件業」的 GDP 占整體 GDP 的 11.6%、「電腦、電子產品及光學製品」則占 3.2%。

註 2 能源局 (2018)[2] 統計，「電腦通信及視聽電子產品製造業」的用電量也從 2000 年的 15,304 百萬度，成長到 2017 年的 49,020 百萬度，占整體工業用電量的比重更從 17.4% 成長到 34.7%。

數據資料來源：經濟部能源局，能源統計月報 電力消費（歷年）

GDP）

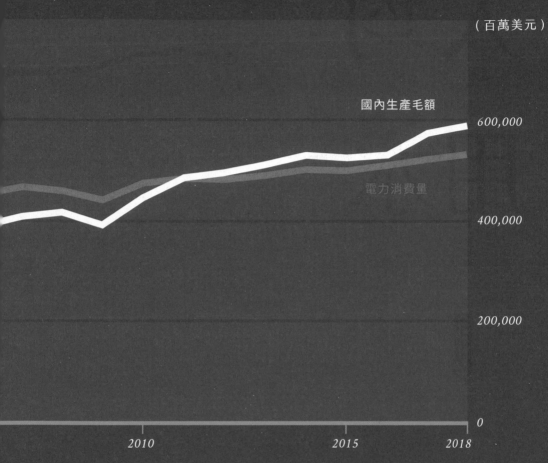

（百萬美元）

國內生產毛額

電力消費量

600,000

400,000

200,000

0

2010　　　　　　2015　2018

電永遠都不夠用，我們能做什麼？

能源轉型勢在必行，然而用電量持續增長下，為了滿足新的電力需求而持續
蓋新電廠無法真正解決問題。因此，除了在供給端需持續發展更永續與穩定
的發電方式替代環境不友善的燃煤發電；在需求端，政府也需要持續推動節
能與升級，包括提升用電效率、改變高耗能的工業結構，並鼓勵節能與分散
用電時間等。目前在推動永續發展上，除了政府由上而下透過建置智慧電網、
開放電力市場、落實合理反映成本的電價等方式，逐步推動能源轉型，更需
要大家由下而上，持續關注並參與後續發展！

審訂專家：資深記者 劉光瑩
資深記者 呂國禎

人均

Water Usage

用水

① 每人每日生活用水量

（公升）

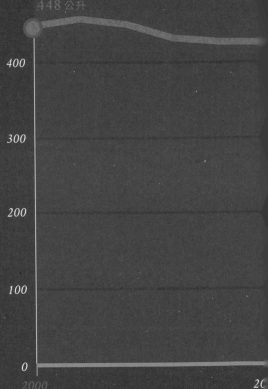

448 公升

② 2016 年世界主要城市
每人日均用水量

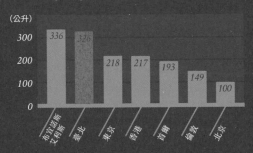

（公升）

布宜諾斯艾利斯 336
臺北 326
東京 218
香港 217
首爾 193
倫敦 149
北京 100

人均生活用水量逐年下降，但與他國相比仍有改善空間

2002 年北臺灣發生嚴重旱災，實施大規模限水政策 [*1]。此後政府開始推廣「節約用水」，數據上也反映近年來人均生活用水量確實逐年減少，然而，比較世界各主要城市的每人日均用水量，臺北明顯較東京、首爾、香港等城市還要多，顯示生活節約用水仍有努力空間。

除了呼籲節約用水，如何解決用水量居高不下的問題？

除了低廉的水價（註1）、國民使用習慣外，自來水管漏水率高達 15%（註2）也是人均用水量偏高的原因。面對開源困難的水資源，除了透過改善前述問題節約用水，未來政府更應從社區規劃、建築設計著手，積極建置雨水貯留及再生水利用系統，達成水資源再利用（註3），才能更進一步節省寶貴的水資源。

數據資料來源：經濟部水利署 (2017)，106 年生活用水量統計報告
International Statistics for Water Services(2016), Specific Water Consumption For Households For The
Capital Cities in liters／capita／day

每人每日生活用水量：生活用水量／（年中行政區域人口×
365 日）。生活用水量為自來水供應量及自行取水量的總和。

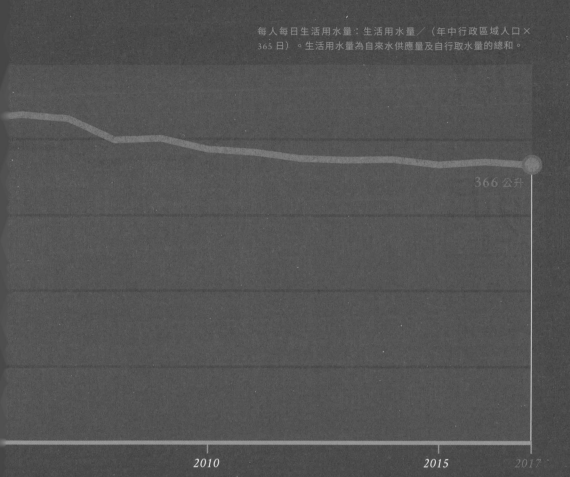

366 公升

2010   2015   2017

註 1 根據國際水協會（International Water Association，IWA）2014 年對全世界 160 個城市的調查，歐、美、
亞各地區之水價均高於我國，而歐洲國家的平均水價幾乎為我國的 3 倍以上，由此可知，我國水價確實較為低廉。

註 2 臺灣自來水公司[1]統計，雖然漏水率（漏水量占配水量之百分比）從 2000 年的 24.6% 降至 2018 年 15.5%，
但每年漏水量仍高達 4.96 億立方公尺，相當於全臺灣 2.6 個月的生活用水量，且此處統計之漏水量不含臺北自來
水事業處，也就是全臺灣的漏水量實際上是更多的。

註 3 水利署指出，在日常生活使用的總水量中，僅廁所沖洗就占 35%，如能把自來水改用再生水來沖廁，其省水
效益將極為可觀。

審訂專家：臺灣大學環境工程學研究所教授 闕蓓德
環境資訊中心副主編 彭瑞祥

Plastic Reduction

① 臺灣塑膠袋生產量及內銷量

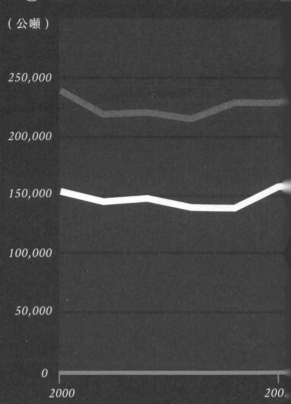

（公噸）

250,000

200,000

150,000

100,000

50,000

0

2000　　　　　　　　　　　　　　　200.

限塑推動十六年，塑膠袋產量卻不減反增？

臺灣從 2002 年起陸續推動限塑政策（註 1），雖然環保署宣稱政策推動迄今每年約減少 20 億個購物用塑膠袋的使用（註 2），但觀察歷年塑膠袋的生產量及內銷量皆不減反增，顯示限塑政策雖然「消費端」限制了購物用塑膠袋的用量，卻未管制「生產端」的工廠生產、物流的塑膠包裝，讓整體塑膠袋的使用量並未真的減少（註 3）。

「擴大限塑」會是推動減塑的最佳手段嗎？

一直以來，減塑政策多專注於限制消費端的塑膠袋用量，然而，從歷年來整體塑膠袋產銷量未明顯減少，可知真正的問題並不只存在於消費端，且單靠限塑也難以實現減塑目標。若要真正推動源頭減量，環保署應在限制之外，更積極思考「完善後端回收處理機制」，以及與工業局合作「提供使用者與製造者普及的替代選項」等配套措施（註 4）。

數據資料來源：經濟部統計處，工業產銷存動態調查 產品統計 塑膠袋生產量
內銷量工業產銷產品統計，歷年臺灣塑膠袋生產量、內銷量

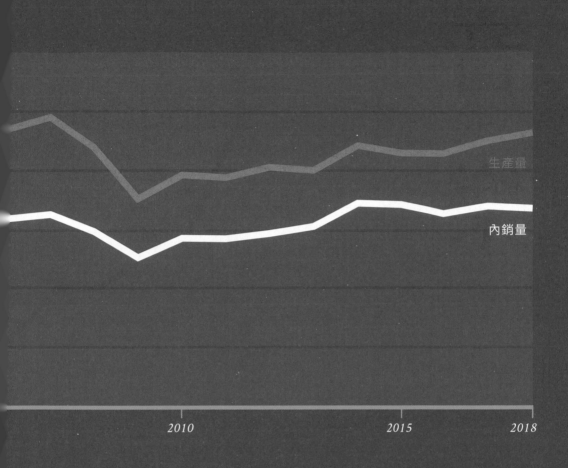

生產量

內銷量

2010   2015   2018

註 1 2002 年起環保署分階段限用塑膠袋及免洗餐具，針對連鎖便利商店、量販業者等 7 種行業禁止免費提供塑膠袋。2013 年雙北市更進一步推出環保兩用袋。2018 年則擴大至禁止飲料店、洗衣店、麵包店等 14 行業免費提供塑膠袋。

註 2 行政院新聞傳播處指出，2002 年起規範量販店、超級市場、連鎖便利商店等 7 大類約 2 萬家商店不得免費提供購物用塑膠袋，每年減少約 20 億個塑膠袋的使用（前述管制對象使用量減少 58%），然而，限塑成效減少 58% 為環保署 2006 年問卷調查評估數字，之後沒有其他監測數據或調查。

註 3 內銷量除了計算一般購物用塑膠袋的量，也有計入賣給國內工廠作為產品包裝再出口（間接外銷）的量。

註 4 據監察委員張武修提出之糾正案文 108 財正 0013 號（2019）：「推動限塑源頭減量多年，國內塑膠袋整體生產及使用量不減反增；且推動塑膠產業轉型多年，迄未有普及適當替代品及業界尚待政府輔導轉型亟待解決，難辭執行不力之咎。另因塑膠袋後端處理廠不足，缺乏回收誘因而廠商回收意願低，且限塑政策源頭管制民眾使用上之闕漏及歷年宣導教育未能有效澈底改變民眾使用行為，使回收循環機制不健全，亟待改善。」

審訂專家：文字工作者 鄭涵文
環境資訊中心副主編 彭瑞祥

音

Music

樂

① 整體音樂市場銷售統計

（百萬元）

8,000

6,000

4,000

2,000

0

2000   200

② 實體／數位音樂市場銷售金額

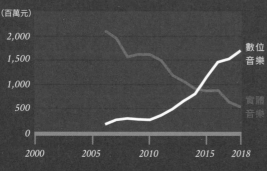

（百萬元）

2,000
1,500
1,000
500
0

2000   2005   2010   2015   2018

數位音樂

實體音樂

數位音樂銷售近年快速增加，但整體音樂銷售仍大幅下降

臺灣音樂市場曾在過去蓬勃發展，但近二十年來網際網路發達，導致盜版音樂盛行，造成整體市場銷售額大幅度下降。雖然仍趕不上實體音樂銷售減少的速度，但近年數位音樂（註1）的銷售持續上升，且成長幅度驚人。如何把握這波數位浪潮，不只是臺灣，全球音樂產業都面臨這個新挑戰。

註1 數位音樂分為數位下載和串流服務，數位下載為付費購買單一曲目、專輯等，可永久收聽；串流服務則多收取月費、該月可無限收聽所有曲目。

數據資料來源：財團法人臺灣唱片出版事業基金會 臺灣音樂市場銷售統計

整體音樂市場銷售：為實體與數位音樂的總計。

| 2010 | 2015 | 2018 |

數位串流服務對音樂產業是解方還是毒藥？

串流服務近年來席捲全球，改變了大眾的收聽習慣，全球音樂串流龍頭 Spotify 也於 2013 年進軍臺灣。2015 年數位音樂的銷售額首度超越實體音樂，該年也是整體音樂市場自 1997 年持續下跌以來首次回升。便宜、方便且合法的串流服務，對消費者或打擊盜版而言都是一大福音。但與音樂人的分潤制度（註2）、「聽到飽」模式，如何持續支持音樂產業發展，相關法律又該如何與時俱進，都是產業轉型中的值得關注的問題。

註 2 音樂人對數位串流提出的批評包括分潤金額和被聆聽的次數不成正比，音樂人獲益太少，但串流服務業者則反駁平台亦支出大量金額在版權費，分潤比例也是雙方協調過的。

審訂專家：政治大學科技管理與智慧財產研究所副教授 陳秉訓

補習班數

Cram Schools

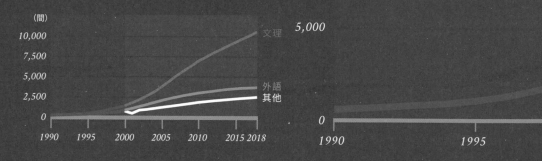

① 補習班數量

（間）

15,000

10,000

5,000

0

② 補習班種類別數量

（間）

10,000
7,500
5,000
2,500
0

1990　1995　2000　2005　2010　2015 2018

文理
外語
其他

1990　　　　　1995

補習班數量大幅成長，新增補習班以文理補習班為主

1990 年代起政府展開了一系列的教育改革，2002 年廢除國立編譯館「統編版」課本，當年補習班數量成長了 33.6%，且以文理補習班為大宗。然而，教改的初衷為「適性適材」、「減輕學生壓力」，若下課後還要補習至晚上，除了過勞也剝奪了學生自我探索、培養其他興趣的時間。

數據資料來源：高雄市教育局，直轄市及各縣市短期補習班全國統計　全國各縣市補習班總數統計

圖註：數據來源為教育部委託高雄市教育局所做的全國補習班數量統計。

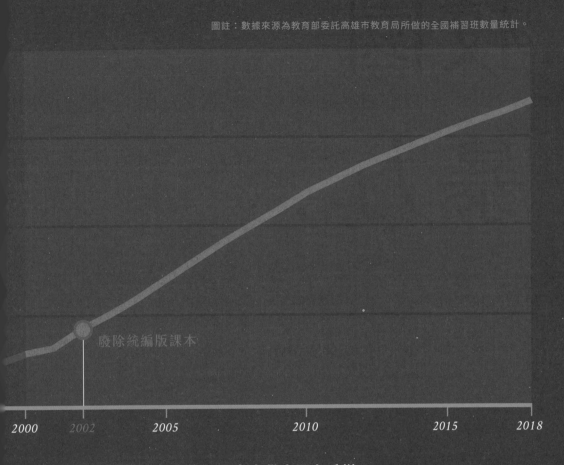

廢除統編版課本

2000　　2002　　2005　　　　　2010　　　　　2015　　2018

教改後補習風氣未改善，國中小學生壓力反增？

從教育部的教育消費支出調查報告[*1]中顯示，104 學年度國小生在校外有學習支出者占七成以上，該學年度平均每人於校外學習支出總額為 60,033 元；105 學年度國中生在校外有學習參與者約占六成，該學年度平均每人於校外學習支出總額為 51,824 元。且以上兩個調查都顯示，補習仍以學習類科為主，校外學習支出對家庭而言也是不小的開銷（註 1）。

兒童福利聯盟文教基金會在 2011 年與 2017 年分別做了臺灣學童學習狀況調查[*2]，發現學習疲勞情形惡化，且「三多」（考試多、作業多、補習多）問題依舊，2017 年補習的學生占 65.1%，也較 2011 年增加。在討論如何讓孩子適性發展之前，我們是否忘了先讓他們從壓力與疲勞中釋放？

註 1 根據主計處資料，2015 年臺灣人的年收入中位數為 45.8 萬元。

審訂專家：臺灣師範大學教育政策與行政研究所教授 王麗雲
親子天下媒體中心總編輯 陳雅慧

校園

School Violence

暴力

① 校園暴力事件與偏差行為件

（件）

8,000

6,000

4,000

2,000

0

2000

② 校園性侵害、性騷擾、
性霸凌件數

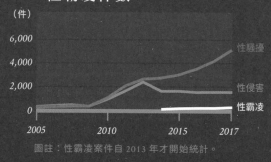

（件）

6,000

4,000

2,000

0

性騷擾

性侵害

性霸凌

2005　　　2010　　　2015　　2017

圖註：性霸凌案件自 2013 年才開始統計。

改善校園暴力及偏差行為，落實通報只是第一步

校園暴力與偏差事件數在 99 學年度驟增，推測可能原因為《各級學校校園災害管理要點》修正通過，明訂全國各級學校應設立校安中心，讓通報作業更加落實（註 1）。除了暴力事件與偏差行為，校園性暴力通報件數也隨著 2011 年相關法案修正後（註 2）而有顯著上升。通報系統的改善，確實能讓過去未被統計的「黑數」浮出水面，更貼近真實情況，但案件數逐年增加也顯示了校園安全並未獲得改善。

註 1 2010 年教育部修正《各級學校校園災害管理要點》中，要求高級中等以上學校應成立校安中心，設置傳真、電話、網路及相關必要設備，國民中小學及幼稚園則應指定專責人員構建校園災害管理機制。法規修正為推測原因，但實際電話訪問校安中心，並未獲得進一步解答。

註 2 2011 年《性別平等教育法》及《教師法》修正，除了明訂應於 24 小時內通報，知悉性侵害、性騷擾事件而不報之教職員，最重予以免職處分。

數據資料來源：教育部，中華民國教育統計 各級學校校園事件統計
　　　　　　　教育部學生事務及特殊教育司 疑似校園性侵害、性騷擾及性霸凌通報件數統計

圖註：校園暴力與偏差行為包含霸凌、兇殺、械鬥、強盜、偷竊、離家出走未就學等學生於校內外之不良行為。92 學年度（2003 年）資料未公布，100 學年（2010 年）起統計區間由學年度改為年度。

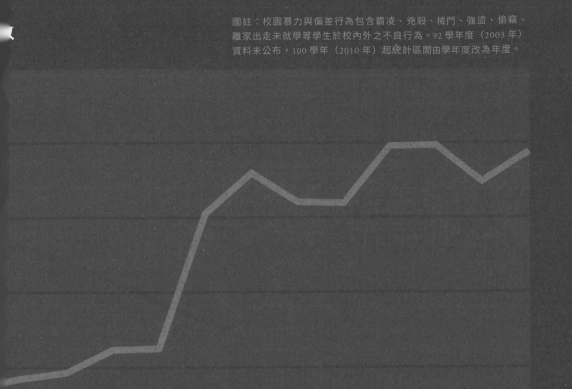

2010   2015   2016

校園暴力的樣態有哪些？又該如何解決？

觀察校園暴力及偏差事件的細項，可以發現一般鬥毆事件最為嚴重，且高中職學生參與的比率最高（註 3）。然而霸凌案件涉及率最高的卻是小學生（註 4）；性霸凌案件中，國中小更是占了近七成（註 5）。顯示國小階段的性別教育及防霸凌宣導工作仍然不足。校園暴力成因複雜，可能是家庭因素、同儕影響、學習壓力，或教育宣導不足（霸凌加害者並未意識自己正在霸凌）。更深入探究背後實際原因，或許能找到預防的線索。

註 3 2017 年共計 7,756 件校園暴力及偏差事件中，一般鬥毆事件共 1,126 件，占整體的 14.5%，其中高中職占 50.9%。其餘比重較高事件尚有離家出走未就學（12.6%）、疑涉偷竊事件（12.4%）、（知悉）霸凌事件（7.7%）等。

註 4 2017 年共有 600 件（知悉）霸凌事件，其中國小占 47.5%[1]。

註 5 2017 年共有 140 件性霸凌通報案件，國中發生 53 件、國小發生 39 件，合計占比 65.7%。

審訂專家：臺灣師範大學教育政策與行政研究所教授 王麗雲
親子天下媒體中心總編輯 陳雅慧

高教

University Enrollment

入學

① 大學學士班休退學比率

12.5%

10%

7.5%

5%

2.5%

0%

90

② 20 歲以上擁有大專以上
   學歷人口比率

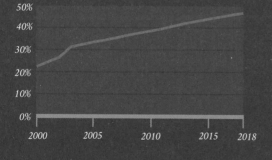

50%
40%
30%
20%
10%
0%

2000   2005   2010   2015   2018

大學休退學比率逐年上升，每 10 人就有 1 人休退學

近二十年來大學學士班的休退學比率成長超過一倍，106 學年度每 10 個大學生就有 1 個休退學，其中最多的原因是「志趣不合」(註1)，顯示目前以考試分數作為主要入學評量指標，對於高等教育的銜接與適性發展仍有很大的落差。

註 1 教育部 (2018) 統計，106 學年度 90,573 個休退學的學生中，最主要的原因為「志趣不合」，占 28.4%。

數據資料來源：教育部，大專校院概況統計 退學人數—按退學原因、性別、等級別與設立別分、休學人數—
       按退學原因、性別、等級別與設立別分
       內政部，內政統計查詢網 15 歲以上教育程度—按年齡別、性別分

大學學士班退學比例：「學年底總休學人數」與
「學年總退學人數」占當學年度在學人數的比例。

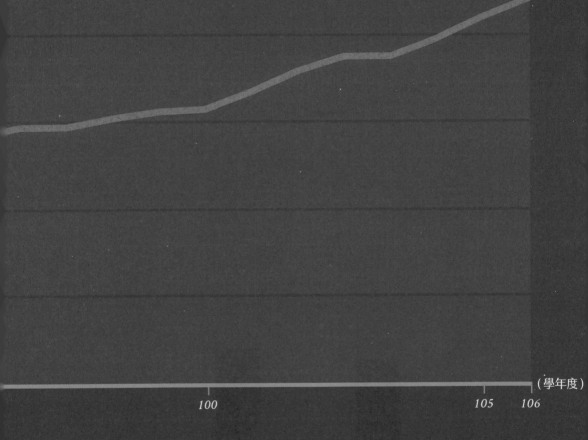

(學年度)

100   105 106

儘管升學制度不斷調整，最難改變的還是社會觀念

歷年推動教育改革，除了讓大學入學門檻降低，也讓升學制度從聯考逐步走向多元入學，鼓勵學生能提早探索自己的志趣。然而，許多家長與教育機構未改變「考試升學導向」的思考，使教育現場的學生仍然缺乏適性探索的機會。因此，或許多元入學制度讓高教門檻降低，並非休退學比率提升的主因，反而是社會觀念的原地踏步，才是讓學生進入大學、不再需要升學考試時，卻迷失方向的真正原因。

審訂專家：臺灣師範大學教育政策與行政研究所教授 王麗雲

③ 大學以上學歷人口失業率

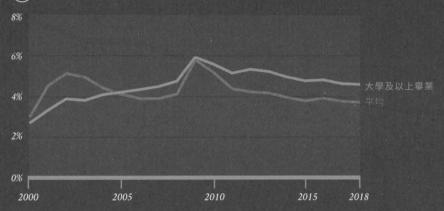

大學及以上畢業

平均

④ 大學以上畢業學生首份工作平均月薪

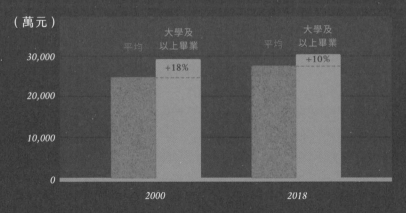

（萬元）

平均　大學及以上畢業 +18%

平均　大學及以上畢業 +10%

30,000

20,000

10,000

0

2000　　　　　2018

大學畢業反而失業低薪，讀大學「有用」嗎？

觀察大學畢業生的就業狀況，可以發現隨著大學以上學歷的人口比例不斷上升，大學以上的失業率從 2005 年以後便高於平均失業率。此外，大學畢業生的平均薪資與整體平均薪資的差異，二十年來也減少了 8%，顯示在高等教育逐漸普及的同時，也出現「學歷貶值」的現象。

然而在討論學歷貶值的同時，也不應忽略高等教育除了賦予學生專業能力、提供各產業人才，同時也包括訓練學生「批判與獨立思考」、「學習能力」、「創新帶動社會發展」等許多比文憑更重要的價值。然而，這些無法量化的指標卻不是當前教育評量與檢討的重點。在學習資源觸手可及的現代，高等教育應該扮演的責任與功能是什麼？我們期待看到各個教育機構提供給社會、學生的答案。

版

Copyright

權

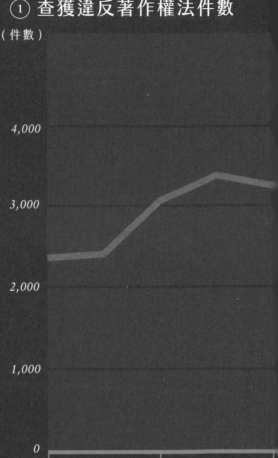

① 查獲違反著作權法件數

（件數）

4,000

3,000

2,000

1,000

0

2004　　　　2006　　　200

科技發展使盜版流通更快速廣泛，修法需與時俱進

隨著網際網路發展，侵權的形式更多樣化。2003 年《著作權法》加入「公開傳輸權」概念（註 1），並在 2005 年設立「網路侵權聯合查緝小組」加強查緝，可能是造成當時刑事案件量上升的原因之一。雖然 2007 年後查獲侵權案件數下降，但不一定表示侵權事件減少，可能因為侵權樣態日漸複雜，法規無法跟上（註 2），查緝也變得相對困難。

除了保障創作人的權益外，智慧財產權的保護是國際間經貿往來時高度關注的議題（註 3），落實著作權的保障也能降低我國參與國際貿易的阻力。加強查緝、與時俱進的修法，是保障著作權的重要方法之一。相關單位如何落實，則有待我們持續關心追蹤。

數據資料來源：內政部警政署，警政統計查詢網 查獲違反著作權法件數

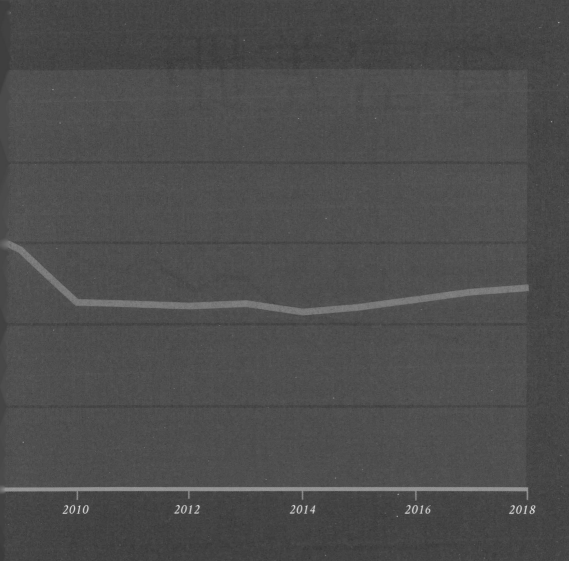

2010　　　2012　　　2014　　　2016　　　2018

註 1 公開傳輸權影響範圍廣泛，例如未經授權的情況下，在部落格使用背景音樂、分享下載連結等都屬侵權。

註 2 例如最近一次修訂則是 2019 年，新增了盜版影音串流平台、盜版 App 等罰則，但其實這些平台存在已久，到今年才將其列入規範。

註 3 為申請加入世界貿易組織，我國曾於 1998 年修訂相關著作權法以符合世界貿易組織規範。目前我國於爭取加入跨太平洋夥伴全面進步協定（CPTPP）等多邊貿易協定的過程中，也面臨智慧財產權保障不周等問題。

審訂專家：國立政治大學科技管理與智慧財產研究所副教授　陳秉訓

貧富差距

Wealth Gap

① 最富 5% 與最窮 5% 綜合所得差距倍數

（倍）

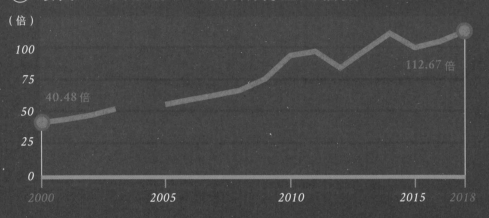

40.48 倍

112.67 倍

2000　　　　2005　　　　2010　　　　2015　2018

圖註：2004 年度未公布二十分位數據。

② 家庭可支配所得五等分位差距倍數

（倍）

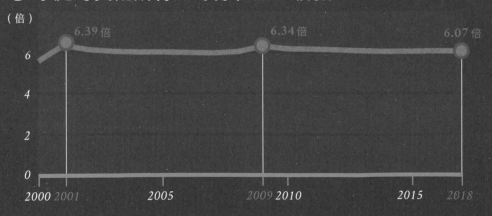

6.39 倍　　　　　　6.34 倍　　　　　　6.07 倍

2000 2001　　　　2005　　　　2009 2010　　　　2015　2018

數據資料來源：財政部財政資訊中心，89-106 年度綜合所得稅申報核定統計專冊 綜稅所得總額 20 分位申報統計
主計總處，89-106 年家庭收支調查 家庭可支配所得五等分位差距倍數

國際上觀察貧富差距通常以家戶所得五等分位差距倍數作為指標，然而近年許多經濟學家主張應該使用切分更細的二十等分位綜合所得差距倍數。雖然兩者計算基礎不同，無法用來比較，但可以分別觀察兩者的趨勢，從不同角度了解貧富概況。

家庭收支調查：抽樣調查完整家戶所得，較能反應政府所得重分配效果

將全國家戶依所得高低等分為 5 組（註 1），最貧與最富組別間的差距在 2000 年以後大致維持在 6 倍上下，兩次的差距擴大都發生在臺灣經濟負成長的年度，分別為美國發生911 恐攻的 2001 年及金融海嘯後的 2009 年。

綜合所得稅統計：以申報稅額計算，對高所得者收入掌握較精準

然而，若將全國家戶依所得稅的高低等分成 20 組（註 2），所得前 5% 與所得後 5% 的差距，從 2000 年的 40 倍，快速擴大至 2018 年超過 100 倍，顯示最富有族群的所得快速成長。

哪些原因可能讓貧富差距擴大？

經濟學家認為貧富差距擴大的主因可能來自貧富者不同的收入結構（註 3），富人用土地和不動產錢滾錢，即使經濟成長趨緩，也不易受整體景氣影響。此外，可能的原因還包括稅收制度不公、產業結構由勞力密集轉向資本密集等。如何將經濟成長的果實更加平等地分配給每個階級，是臺灣仍需要持續努力的課題。

註 1 家庭收支調查以抽樣調查進行，較難訪問到高所得者的真實收入，且切分較粗的五等分位也較難了解頂尖收入者的所得。

註 2 綜合所得稅統計無法計入未達報稅門檻的低收入戶以及社會救濟等移轉收入，因此對低所得者的實質收入較難掌握。

註 3 根據諾貝爾經濟學獎得主皮凱提（Piketty）的分析，擁有大量資本的富人，透過資本報酬累積財產的速度會大於社會平均財產的累積；而當經濟成長趨緩或停滯，資本報酬率很有可能會大幅超越經濟成長率，更加速財富集中在少數富人手中，進一步擴大貧富不均。

審訂專家：中研院社會研究所所長／研究員 謝國雄

中小

Small & Medium Enterprise

企業

① 中小企業出口額比率

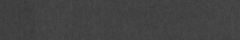

60%

40%

改變統計方法

② 傳統產業和非傳統產業
平均運用資產

■ 傳統產業　□ 非傳統產業

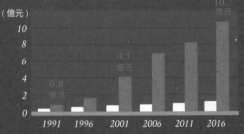

（億元）

10.7
億元

4.1
億元

0.8
億元

1991　1996　2001　2006　2011　2016

20%

0%

1990　　　1995　　1997

圖註：工商普查中將「電腦、電子產品及光學製品製造業」、「電力設備製造業」、「電子零組件製造業」等資訊電子工業列為非傳統產業，其餘民生工業、化學工業、金屬機械工業屬傳統產業。

中小企業面臨嚴峻的挑戰，大企業獨控出口命脈

臺灣過去號稱是中小企業立國（註1），1980 年代中小企業出口額就占了全臺出口額的 6 至 7 成。但從 1989 年後，中小企業的出口額占比就節節下滑，到 2018 年只剩下 13.68%（註2），經過二十年的變化，現在的形勢已成為占比不到 3% 的大企業，控制了超過 85% 以上的出口額。

註 1 臺灣的中小企業家數占所有企業數的比例一直維持在 97% 上下。

註 2 1997 年改變統計方法後，中小企業的出口額占比在同一個統計方法下，仍由 1997 年的 26.4% 降至 2018 年的 13.7%。

數據資料來源：經濟部中小企業處，中小企業調查報告　中小企業出口額－按行業別分，主計總處，工業及服務業普查　製造業企業單位實際運用資產結構變動概況（民國 80-105 年，每 5 年調查一次）主計總處，工業及服務業普查　製造業企業家數變動概況（民國 80-105 年，每 5 年調查一次）

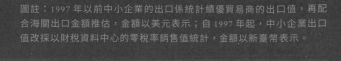

圖註：1997 年以前中小企業的出口係統計績優貿易商的出口值，再配
合海關出口金額推估，金額以美元表示；自 1997 年起，中小企業出口
值改採以財稅資料中心的零稅率銷售值統計，金額以新臺幣表示。

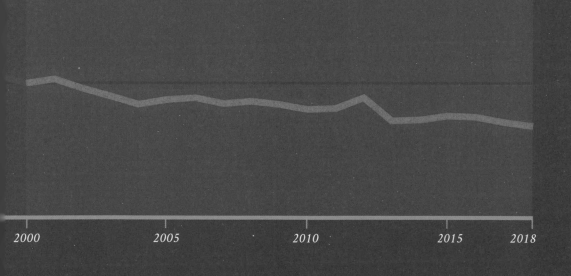

資訊電子工業大型化，傳統中小製造業該如何轉型？

1990 年代末期開始，電機設備及其零件成為臺灣最主要的出口產品，出口額占比從
2003 年之後即超過 30%，2018 年更達 43%[*1]。觀察歷年傳統與非傳統產業的平均運用資
產，可以發現平均每家資訊電子工業（註3）的運用資產在 2001 年為 4.1 億，2016 年遽
升為 10.7 億。對比資訊電子工業大規模的資本增長，中小企業在未來研發與創新轉型
上應更重視來自於生產現場中長期的技術經驗累積，以及跨產業的合作，深化技術人才
訓練與技職教育，以創造更高的附加價值。

註 3 電機設備及其零件即為資訊電子工業的最主要產出。

審訂專家：中信金融管理學院校長／教授 施光訓
資深記者 呂國禎

薪

Wages

資

① 每工時實質GDP與實質薪資

500%

400%

300%

200%

② 生產品與消費品物價指數
累積成長率

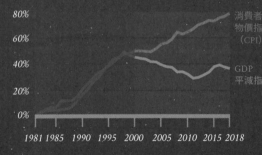

生產力提升，但實質薪資停滯的二十年

一般而言，國內生產毛額（Gross Domestic Product，GDP）的成長代表生產力及經濟
有所成長，連帶推升整體平均薪資。2002 年以前的臺灣確實如此，然而在 2002 年後，
實質 GDP 雖然持續成長，實質薪資卻進入長達十五年的停滯。

為什麼經濟成長，實質薪資卻沒有漲？

實質薪資停滯其實牽涉相當多面向，過去學者提出包括非薪資報酬（如勞、健保開辦）
增加（註1）、分配不均（註2）、全球化及產業結構變動的影響等可能原因。但觀察數據
可以發現，整體貿易條件惡化的趨勢最能解釋過去二十年的實質薪資停滯。

數據資料來源：主計總處，國民所得統計·國內生產毛額 GDP（名目值）、國內生產毛額平減指數（2011=100）
物價統計 消費者物價基本分類指數

累積成長率

實質薪資累積成長率：（當年數值／1981年數值）- 1，每工時實質產
出為（名目 GDP ／受僱人員全年總工時 x GDP 平減指數），每工時實
質薪資為（名目薪資 ÷ 受僱人員全年總工時 x 消費者物價指數）。

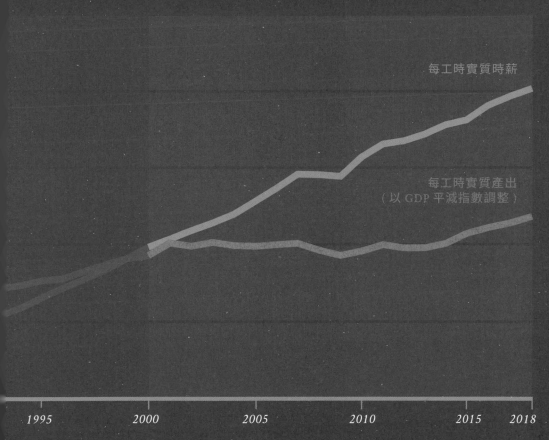

每工時實質時薪

每工時實質產出
（以 GDP 平減指數調整）

1995　　　2000　　　2005　　　2010　　　2015　2018

2002 年後，代表「生產品物價」的 GDP 平減指數，與代表「消費品物價」的消費者物
價指數（Consumer Price Index，CPI）之間的差距逐年擴大，顯示過去二十年來即使生
產力提高，但透過生產所賺到的錢，愈來愈不夠買到我們想要的東西。

註 1 受僱勞工所獲得的報酬其實包括薪資及非薪資報酬（如雇主為員工支付的保險費、退休準備金之提撥等），
薪資報酬占整體勞動報酬比重從 2000 年的 88% 微幅下降至 86%[1]，主要原因可能為 2005 年勞退新制上路讓雇主
增加非薪資報酬。因此，薪資報酬比重的下降可以部分解釋實質 GDP 成長但實質薪資停滯的現象。

註 2 朱敬一與康廷嶽 (2015) 指出勞動報酬份額逐年下降，讓勞工沒有分享到經濟成長的好處，但 2002 年以來，
受僱勞工的勞動報酬份額占 GDP 的比重皆大致維持 42% 上下波動。因此，「分配不均」並無法解釋近二十年來
的薪資凍漲。

審訂專家：政治大學經濟學系專任副教授　陳鎮洲
中研院經濟研究所助研究員　楊子霆

③ 進出口產品及服務價格累積成長率

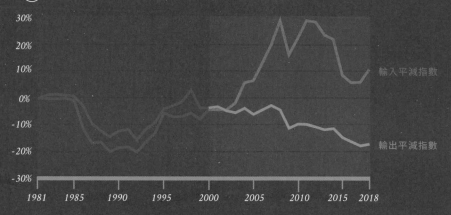

④ 以 CPI 調整後的 GDP 累積成長率

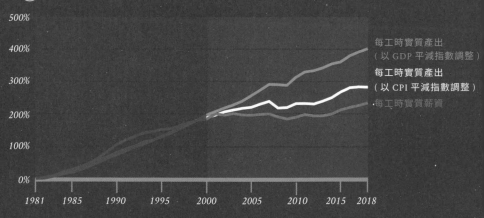

數據資料來源：主計總處，物價統計 輸出（入）物價平減指數
主計總處，人力資源統計 勞動力（千人）

會不會過去二十年，經濟並沒有實質成長？

進入二十一世紀後，臺灣的出口商品價格逐年下跌，造成「生產品物價」愈來愈低，代表雖然生產力提升，但卻是奠基在生產愈來愈低價的產品上。另一方面，進口商品價格受國際原油價格影響波動上升，使「消費品物價」逐年成長，因此物價上漲抵減了名目薪資的成長。

因此，在進出口價格差距逐年擴大的影響下，歷年來臺灣生產所賺到的錢（GDP），若改以國內消費物價（CPI）調整，就會如同實質薪資一樣，在 2000 年後呈現停滯，由此可知，薪資凍漲的真正原因，其實是因為臺灣經濟環境從 2000 年後也就大致呈現停滯。

2014 年後實質薪資有重新開始成長的趨勢，但未來若要讓實質薪資持續成長，積極推動創新、進行產業轉型與升級、發展更多高附加價值的工業及服務業，都將是臺灣能否成功擺脫經濟與薪資停滯泥淖的重要課題。

創業

Startup Business

① 新設立公司登記平均資本額

（萬元）

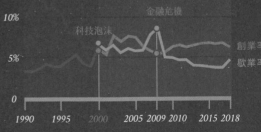

```
3,000


2,000


1,000


0
    1990            1995
```

② 現存中小企業經營年數

━━ 5 年內　━━ 5-10 年　━━ 10-20 年
━━ 20 年（含）以上

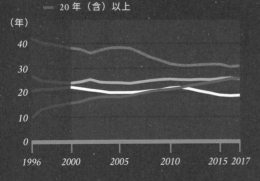

（年）
```
40

30

20

10

0
1996   2000   2005   2010   2015 2017
```

③ 公司創業率和歇業率

```
15%


10%              金融危機

       科技泡沫
5%                        創業率
                         歇業率

0
1990  1995  2000  2005 2009 2010  2015 2018
```

創業率：當年度新設立公司數占現有公司數的比重。
歇業率：當年度公司解散、撤銷及廢止數占現有公司數
的比重。

數據資料來源：經濟部統計處，79-107 年經濟統計年報 公司登記資本額、公司登記新設立家數、公司登記新設立資本額
經濟部中小企業處 中小企業白皮書 中小企業家數及比率－按經營年數
經濟部統計處，79-107 年經濟統計年報 公司解散、撤銷及廢止家數

現存公司登記平均資本額

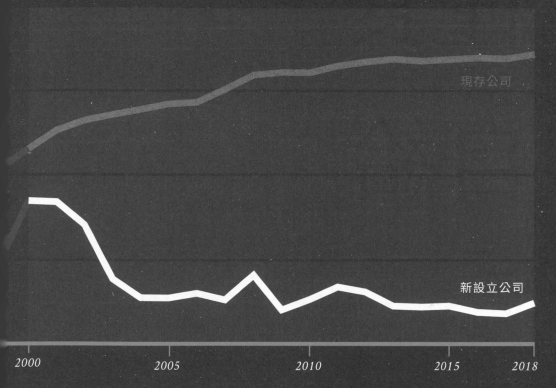

現存公司

新設立公司

2000　　　　　2005　　　　　2010　　　　　2015　　　2018

創業不難，但創業後要存活卻不容易

觀察歷年公司登記的資本額，可見現存公司的平均資本額不斷成長，在 1994 年超越新設立公司平均資本額，到 2018 年已突破 3,400 萬元。另一方面，新設立公司的平均資本額在 1992 年的高點 2,229 萬之後，大幅下降，雖然 1995 年至 2000 年有回升至 1,691 萬元，但之後整體呈下降趨勢，2018 年只剩 485 萬（註1）。

從現存公司經營年數的圖表中可見，創業不到 5 年的中小企業占比大幅下降，且成立 5 年以上的公司中，僅有 20 年以上的中小企業占比逐年提升。再觀察創業率，雖然在 2009 年超越歇業率並緩緩拉開差距，但差距始終在 3% 以內，2017 年後差距甚至開始縮短，2018 年兩者只相差 1.42%。由此可知，隨著產業型態轉向以資本門檻較低的服務業為主，加上各式開源服務普及，雖然讓創業的資金門檻大幅降低，但從結果來看，近年創業率及創業存活率皆維持低檔，也可能使階級流動更加困難 *1。

註 1 觀察近十年新設立公司產業別，「其他服務業」快速成長，占 2018 年所有新成立公司最高的 28%，而其平均資本額為 208 萬元（不到總平均 484 萬元的一半），是拉低創業平均資本額的主因。

審訂專家：臺灣矽谷創業家協會首席顧問暨創會理事長 趙式隆
中研院社會研究所所長／研究員 謝國雄.

糧食

Food Self-sufficiency

自給

① 糧食自給率

100%

75%

50%

25%

0%

1990　　　　　　　　　1995

飲食習慣改變、大量進口高熱量作物，導致我國糧食自給率下降

糧食自給率是觀察國內糧食對國際市場依賴程度的一項指標。近年來國人飲食習慣改變，稻米食用量大幅下降（註1），以進口為主的小麥食用量則增加。除了小麥外，提煉食用油的黃豆、飼料玉米等高熱量作物也都仰賴進口，這些都是糧食自給率（熱量）逐漸下降的原因。尤其在 2002 年加入世界貿易組織，農產品進出口更加便利後，以價格計算的糧食自給率更是出現明顯降幅。

註 1 據農糧署 (2018) 統計 [1]，國人每年每人稻米食用量由 2000 年的 52.7 公斤下降至 2018 年的 45.6 公斤，我國稻米的糧食自給率（熱量）也來到 120%，明顯供過於求。

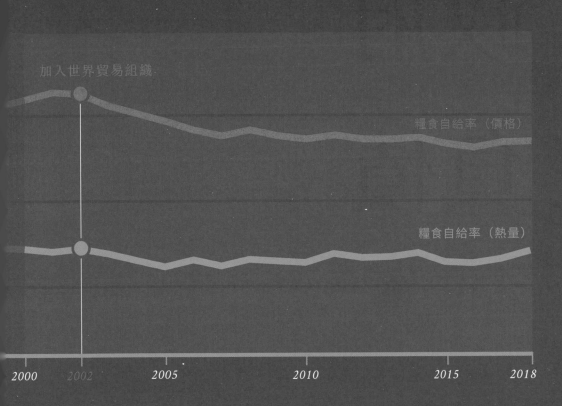

加入世界貿易組織

糧食自給率（價格）

糧食自給率（熱量）

| 2000 | 2002 | 2005 | 2010 | 2015 | 2018 |

全球化時代下，糧食安全除自給率外還應注意哪些面向？

在全球化貿易盛行的現代，糧食自給率已無法作為衡量糧食安全的唯一指標。據此，英國《經濟學人》（*The Economist*）「全球糧食安全指標」（註2）就提出評估糧食安全的三大面向：支付能力（註3）、供應能力（註4）、品質及安全（註5）。未來，建立營養、熱量、安全及價格多元並重的現代化糧食安全指標，是需要跨部會共同合作的重要課題。相關機構間如何協作以穩定國人的糧食安全，值得關注。

註 2 「全球糧食安全指標」（Global Food Security Index，GFSI），此指標係根據 1996 年聯合國「糧食安全」定義所建構。*7

註 3 包括家戶食品消費占總花費的比例、低於貧窮線之人口比例、人均國內生產毛額、WTO 最惠國待遇農產品進口關稅、是否有食物券等安全網計畫、農民從各地方獲得資金的能力等 6 個副指標。

註 4 包括糧食供給的足夠性、政府農業科技研發支出、農業基礎建設、農業生產之波動性、政治動盪風險指數、貪腐指數、城市吸收能力、糧食損失等 8 個副指標。

註 5 包括飲食的多樣性、攝取營養量是否符合標準、微量營養素可取得性、蛋白質攝取量、食品安全性等 5 個副指標。

審訂專家：財團法人中衛發展中心農業經營組顧問 陳怡君
《上下游》記者 蔡佳珊

政府

Public Debt

負債

① 中央政府未償債務占前 3 年

40%

30%

20%

10%

0%

1990　　　　　　　1995

② 2017 年各國中央政府
未償債務占 GDP 比例

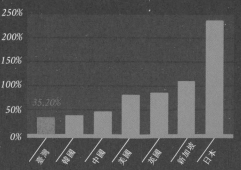

250%
200%
150%
100%
50%
0%

35.20%

臺灣　韓國　中國　美國　英國　新加坡　日本

數據資料來源：財政部，財政統計資料庫查詢 中央政府債務未償餘額（一年以上非自償性債務）
Central Intelligence Agency(2019), The World Factbook, Country Comparison Public Debt.

GDP 平均數比例

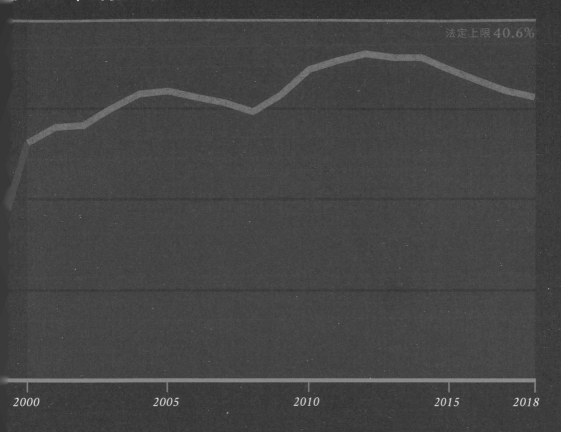

法定上限 40.6%

2000 2005 2010 2015 2018

政府舉債比重逐年上升，但仍在可控制範圍

中央政府未償債務占前三年度名目 GDP 平均數的比重逐步逼近法定上限 40.6%，主要和政府為弭平財政赤字進行舉債有關，2000 年由於承接省政府債務，債務規模更大幅提升[*1]。然而，與其他國家相比，臺灣的舉債狀況其實相對穩健，據美國中央情報局 2017 年的統計，臺灣在 210 個國家中排名第 60，較鄰近的新加坡、中國、日本等國都來得低。

審訂專家：政治大學政治學系教授 蔡中民
政治大學財政學系副教授 吳文傑

③ **政府當年度收入及支出（歲入及歲出淨額）占 GDP 比例**

—— 歲入淨額占 GDP 比例　　—— 歲出淨額占 GDP 比例

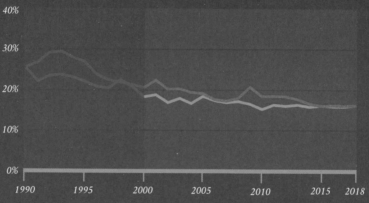

歲入淨額：不包括債務之舉借、移用以前年度歲計賸餘；歲出淨額不包括債務之償還。除總預算收支外，並將特別預算收支一併計入。

④ **各級政府當年度財政餘絀占 GDP 比例**

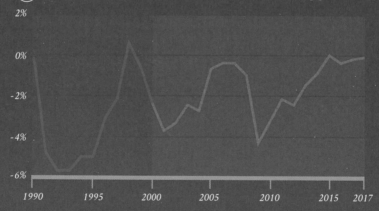

歷年各項政策對財政餘絀的影響

1990 到 1995 年間陸續進行公共設施保留地徵收、實施全民健保、擴大老農福利等政策，讓歲出占 GDP 比率連續七年超過 25%。直到 1996 年，通過《公共債務法》降低歲出占 GDP 比率，財政赤字開始逐漸改善。1998 年起實施兩稅合一（註 1）、調降金融營業稅稅率並延長租稅優惠，使歲入規模下滑，開啟連續十五年的財政赤字，2009 年更因為發放消費券及調降營所稅、遺產稅、及贈與稅稅率，創下歷年最高的年度財政赤字。所幸金融海嘯後景氣回穩帶動稅收增加，加上 2014 年起推動「財政健全方案」[2]，訂定債務償還時間表、檢討各項支出補助與退休年金制度、兩稅合一改採部分設算扣抵制，讓近年財政開始改善。

節省開銷是解決財政赤字的方法嗎？

觀察歷年政府收支狀況，可以發現歲出占 GDP 的比例在 1993 年達到 29.7% 的高峰後便逐年下降，2018 年已降至 16%；然而，歲入占 GDP 的比例卻也同步下滑。由歷年資料可以發現，雖然政府的節流政策讓支出逐漸獲得控制，但開源不足卻也影響收入逐年減少[3]。因此，雖然目前財政健全方案讓政府債務及赤字開始改善，但未來政府在規劃財政政策上，除了提高政府支出的效率，也不應忽略透過調整支出結構（註 2）、合理化賦稅負擔等方式進行「開源」的重要性，才能在維持財政紀律的同時，也兼顧國家持續發展。

註 1 財政部 (2017) 報告[4]指出，兩稅合一為減輕企業先繳納營利事業所得稅，當公司盈餘以股利發放後，又在股東或出資者之綜合所得稅中視為營利所得，再被課一次稅，而使資本主稅負過重，產生不利投資的情形。

註 2 林慈芳 (2013)[5]指出，調整支出結構，將經常性支出移轉成資本支出，各年公共建設將累積成基礎建設存量，係民間部門生產過程的生產要素之一，對民間的生產力產生影響，可提升長期經濟成長率。

房

Housing Price

價

① 房價所得比

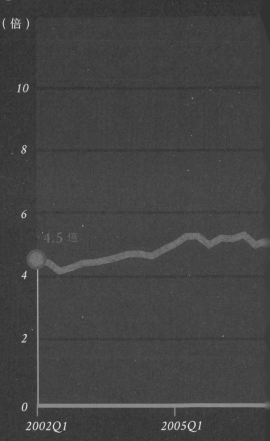

（倍）

10

8

6

4.5 倍

4

2

0

2002Q1　　　　　　2005Q1

② 歷年房貸負擔率

40%
30%
20%
10%
0%

2002Q1　2005Q1　　　2010Q1　　　2015Q1　2018Q1

房貸負擔率：中位數住宅總價貸款每月攤還額／家
戶月可支配所得中位數，通常假設貸款七成、 期限
為 20 年，本利平均攤還的情況下進行計算，數值愈
大則房價負擔能力愈低。

房價不分城鄉，皆為「極度無法負擔」

臺灣的房價所得比持續上升，從 2002 年第一季的 4.5 倍成長到 2019 年第一季已達 8.7
倍，也就是在家戶年可支配所得中位數僅成長約 20% 的同時，房價中位數成長了 230%（註
1），同時，房貸負擔率也顯示平均每戶需要花費超過三分之一的月所得來支付房貸。比
起新加坡（4.6 倍）、東京（4.8 倍）仍高出不少 *1，且不分城鄉的房價皆屬「極度無法
負擔」（註 2），其中臺北市、新北市的房價所得比更分別高達 14.2 倍、12.1 倍 *2。

註 1 家戶年可支配所得中位數在 2002 年為 74.1 萬元、2018 年則為 88.6 萬元。依此推估，中位數住宅總價在
2002 年 Q1 為 331.2 萬元、2019 年 Q1 則為 767.3 萬元。

註 2 國際調查機構 Demographia 每年皆會調查各國主要城市的房價所得比，香港及新加坡數據為 2018 年 Q3，
東京則為 2017 年 Q3。報告中將住宅負擔能力分為四個等級：房價所得比在 3 倍以下為「可負擔」、3-4 倍為「中
度無法負擔」、4-5 倍為「嚴重無法負擔」、5 倍以上則為「極度無法負擔」。

數據資料來源：內政部不動產資訊平台，房價負擔能力統計

房價所得比：中位數住宅總價／家戶年可支配所得中位數，也就是需花多少年
的可支配所得才買到一戶中位數住宅總價，數值愈大則房價負擔能力愈低。

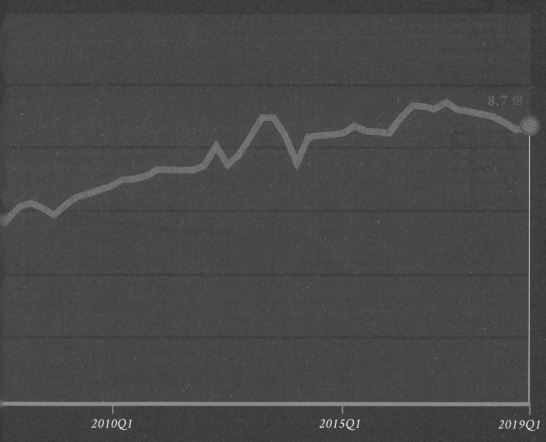

8.7 倍

2010Q1   2015Q1   2019Q1

落實居住正義的社會住宅進度如何？

建置只租不賣的社會住宅，是透過租屋市場幫助無力購屋者也能擁有安心居所的重要住
宅政策[*3]，然而截至 2019 年 9 月，全臺完工的社會住宅共 15,055 戶，僅占全國住宅的
0.13%，遠低於鄰近的日（6.1%）、韓（5.1%）等國。接下來，除了政府需要加速社會
住宅的土地取得與建置，也應持續透過社會溝通，消除社會住宅會拉低房價、居民素質
的偏頗想像（註3）。

註 3 當前社會住宅常碰到的阻礙就是當地居民的反對，然而根據黃怡潔等 (2017) 的研究指出，公營住宅對周邊
房價其實呈正向影響，原因在於公共住宅的選址常位於非蛋黃區，相較周邊房屋屋齡較新、規劃設計也較完整，
自然不會拉低附近環境品質，反而能提升周圍低價住宅的房價。

審訂專家：政治大學地政學系教授 蔡育新
政治大學財政學系副教授 吳文傑

違

Squatters

建

① 違建累積案件數

（件）

800,000

600,000

400,000

200,000

0

2005

② 當年度違建新增及拆除數

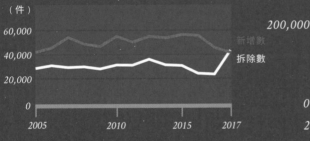

（件）

60,000

40,000

20,000

0

2005　2010　2015　2017

新增數

拆除數

違建新增數大於等於拆除違建數，累積違建數不減反增

2017 年前，每年違建新增的數量均大於當年拆除的數量，而其中，違建多集中於寸土寸金的都市地區，2017 年 66 萬件累積違建中，有 41% 集中在雙北地區。湧入都市的人口數遠高於新增建物數量，加上縣市政府多將老舊違建列為暫緩拆除（註 1），皆讓累積違建數量逐年穩定增加。此外，諸多違建黑數如室內違法隔間等，無法從建物外觀看出，若無人檢舉則無法反映在當前統計中（註 2）。

註 1 以臺北市為例，目前新增加的頂樓違建幾乎是「即報即拆」，但如果是 1995 年以前即存在的老舊違建，則是列入緩拆。

註 2 臺南市立委林俊憲指出，房東違法隔間出租頻繁，但 2016 年六都違法隔間相關法條的執行件數，臺北市限期改善件數加上裁罰件數總共 78 件、桃園市 82 件、臺中、新北、臺南、高雄則沒有相關件數的統計。

數據資料來源：內政部營建署 營建統計年報 建築管理－全國違章建築案件處理概況

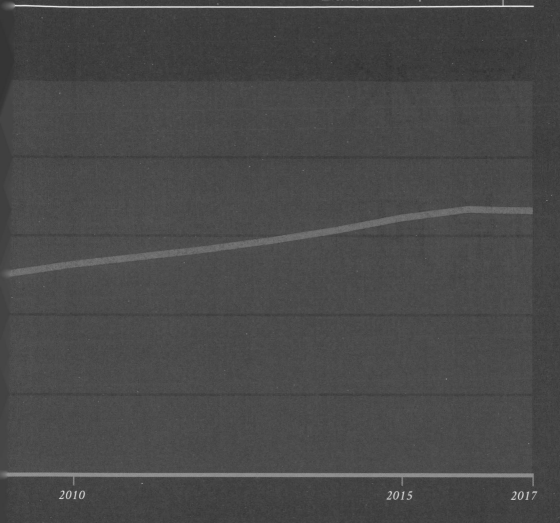

2010   2015   2017

多樣因素累積成的違建，真的能說拆就拆嗎？

違建相關的法律制度尚未健全，拆除違建的執行也有許多阻力，像是政府人手不足、時常遭到民意代表關說等，導致執行拆除違建速度緩慢。如果不希望「違建」成為臺灣的常見風景，各地方政府就必須更積極處理違建的問題，不過在拆除的過程中也應注意弱勢族群的基本居住權益，因為他們可能是在沒有選擇的情況下，才居住在違建的空間裡。

審訂專家：法律白話文運動
陽昇法律事務所律師　鄧湘全

污水

Sewage Treatment

處理

① 整體污水處理率

100%

75%

50%

25%

0%

1990　　　　　　　　　　　　　　1995

污水處理率大幅上升，但遠不及鄰近日韓

臺灣的污水處理率從 2000 年的 14.9% 成長至 2018 年的 53.4%，但全臺仍有 16 個縣市污水下水道接管率低於 50%。污水下水道將生活污水輸送至處理廠，水質達到國家標準後才排入海洋、河川，不僅攸關環境保育，更攸關人民生活品質。據瑞士洛桑管理學院（IMD）2014 年的世界競爭力年度報告，臺灣在 48 個評比國家中以 63.0% 位列第 41 名，大幅落後鄰近的香港（93.0%）、韓國（91.6%）以及日本（75.8%）（註1）。

註 1 2014 年 IMD 報告引用的各國資料為 2012 年，然而報告中原載臺灣的 32.1% 為「公共污水下水道用戶接管普及率」，而非「整體污水處理率」，忽略專用下水道及建築物污水處理設施的污水處理率'。因此此處以 2012 年整體污水處理率的數據（62.99%）重新計算。

整體污水處理率：計算方式為「公共污水下水道用戶接管普及率＋專用污水下水道用戶接管普及率
＋建築物污水設施設置率」。2015 年前計算方式採「每戶 4 人」推算全國總戶數（全國總戶數＝全
國總人口數／4），2015 年後由於原戶數計算方式偏離現實，因此改以全國總人口數計算。

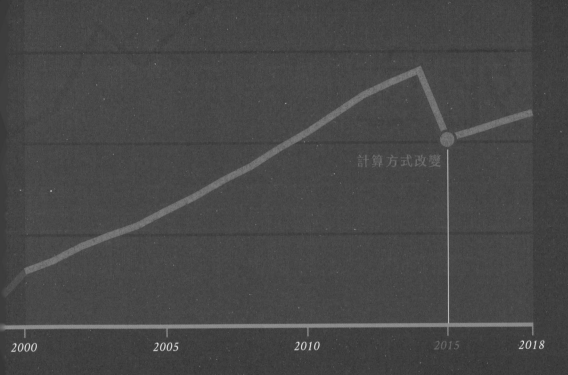

計算方式改變

2000　　　　　　　2005　　　　　　　2010　　　　　　　2015　　　　2018

下水道為「看不見」的政績，地方政府建設意願低

公共污水下水道（註2）為「看不見」的政績（管線在地下、時間和金錢花費龐大、無法
立即見效），污水處理率僅有雙北市和連江縣超過七成（註3）。未經處理的生活污水
（註4）排入河川或溝渠，造成惡臭也容易孳生病媒，而污水中的營養鹽或人造化學品，
不僅影響水生物生存，甚至滲入土壤形成持久性的污染。政府應加快腳步提升污水處理
率，確保公共衛生及環境的永續發展。

註 2 污水處理下水道分為公共污水下水道及專用污水下水道。可容納 500 人以上社區、工業區需建設專用污水下
水道。惟工業廢水須先經過處理後始可排入污水下水道。

註 3 各縣市整體污水處理率截至 2018 年底，前三名為新北市為 86.6%、臺北市為 82.8%、連江縣為 73.5%，最低
的三名分別為臺東縣（12.1%）、嘉義市（19.1%）、嘉義縣（19.7%）。

註 4 除了生活污水，其他污水主要來源為畜牧廢水、工業污水等。可參考「河川污染」（G26 頁）。

審訂專家：環境資訊中心副主編 彭瑞祥
臺灣大學環境工程學研究所教授 闕蓓德

火災
死亡

Fire Hazard

① 火災死亡人數

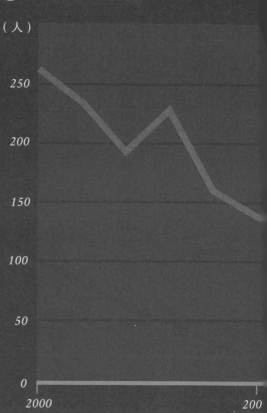

（人）

250

200

150

100

50

0

2000　　　　　　　　　　　200

② 2012-2018 年火災死亡案件起火原因比率

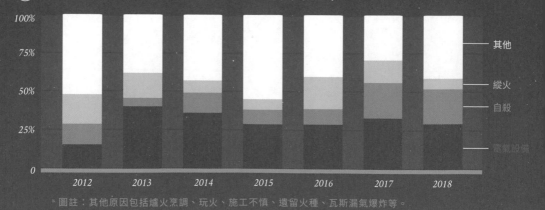

100%

75%

50%

25%

0

2012　2013　2014　2015　2016　2017　2018

其他

縱火

自殺

電氣設備

＊圖註：其他原因包括爐火烹調、玩火、施工不慎、遺留火種、瓦斯漏氣爆炸等。

數據資料來源：內政統計查詢網　火災死傷人數及財物損失─按區域別分
內政部消防署 (2019)，全國火災統計分析 (101-107 年)

圖註：自 2009 年起，死亡定義由因火災當場死亡或受傷於 24 小時內死亡者，修正為因
火災當場死亡或受傷於 14 日內死亡者，因此需注意不應比較定義改變前後的死亡人數。

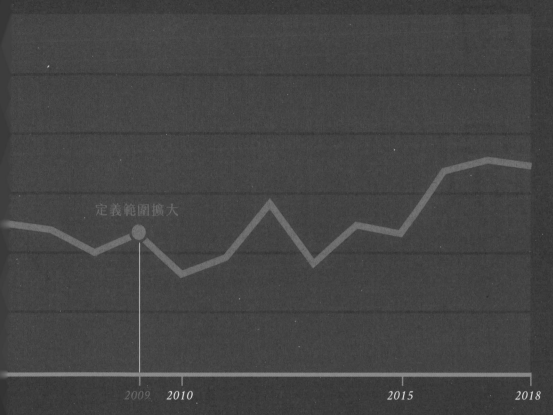

定義範圍擴大

2009　2010　2015　2018

傷亡火災變少了，但近十年死亡人數卻波動上升

歷年傷亡火災發生件數明顯減少，從 2011 年後便穩定維持在 2,000 件以下。然
而，火災死亡人數在 2010 年降至最低點後就開始波動上升，因此，即使火災發
生件數減少，但每年火災死亡人數的成長仍然值得我們持續關注。

火災死亡人數增加可能是什麼原因？

觀察 2012 年以來的火災死亡原因，可以發現 2013 年後最主要的原因「電氣設
備」的件數及佔比皆穩定減少。同時「自殺」與「縱火」案件的佔比卻增加，
顯示造成死亡的火災愈來愈難預防。因此，未來我們除了宣導與檢討火災發生
當下的應變，更必須從減災及整備階段有更完善的規劃。

審訂專家：消防專家 林金宏
消防員／作家／演說家 蔡宗翰

毒

品

Illegal Drugs

① 查獲毒品重量

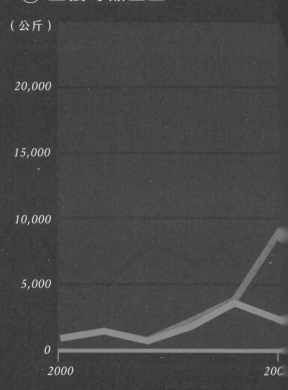

（公斤）

20,000

15,000

10,000

5,000

0

2000   200

② 新入監（所）施用毒品收容人

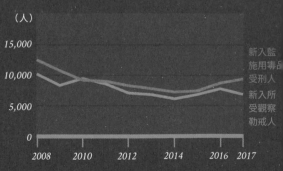

（人）

15,000

10,000

5,000

0

2008　2010　2012　2014　2016　2017

新入監
施用毒品
受刑人

新入所
受觀察
勒戒人

圖註：持有及施用第三、四級毒品不會進入刑事程
序，僅會接受罰鍰及毒品危害講習的行政裁罰。

數據資料來源：內政部警政署，警政統計查詢網 查獲毒品重量
法務部矯正署 (2019)，受觀察勒戒人與施用毒品受刑人概況分析 新入監（所）受觀察勒戒人及
施用毒品受刑人毒品級別

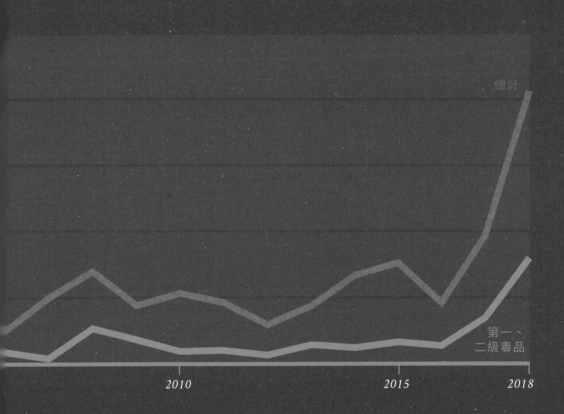

總計

第一、
二級毒品

2010   2015   2018

毒品查獲量波動上升，新入監（所）藥癮者卻減少？

歷年毒品查獲重量呈現波動，並於 2017 年至 2018 年大幅增加（註1）；然而，因為「施用毒品」而新入監（所）的收容人卻從 2008 年起逐年減少。查獲重量增加但收容藥癮者減少的主要原因，可能是 2008 年《毒品危害防制條例》通過後，對於藥癮者的戒癮治療改採「觀察、勒戒或強制戒治」及「緩起訴處分附命戒癮治療（簡稱緩護療）」的雙軌制（註2），積極將毒品施用者由原先的監所轉向醫療系統，進行身心復健與社會復歸等多元處遇方式。

註 1 2017 年行政院開始實行「新世代反毒策略」，並將 2017 年至 2018 年為強力掃蕩期。因此，查獲毒品重量的遽增可能僅是反映過去潛藏的黑數。

註 2 施用第一、二級毒品初犯及五年後再犯者，除了原先送觀察勒戒及強制戒治等機構處遇，於 2008 年起經評估後得命緩護療，轉向醫療系統進行戒癮治療。

審訂專家：法律白話文運動
《報導者》記者 曹馥年

③ 緩護療人數占第一、二級毒品施用起訴及
　　緩起訴者比率

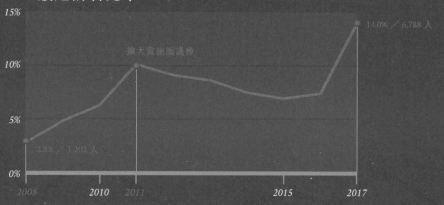

④ 2009-2014 年出獄（所）施用毒品收容人再
　　犯施用毒品罪情形

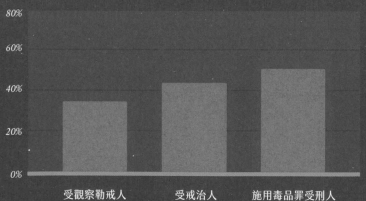

數據資料來源：國發會 (2018)，我國附命完成戒癮治療之緩起訴處分機制與成效之檢討
　　　　　　　法務部矯正署 (2015)，矯正機關收容施用毒品者及其再犯情形 98 年至 103 年出獄（所）
　　　　　　　施用毒品收容人再犯施用毒品罪情形

緩護療推動十年來成效如何？

目前醫界已普遍認定毒品成癮是一種慢性復發性疾病（註3），且據法務部統計，施用毒品罪受刑人出獄後再犯率為各處遇方式中最高、再犯平均經過日數也較短，且 59.2% 的受刑人於一年之內再犯（註4）。反觀臺灣推動緩護療十年以來的成效，每年接受緩護療的藥癮者從 2008 年的 2.8%，成長至 2017 年的 14%，且緩護療期間因再次施用毒品遭撤銷緩起訴者僅占 19%（註5），顯示對藥癮者的多元處遇模式已有初步成效。

是犯人還是病人？司法單位及醫療機構該如何有效合作？

現行緩護療制度面臨兩個主要問題，首先，在前端的評估程序上，由於目前國內尚缺乏整合性的分流化工具，讓檢察官其實難以對不同個案的醫療需求、預後（犯罪）風險等指標有一致標準的評估[*2]。另一方面，進入末端的戒癮治療，現行制度下藥癮者只要未遵守相關規定或再犯，就會跳過觀察勒戒和戒治，直接面臨入監監禁，不只讓體系內的觀護人和個管師受挫，也無法根本解決藥癮者的成癮問題。

因此，未來政府在推動「治療優先於刑罰」的過程中，除了需要更積極建立前端多元處遇的分流化工具，也應思考目前撤銷緩護療制度的標準是否過於單一，以及緩護療制度除了醫療處遇，整合社區端讓藥癮者回歸社會時能持續遠離毒癮，都是政府及整個社會需要共同努力的挑戰。

註3 聯合國毒品和犯罪問題辦公室 (2019) 的報告[*3]指出：「吸毒成癮沒有快速而簡單的補救辦法。這是一種慢性疾病，與其他慢性病一樣，令受影響者一生都會脆弱，且需要長期持續的治療。」

註4 法務部 (2015)[*3]統計 2009 年至 2014 年不同處遇方式下，平均藥癮者再犯的經過時間，受觀察勒戒人為 375 天、受戒治人為 531 天、受刑人為 394 天；共計 25,102 個再犯受刑人中，一年內再犯者共有 14,876 人。

註5 國發會 (2018) 報告[*4]指出，2008 年至 2017 年間合計有 29,746 人接受緩護療，其中緩護療期間因再次施用毒品而遭撤銷緩起訴者計有 5,660 人。

Sexual Assault

① 性侵害案件通報件數

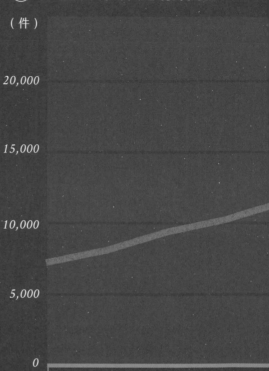

（件）

20,000

15,000

10,000

5,000

0

2005

② 性侵害案件通報來源

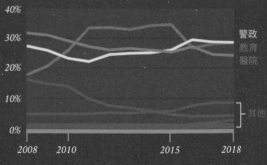

40%

30%

20%

10%

0%

2008　2010　　　　　2015　2018

警政
教育
醫院

其他

圖註：其他包含 113 通報、社政、防治中心、司（軍）法、衛政、診所、勞政、憲兵隊、其他。

數據資料來源：衛福部保護服務司，性侵害事件通報案件統計

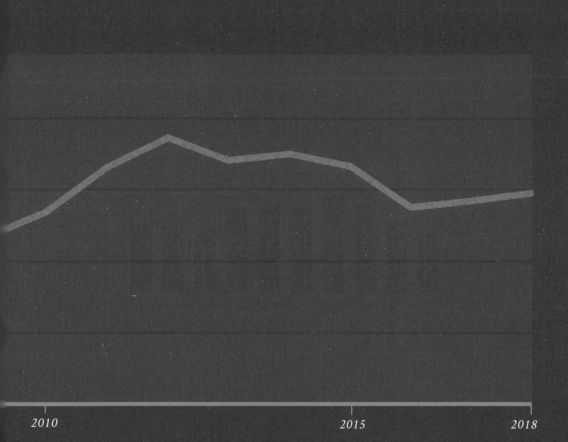

2010   2015   2018

重大性侵害案件提高警覺，通報案上升顯示犯罪黑數明朗化

2011 年臺南啟聰學校爆發集體性侵案 (註1)，引發社會關注。該年《性別平等教育法》、《教師法》等也修法通過，知有疑似性侵害、性騷擾、性霸凌事件而不通報之教職員，最重會面臨免職、終身不得錄用等刑責。重大案件造成警覺提高加上修法通過，讓 2011 年的性侵害通報量大幅上升，來自教育單位的通報占比也在當年上升 8%。

長期以來，性侵害案件存有犯罪黑數的問題，通報量上升的另一層意義，也代表通報單位的敏感度提升，促使隱藏的反罪黑數浮上檯面。近年《房思琪的初戀樂園》、#metoo 等引發大量社會關注的事件或多或少改變了社會氛圍，從過去的「奮力抵抗才是拒絕」到目前「只要沒有積極同意，都不代表同意性行為」，顯示社會對性侵害的觀念改變，氛圍也較過往更支持受害者站出來。

註 1 2011 年 9 月，人本教育基金會召開記者會，揭發國立臺南啟聰學校過去七年，發生了至少 128 件學生性騷擾和性侵害事件，其中年紀最小的受害者僅國小二年級。

審訂專家：串門子社會設計創辦人 黃珮婷
東吳大學社會工作學系助理教授 林佩瑾

③ 被害人年紀統計

■ 18 歲以上
■ 未滿 18 歲

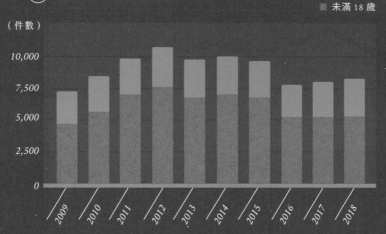

（件數）

10,000

7,500

5,000

2,500

0

2009 2010 2011 2012 2013 2014 2015 2016 2017 2018

④ 加害人與被害人關係統計

■ 認識的人　■ 其他
■ 陌生人　　□ 不詳

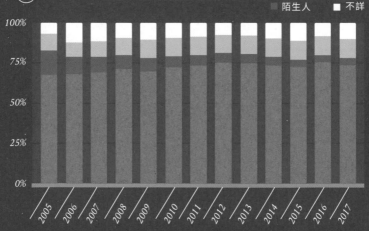

100%

75%

50%

25%

0%

2005 2006 2007 2008 2009 2010 2011 2012 2013 2014 2015 2016 2017

受害人仍承受巨大人際、社會壓力，性侵害黑數難以計數

雖然社會氛圍稍有改善，但據現代婦女基金會調查顯示，仍有 61% 民眾認為性侵害受害者多少都應為自己負責（註 2），且案件發生後，輿論仍經常檢討受害者（衣著外表、神智狀態等描述），顯示「性侵受害者也有責任」的社會污名仍需持續改善。

受害人要應對責備受害者的社會迷思，還要克服舉報熟人的人際壓力與心理障礙（註 3），且超過一半的受害者尚未成年，除了不敢說出口、害怕大人不相信自己，有些甚至「不知道自己遭遇了性侵害」。此外，大部分的性侵害案件都是發生在一對一的私人空間，所以舉證也十分困難。種種原因都讓性侵害案件成為犯罪統計上的最大黑數之一，也是司法程序中經常折損的案件類型。

在性別教育中教導身體自主權、尊重自己與他人的身體、情感教育、性教育等，是預防性侵害重要的一環。然而創造一個對受害者更為友善的環境，避免受害人在後續的司法程序中受到二度傷害，是大家需要共同努力的方向。

註 2 根據現代婦女基金會 (2018) 調查，65% 民眾認為女生如果在行為上表現太開放、穿著很辣、喜歡進出夜店等場所，應該要承擔被性侵的風險；61% 民眾認為受害者應該為性侵害事件負責。

註 3 2018 年被害者與加害者的關係中，扣除「不認識」、「其他」及「不詳」的加害者，仍有 73.3% 的加害者為配偶、家人、朋友等原先被害者就熟識的人。

再

Recidivism

犯

① 新入監受刑人有前科比率

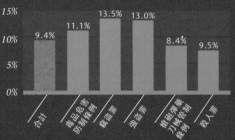

100%

75%

50%

② 2005-2018 年假釋出獄
受刑人再犯率

25%

圖註：以「原犯罪名」計算「因更犯罪撤銷假釋受
刑人人數／監獄假釋出獄受刑人人數」，也就是計
算犯特定罪名的人假釋期間再犯的比率，罪名順序
依假釋出獄人數數量由多至少排序。

0%

1993　　1995　　2C

「有前科」嫌犯的入獄機率更高

新入監受刑人有前科的比率逐年提升，截至 2018 年，監獄新收的受刑人中已有近 8 成
有前科。主要原因除了使用毒品、酒駕取締等輕犯罪執法密度增加，提升一般民眾具有
前科的可能性，另一方面，法務部歷年推行「兩極化刑事政策」（註 1），讓輕犯罪和初
犯者避免入獄，但再犯加強入獄的政策（註 2），也可能是讓監獄中再犯者明顯多於初犯
者的主要原因之一。

註 1 2000 年起法務部推行「寬嚴並濟刑事政策（也稱兩極化刑事政策）」，對於輕微犯罪及某種程度有改善可
能性者，基於刑法謙抑思想，採取「初犯避免入獄」等寬鬆對策。

註 2 2004 年關於施用毒品罪再犯者必須執行徒刑的修法。又例如 2013 年法務部函釋，酒駕三犯原則上不得易科
罰金。

數據資料來源：法務部，法務統計資訊網 矯正統計 監獄新入監受刑人前科情形
　　　　　　　法務部，法務統計資訊網 矯正統計 監獄假釋出獄受刑人人數法務部
　　　　　　　法務統計資訊網 矯正統計 監獄核准撤銷假釋受刑人人數

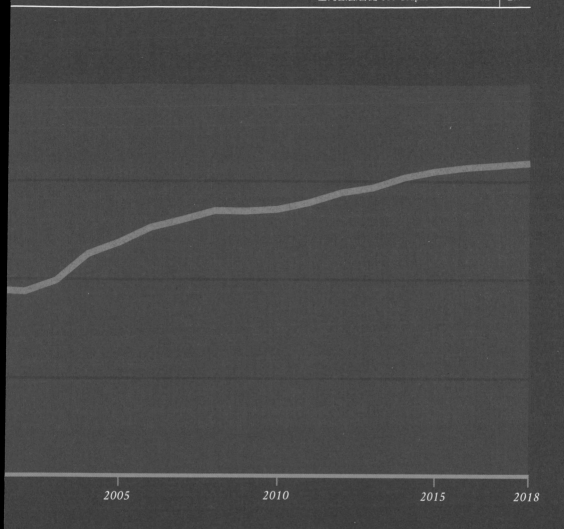

2005   2010   2015   2018

觀察假釋出獄者，再犯率真的那麼高嗎？

從另一個角度，可以試著從假釋出獄（註 3）的受刑人再犯（因更犯罪而被撤銷假釋）比率，更真實地了解曾經入獄者再犯的狀況。就可以發現，2005 至 2018 年來假釋出獄者的整體再犯率僅有 9.4%，遠低於前述新入監受刑人 79.7% 有前科的數值。

註 3 依據我國刑法第 77 條假釋共有 3 個要件，「有悛悔實據」、「刑期已執行超過一定時間」、「由監獄報請法務部審查核准」，而近十年來提報假釋的核准比率約為 33%。

審訂專家：法律白話文運動、獄政改革倡議者 林文蔚
陽昇法律事務所律師 鄧湘全

社會對監獄的想像是矯正教化，還是隔離罪犯？

再犯率是用來評估監獄矯治功能的一項重要指標（註4），然而當前以「矯正機關」為名的監獄，卻因為超額收容及人力不足等問題，讓監獄受刑人除了受懲罰之外，其實無法獲得個別化協助。矯正機構僅淪為「人間垃圾場」，隔離「有問題的人」以提升社會安全感，而無法實際解決結構性的社會問題。導致受刑人出獄後仍被社會隔離，進而轉往再犯的惡性循環，在不增加民眾對社會安全危懼感上升的前提下，避免社會對受刑人的隔離及差異對待，或許比監獄教化更為重要。

從《監獄行刑法》第一條：「徒刑、拘役之執行，以使受刑人改悔向上，適於社會生活為目的。」及 2019 年行政院通過的《監獄行刑法》修正草案第一條：「為使監獄行刑達到矯治處遇之目的，促進受刑人改悔向上，以培養其適應社會生活之能力，特制定本法。」可知我國刑罰執行雖以矯正犯罪者的犯罪行為為目的，然而從「改悔向上」與「適應社會」等字，可知立法者以有無道德可責性為立足點，將犯罪行為者視為無法適應社會，對於犯罪者自身於犯行有無悔意抱持著著極大的立法期待。

由《監獄行刑法》施行細則第 36 條第 1 項「監獄作業,以訓練受刑人謀生技能,養成勤勞習慣,陶冶身心為目的。」也可看出我國刑事政策過度將犯罪簡化為「有無謀生技能」與「是否懶惰成習」兩種成因,犯罪的樣態百百種,在沒有個案管理的觀念下,又要如何矯正犯罪者減低其社會危害性呢?

監獄內頗多教化活動,分割著受刑人的時間與空間,平日的勞動作業、各種宗教宣教、政令宣導,各種評比如:戒菸比賽、環境清潔。系統性的輔導遠不如這類用來宣揚政績的活動受重視。矯正機構無心對受刑人做積極了解與改變,但現行的假釋制度卻又讓監獄球員兼裁判,由於無法提出受刑人改變的實據,只能以提高執行率來限縮假釋資格,但也因此使得監獄超收情形更加惡化,教化的實施更加不易。

註 4 若要進一步了解監獄的矯治功能,也可以進一步觀察法務部追蹤所有受刑人出獄後的再犯狀況,排除政策影響因素後,從 2011 到 2015 年間出獄後累積再犯率約為 54%,並不如有前科的 79% 那麼高。但仍須觀察長期累積的數據才能更了解監獄的矯治教化是否真的有效減少受刑人再犯的問題。

道路

Traffic Accident

肇事

① 道路交通每萬輛肇事率

（件／萬輛）

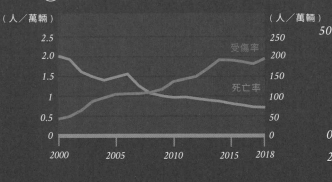

② 道路交通事故死傷人數

（人／萬輛）　　　　　　　　　　　（人／萬輛）

受傷率

死亡率

2000　　2005　　2010　　2015　2018

2000　　　　　　　　　　　　　　2005

汽機車密度上升，「撞」況更加頻繁

2000 年後每年的道路交通肇事率不斷攀升，主要可能是因為汽、機車數量（註 1）皆逐年增加，使路上的車輛密度上升，讓行車狀況更加多變。另一方面，現在的保險制度使得過去的事故黑數減少可能也是原因之一。隨著路況愈來愈複雜，確保駕駛人熟悉實際上路的狀況也就更加重要。

註 1 每百人機動車輛數從 2000 年的 76.4 輛，成長到 2018 年已達 92.7 輛。

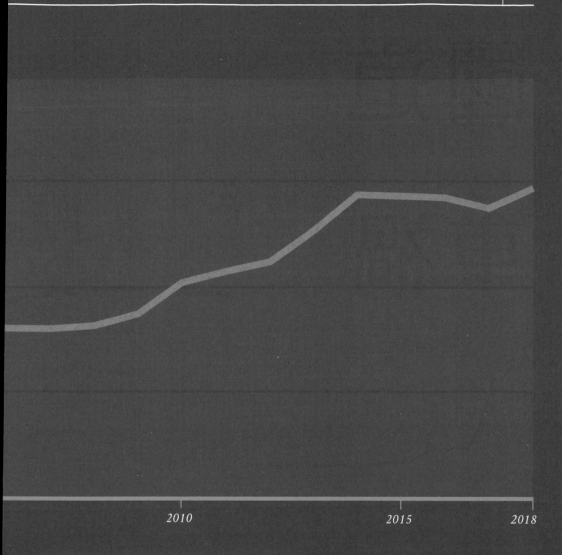

2010   2015   2018

交通事故增加，車禍死亡人數反而減少？

雖然歷年車禍 24 小時內死亡的人數減少（註2），但每萬輛傷者人數卻在二十年內成長五倍，2018 年達 196.5 人，推測原因除了嚴重事故減少，也可能與急診技術進步，讓車禍重傷者 24 小時內死亡的比率降低有關。觀察車禍 30 日內每萬人死亡人數，2018 年臺灣為 11.8 人，除了較 24 小時內的 6.9 人多出許多，也離日本（4.1）、韓國（9.8）等亞洲鄰國（註3）有一段距離，顯示交通事故造成的死亡仍不能輕忽。

註 2 警政署統計的車禍死亡人數僅包括 A1 類交通事故（造成人員當場或 24 小時內死亡之交通事故）。

註 3 WHO Global Status Report on Road Safety 2018 公布國際間的交通事故死亡人數，通常以車禍發生 30 日內為計算基準，臺灣的 30 日內死亡資料來自交通部運輸研究所。

審訂專家：淡江大學運輸管理學系教授 張勝雄

國道
Freeway Traffic Accident
車禍

① 國道每百萬車公里肇事率、

（件／
百萬車公里）

0.8

0.6

0.4

0.2

0

② 國道取締違規件數

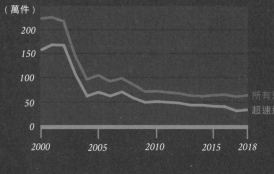

（萬件）

200

150

100

50

0

2000　　　2005　　　2010　　　2015　2018

所有違規案件
超速違規

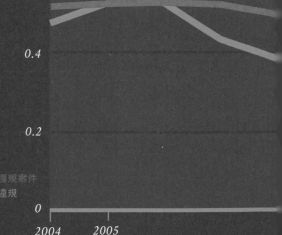

2004　　　2005

國道車禍發生率隨車流量增加，但死亡車禍逐年減少

歷年國道車禍雖然明顯增加，但以未造成傷亡的車禍為主，國道高速公路局分析，車禍多發生在上下午尖峰時段，因為車流量增加使車速減慢，加上駕駛忽略行車安全距離等狀況，使僅有造成受傷以及無人傷亡的車禍件數增加（註1）。

註1 國道高速公路局報告指出，分析 2011 年至 2017 年國道車禍，A2 及 A3 類事故多集中於上下午交通尖峰時段。

數據資料來源：國道高速公路局　106 年國道事故檢討分析─高速公路歷年交通事故統計表

百萬車公里

圖註：國道警察局在 2000 年以前僅統計 24 小時內死亡 (A1)
車禍發生率，2003 年以前僅統計有造成傷亡 (A1、A2) 的車
禍，直到 2004 年起才公布所有肇事件數的統計。
百萬車公里：所有車輛在國道行駛的累計里程／百萬公里。

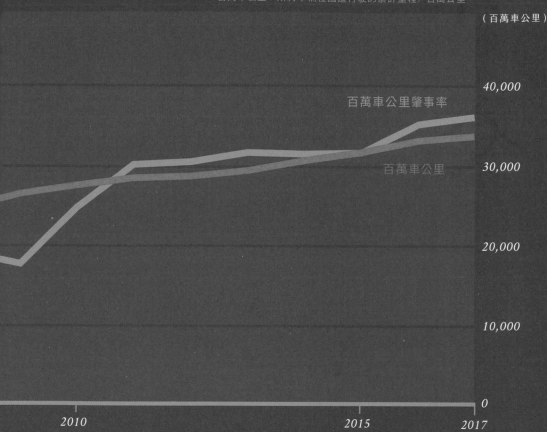

（百萬車公里）

百萬車公里肇事率

百萬車公里

40,000

30,000

20,000

10,000

0

2010　　　　　　　　　　　　　　　2015　　　2017

超速是國道取締最多的違規，但超速是國道車禍的主因嗎？

2003 年修法通過放寬高速公路速限後，當時輿論多質疑超速違規取締量遽減，
會造成肇事及死亡車禍增加，然而速限放寬後死亡車禍發生率反而下降（註 2）。
此外，高公局統計發現，2018 年國道車禍及死亡車禍發生主因為「未保持行車
安全距離」（註 3）及「未注意車前狀態」，可見除了大量取締超速，同時也應更
關注駕駛行車不專注及搶快違規的問題。

註 2 每百萬車公里的死亡車禍（A1）肇事率在 2003 年為 0.0037 件，雖然修法初期曾攀升至 2005 年的
0.0045 件，但隨後便逐年下降至 2018 年為 0.0021 件。

註 3 在高速公路行駛時，小型車應與前車至少保持「速度除以 2」的距離（以時速 100 公里行駛時，應
與前車保持 50 公尺的距離），大型車應與前車至少保持「速度減 20」的距離。

審訂專家：淡江大學運輸管理學系教授 張勝雄

外

Diplomacy

交

① 與我國有邦交之國家

（國）

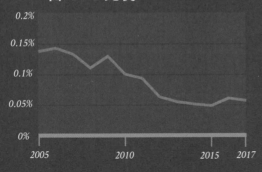

30

20

② 政府開發援助 (ODA) 資金 占 GNI 比例

10

0.2%

0.15%

0.1%

0.05%

0%

2005   2010   2015 2017

0

1990   1995

邦交國數量減少，實質外交更顯重要

中華民國在退出聯合國後邦交國驟減，2019 年僅剩下 15 國。然而這些國家仍在各個國際場合替臺灣發聲，讓我們保有一定的國際空間。此外，多數國家雖與我國無正式邦交關係，但仍透過互設半官方民間機構（註1）、以區域實體的角色參與國際組織（註2）等方式，實質參與國際社會。

註 1 外國駐台如「日本臺灣交流協會」、「美國在台協會」；我國駐外如「駐英國台北代表處」、「駐美國臺北經濟文化代表處」等，都是政府以民間機構名義成立的機構，但實質上處理與官方大使館相同的業務。

註 2 如以「臺灣、澎湖、金門及馬祖個別關稅領域」名義參與世界貿易組織。

數據資料來源：外交部，中華民國外交統計年報 與我國有邦交之國家
OECD，Net ODA, Total, % of gross national income (2017)

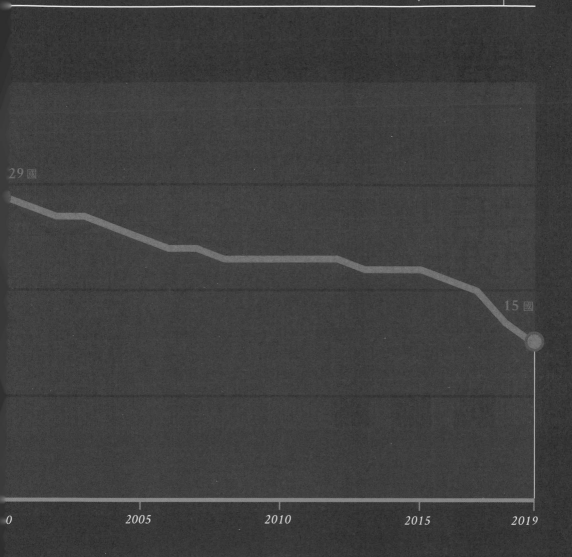

29 國

15 國

2005　　　2010　　　2015　　　2019

飽受批評的「金錢外交」到底有什麼用？

外交部透過政府開發援助（Official Development Assistance，ODA）維繫邦交的模式長期被批評為「金錢外交」。然而我國 ODA 占國民所得毛額（Gross National Income，GNI）的比例，從 2009 年起其實逐年下降至 0.06%，在國際間遠低於日本（0.23%）、韓國（0.14%）等國。需注意的是，當代的 ODA 並非單純送錢，而是透過政府與民間共同合作參與海外工程建設，帶動國內工程相關產業及產品的國際發展空間。未來，不論是參與國際組織或是提供開發援助，持續透過實質外交證明「Taiwan Can Help」，是政府需堅持深耕的方向。

審訂專家：政治大學外交學系副教授　張文揚
政治大學政治學系教授　蔡中民

單

Single-parent Family

親

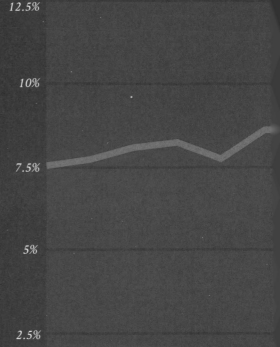

① 單親家庭占總戶數比率

② 各式家庭組織型態占比

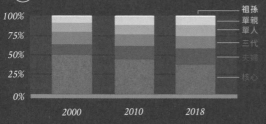

家庭組織型態：單人家庭，成員僅一人；夫婦家庭，成員僅夫婦二人；核心家庭，成員為雙親及至少一位子女；單親家庭，成員為父或母親其中一人及至少一位子女；祖孫家庭，成員僅祖父（母）及至少一位未婚孫子女；三代家庭，成員為祖父（母）、父（母）及至少一位未婚孫子女。

單親家庭比率逐步攀升，可能與離婚對數變化相關

單親家庭比率逐年上升，於 2015 年突破 10%。分析單親家庭的成因（註 1），因離婚或未婚生子產生的單親家庭比率，從 2000 年的 48.3%，成長到 2010 年的 59.6%[*1]。進一步比較 1991 年至 2000 年及 2001 年至 2010 年，可以發現未婚生子人數無明顯增減（註 2），但 2001 年至 2010 年間的離婚對數較 1991 年至 2000 年間多出 17,000 對（註 3），這個狀況也明顯反映在 2001 年至 2010 年間，單親家庭數快速成長的趨勢上。

註 1 單親家庭成因主要分為「離婚或未婚生子」、「喪偶」兩種。離婚包括分居。

註 2 內政部戶政司統計[*2]，1991-2000 年未婚生子人數為 85,288 人；2001-2010 年則為 83,278 人。

註 3 內政部戶政司統計[*3]，1991-2000 年離婚對數為 22,155 對；2001-2010 年則為 40,607 對。

數據資料來源：主計總處，89-107 年家庭收支調查

2010　　　　　　　　　　*2015*　　*2018*

家庭樣貌多元，理解個別需求、提供相對應協助為重要任務

雖然目前仍有三分之一的家庭是核心家庭，但比起二十年前的 47.9% 已下降不少。同時單人、單親、夫婦家庭的比例則逐年上升（註4），表示多樣的家庭型態正在形成。不同型態的家庭面臨的挑戰也不盡相同，「家庭是什麼？」、「家庭的重要性與功能為何？」或許我們應拋開既定印象，重新思考這些問題，唯有在更包容開放的家庭觀念中，才可能真正看見不同的需求，並用適當的方式給予協助。

註 4 比較 2000 年及 2018 年，單人家庭從 10.8% 增加為 12.8%、單親家庭則由 7.5% 增加為 9.6%、夫婦家庭從 12.5% 增加為 18.8%。

審訂專家：串門子社會設計創辦人 黃珮婷

Homeless People

① 受理或查報遊民（無家者）

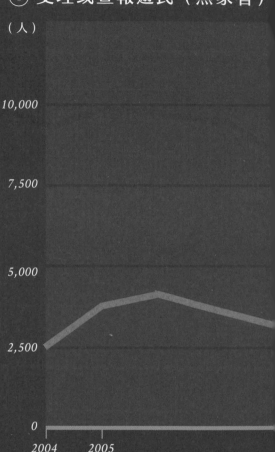

（人）

10,000

7,500

5,000

2,500

0

2004　　2005

受理或查報遊民數據難以反映事實

受理或查報數量的增加，可能跟民眾或相關組織單位的關注有關，並不表示以前的遊民數量如圖表上顯示地少。另一方面，遊民人口不只在街頭與安置機構來去，更因經常進出監獄、醫院而難以統計。還有許多面臨失業、破產、家庭暴力、更生人或經濟就業不穩定狀態的「邊緣人口」，更是容易被忽略的潛在無家者。

數據資料來源：衛福部統計處，性別統計指標 遊民處理情形

人數

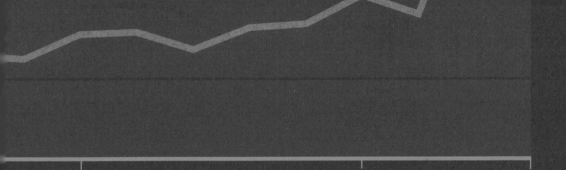

2010　　　　　　　　　　　2015　　　　2017

社會福利停留在「救助安置」而非「生活重建」

「街友」、「露宿者」、「居無定所者」，各縣市的定義與相關法規皆不相同，各地方非常有限的社工人力只能做到控管與救濟（註1），並沒有足夠的資源深入了解背後更巨大的結構性社會問題。一個人成為遊民的過程，是長時間、多因素的，不該將遊民的成因歸咎於「個人造成的結果」，每個遊民流落街頭的原因可能都不同，唯有進一步了解，投入更多資源，才能建構更完善的「生活重建」方案（註2）。

註1 參見《社會救助法》第 17 條相關規定。

註2 兩公約第二次國家報告的第 43 點：「審查委員會建議制定無家可歸者福利及人權法，其中包含對無家可歸狀態的綜合性定義，避免陷於無家可歸狀態的規定，以及對於政府分配充足預算資源以保障中華民國（臺灣）所有無家可歸者人權的要求。」

審訂專家：臺灣人權促進會副祕書長　施逸翔
人生百味共同創辦人　巫彥德、串門子社會設計創辦人　黃珮婷

兒少

Child Abuse

受虐

① 兒少受虐人數

（人）

20,000

15,000

10,000

5,000

0

2004　　2005

受虐兒少是家庭問題中最無辜的受害者

隨著相關組織的倡導與媒體的關注，2004 年以來愈來愈多兒虐案件浮上檯面，一路攀升至 2010 年與 2012 年的高峰。雖然沒有找到相關研究直接說明原因，不過 2008 年金融海嘯發生後，家中經濟惡化導致家庭關係緊張可能為其一原因（註 1），相關的社福團體以及相關人權組織都擔心因此衍生更多家庭問題 *1，紛紛在 2009 年提出擔憂與提醒。另外，國人對於兒少受虐的意識抬頭，也可能是造成統計數據上升的原因（註 2）。

數據資料來源：衛福部統計處，社會福利統計，兒童少年保護 - 通報處理情形
衛福部統計處，社會福利統計，兒童少年保護 - 受虐人數

圖註：2017 年起，衛福部只公開「家內兒童少年保護案件」數量，故數量只有歷年的一半以下，並非兒童虐待情形改善。

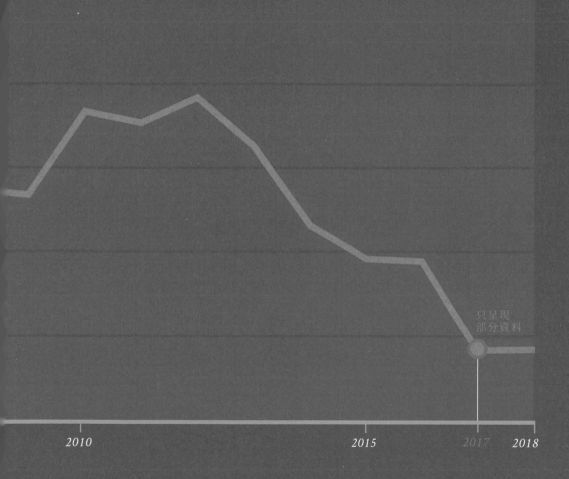

只呈現
部分資料

2010　　　　　　　　　　　　　　2015　　　　　2017　2018

註 1 根據衛福部 2009 年至 2015 年的統計，施虐者本身因素依序為「缺乏親職教育知識」、「婚姻失調」、「貧困」、「酗酒、藥物濫用」、「失業」、「精神疾病」，且不少兒虐案例有雙重原因。

註 2 中華心理衛生協會 (2012)[2] 指出「歷年兒少人口減少的情況下，整個兒少保護通報數量卻增加，特別是 2010 年，不排除出於重大兒虐致死事件經媒體報導後造成的社會效應（監察院糾舉、主管加強查核等等）。」

審訂專家：臺灣大學醫學院附設醫院小兒部兒童胸腔與加護醫學科主任 呂立
串門子社會設計創辦人 黃珮婷

③ 兒少受虐通報數量

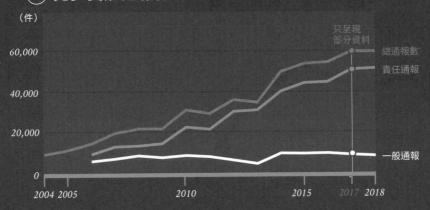

（件）

只呈現
部分資料

總通報數

責任通報

一般通報

60,000

40,000

20,000

0

2004 2005　　　　2010　　　　2015　　2017 2018

④ 兒少受虐通報後死亡人數

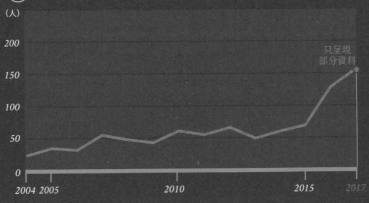

（人）

只呈現
部分資料

200

150

100

50

0

2004 2005　　　　2010　　　　2015　　2017

圖註：2017 年起，衛福部只公開「遭父母（監護人、照顧者）施虐致死」人
數（155 人為衛福部最初公開之完整人數，唯公開不久後資料即撤下）但不包
含遭保母等其他虐待致死的數量統計，詢問衛福部後未得到完整可信的回應，
故 2017 年後兒少保護司公開的數據此處皆不採用。

數據資料來源：衛福部統計處，社會福利統計，兒童少年保護—受理案件及開案人數
　　　　　　　　衛福部統計處，社會福利統計，兒童少年保護—死亡人數及原因

「責任式通報」有效嗎？社工人力不足、公權力有限，有心無力

責任通報（註3）數量逐年大幅增加（註4），但開案數量卻不增反減，同時通報後兒虐死亡人數卻仍然持續成長。然而這樣的現象究竟是通報成效的問題（註5）、亦或是開案條件過於嚴苛，還需要更多研究探討與共識。大量的通報案件增加了第一線社工人員的調查負擔，而後續處遇機制又無法完全接住受虐兒童，因此死亡案件持續攀升，這是我們大家必須嚴肅面對與持續關注努力的重要方向。

在美國，兒少保社工個案比約是 1 比 20，「但公部門兒少保社工個案量沒有限制，平均在 35 案上下，有時會到 50 案」。衛生福利部前保護司司長張秀鴛於《今週刊》訪談中透露。位於第一線服務的社工，面臨如此龐大的個案量，該如何有效地給予個案完整的服務、拿捏介入深度及轉介機制？另一個嚴重的問題是，社工的公權力往往不及警察，當兒少在第一時間面臨危險時，社工並沒有正當公權力介入臺灣家長管教孩子的權力，也因此社福相關部門作為責任式通報的主責單位時，無法使公權力走進家門，有效保護兒童少年。

重大虐待或殺子自殺案件，約 3 成有保護案通報紀錄，若只以「受害者個人」為案件主體處理，通報後還是很難管控後續風險（註6），唯有以「脆弱、高風險家庭」為主體，即早發現危險因子，並真正深入提供家庭支持、親職教育、心理治療與社福資源的強力與長期協助，提供家庭重建與重整的能量，才有機會改善不幸的事件，讓身心受創的暴力不要重演。

同時，針對所有兒少照顧的基礎「親職教育、育兒指導、諮詢輔導服務、適當管教與正向教養」也需要完整的規劃與落實，關懷每個新生兒、嬰兒、兒童、青少年等等都能得到適當的照顧與成長，才能從根本預防兒少虐待的發生。

減少受虐兒少只是政府的事嗎？

最後再看一眼兒少受虐通報數量圖表，雖然總通報數量大幅增加，但「一般通報」（註7）的數量並沒有成長，顯示民眾的關注只停留在鍵盤上，社區及親友間的安全網絡尚未建立。要接住無助的兒少，就要先接住墜落的家庭；要接住墜落的家庭不能只靠政府，我們必須共同關心暴力事件背後的原因，鄰里間的互助網絡比加重刑罰有效。

註 3 責任通報：規範專業人員執行職務知曉兒少保案件時，應通報主管機關。

註 4「責任通報」快速成長的原因為，2011 年《兒童及少年福利與權益保障法》的修法中，將職務可深入鄉間及都市基層，並熟悉社區住戶背景及生活概況之村里幹事，納入為兒保責任通報人員。此外，2012 年通過《兒少法》第 54 條之 1，規定當兒童的照顧者有「違反毒品防制條例」的情形，司法警察官、司法警察、檢察官或法院應查訪兒童之生活與照顧狀況。

註 5 立法院法制局研究[3]指出：「一般而言，兒童少年保護事件的黑數約為通報量的 3 到 6 倍，換言之，真正受虐人數可能遠超過想像。」

註 6 在 2013 年以前，各縣市的執行單位於收到通報到開案的決策過程沒有統一標準。

註 7 一般通報：包含案主主動求助、父母、親友、鄰居及社會人士和其他。

家

暴

Domestic Violance

① 家庭暴力事件通報被害人數

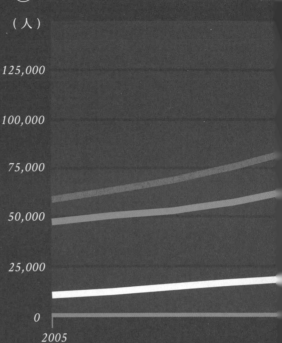

（人）

125,000

100,000

75,000

50,000

25,000

0

2005

② 各通報單位別通報件數

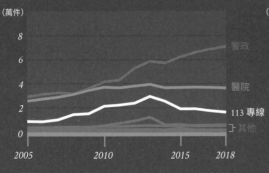

（萬件）

8
6
4
2
0

警政
醫院
113 專線
其他

2005　2010　2015　2018

③ 各類型家庭暴力事件通報件數

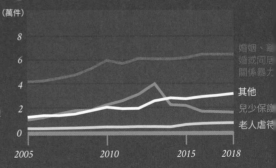

（萬件）

8
6
4
2
0

婚姻、離
婚或同居
關係暴力

其他

兒少保護

老人虐待

2005　2010　2015　2018

圖註：不同單位通報同一案件，只會以一件計算。

數據資料來源：衛福部統計處，社會福利統計 家庭暴力事件通報案件統計

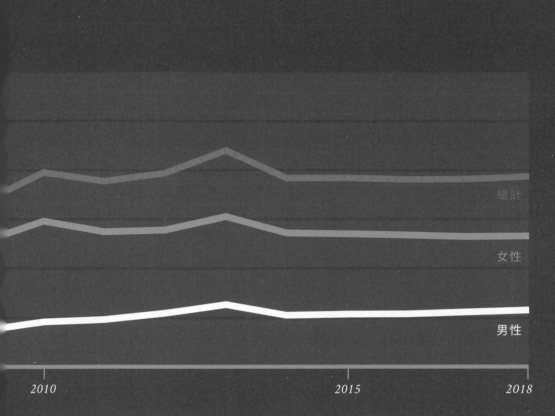

總計

女性

男性

2010   2015   2018

家庭暴力通報件數成長後持平，但來自警政的通報逐年增加

家庭暴力通報數上升至 2013 年後大致持平，但觀察通報細節，來自「警政單位」的通報件數快速成長，而來自「113 專線」的通報數卻在 2013 年達到高峰後開始下滑（註1）。此外，「兒少保護」案件在 2013 年後也同步開始減少、而「婚姻、離婚及同居關係暴力」的案件數則逐年成長。

《家庭暴力防治法》通過二十年，家暴的預防與處理夠完善嗎？

家庭暴力事件中，只有兒少保護個案（未成年被害人）有法源依據（註2）可以公權力強制介入處理，至於其他的成人保護個案，各縣市家防中心無法積極強制介入，只能盡力追蹤與鼓勵被害人向外求助，導致部分家庭暴力事件不斷重複被通報，暴力衝突也在家庭中一再上演。唯有找出發生家庭暴力的危險因子，積極地追蹤才有可能避免暴力的循環。另外，如何因地制宜地落實社區安全防護網，是地方政府與社區民眾的共同挑戰。

註 1 據 NPOst 公益交流站報導，2013 年起，根據衛福部採購內容顯示，113 的委辦經費連續 3 年平均每年銳減近 400 萬，而在全國總通報量大致持平下，113 的通報量隨採購經費一起減少，但同期間來自警政單位的通報量占比從 2013 年的 38%，成長到 2017 年的 50%。

註 2 據《兒少福利與權益保障法》第 56 條的規定，主管機關應緊急處置有立即危險或危險之虞的兒少。

審訂專家：東吳大學社會工作學系助理教授 林佩瑾
串門子社會設計創辦人 黃珮婷

④ 家庭暴力被害人國籍與身份別分布

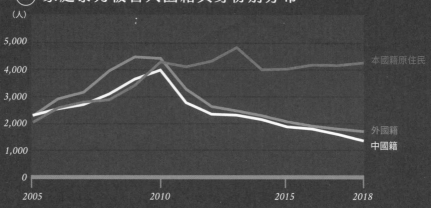

⑤ 不同性別成年性侵被害人人數

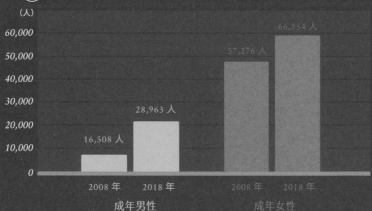

數據資料來源：衛福部統計處，社會福利統計 家庭暴力事件通報被害及相對人概況

老人虐待大幅成長，2018 年的受虐人數為 2008 年的 3.4 倍

在十年前，老人虐待案件只占全部的 2.8%，2018 年已占全部的 6.5%，且持續成長中。
警政署指出，許多老人受到子孫虐待後不願意求助，故統計數量無法反映真實受害人數
（註2）。再加上晚年憂鬱及失智、失能的挑戰，老人也可能成為施暴者，65 歲以上的加
害人數從 2008 年的 1,696 人成長至 2018 年的 6,024 人。

突破性別迷思，2018 年成年男性被害人數為 2008 年的 3 倍

雖然成年女性還是占被害人多數（2018 年成年女性被害人數約為成年男性的 3 倍），
但從 2008 年到 2018 年，成年男性被害人數從 7,343 人成長至 21,628 人。由此可見，在
十年之間，成年男性被害人的求助量明顯增加，家庭暴力不再是單一性別的議題，未來
家庭暴力的服務方案及預防宣導，都應該打破性別框架，提供符合性別需求的服務。

細看被害人國籍與身分別，本國籍原住民的被害人數大幅成長

隨著外籍配偶數量減少、跨國婚姻的離婚率上升，外國籍與中國籍的被害人數自 2010
年後不斷減少，但本國籍原住民的被害人數卻大幅成長，2015 年的通報被害人數是
2005 年的 2 倍，由於不同地區的原住民生活型態與家庭關係有很不一樣的在地文化區
別，因此在家暴防治網絡介入協助時，更需要尊重多元文化，以被害人為中心提供服務。

註 2 衛生福利部家庭暴力及性侵害防治推動小組第 1 屆第 6 次會議紀錄中提到，長者不願求助的原因包括「家醜
不外揚」的心理、不想讓相對人（子女）留下不良紀錄、或長者在生活和照顧上必須持續依賴相對人等。

賄

Election Bribery

選

① 賄選案件起訴件數

（件數）

500

400

300

200

100

0

1996　　　　　　2000

② 1996-2018 年各職位賄選
　起訴件數總計

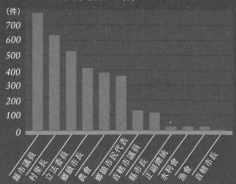

（件）
700
600
500
400
300
200
100
0

縣市議員　村里長　立法委員　鄉鎮市長　農會　鄉鎮市民代表　直轄市議員　縣市長　正副總統　水利會　漁會　直轄市長

③ 立法委員賄選起訴件數

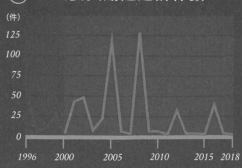

（件）
125
100
75
50
25
0

1996　2000　　2005　　2010　　2015　2018

數據資料來源：法務部調查局，107 年廉政工作年報　歷年賄選案件起訴情形統計表

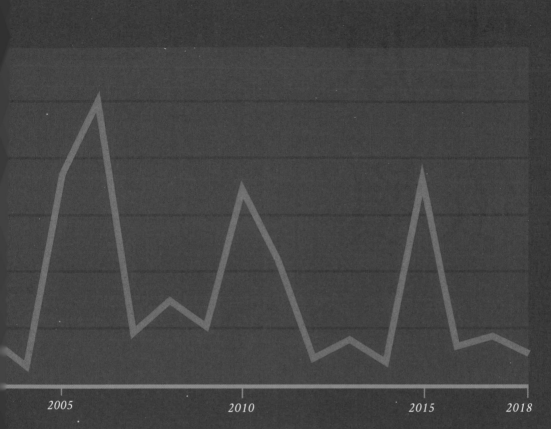

2005   2010   2015   2018

賄選情形未見改善，尤以地方選舉最嚴重

賄選起訴案件呈現週期性變化，遽增年份主要落在立法委員、縣市議員、村里長選舉的當年及隔年，可見即使陸續祭出檢舉獎金等反賄選措施，地方派系政治及盤根錯節的樁腳仍然影響著選舉的公正性。

立委選舉改制，讓賄選人數大幅減少

在 2005 年以前臺灣的立委選舉採取複數選區單記制（註1），一個選區會產生多位當選人，當選門檻較低，只要賄選換取一小部分選民支持就能提高當選機率，因此賄選誘因較強。在 2008 年改制後，一個選區僅會產生一位最高票的候選人，當選所需的安全票數較多，觀察其後 2012 年及 2016 年的兩次立委選舉，賄選件數也較過去明顯減少。由此可知，若欲改善目前賄選狀況較嚴重的地方性民代選舉，除了加強教育宣導，更應考量變革選制，減少選舉與派系、黑金掛勾的機會。

註 1 立法委員選舉制度在 2005 年第七次修憲中，由原先的複數選區單記不可讓渡制，改為單一選區兩票制，同時席次減半為 113 席。

審訂專家：臺灣大學政治學系教授　王業立
法律白話文運動

能源

Energy Dependence

依賴

① 進口能源依存度

② 能源需求量及液化天然氣進口量

— 能源需求量　　— 液化天然氣進口量

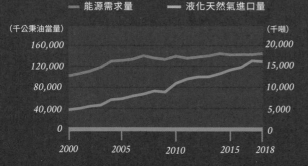

近二十年來，臺灣的能源超過 97% 依賴進口

目前臺灣的能源使用（包括電力、運輸等）燃料仍以化石燃料（如原油、天然氣、煤）為主（註1）。因臺灣四面環海、缺乏天然資源，化石燃料長期仰賴進口，容易受國際價格波動所影響，能源安全存量也可能隨時受到國際政治情況擺動之衝擊。

註 1 2018 年國內能源消費中，煤及煤產品占 8.3%、石油產品 53.6%、天然氣 5.4%，合計共 67.3%；此外，電力尚占 29.2%（其中 82.8% 來自火力發電）。

數據資料來源：經濟部能源局，能源統計資料查詢系統　能源指標　進口能源依存度
經濟部能源局，能源統計資料查詢系統　液化天然氣進口

進口能源依存度：能源需求量中進口能源的占比。

2010　　　　　　　　　　　　　　*2015*　　　　　　　　　*2019*

只要穩定進口來源就能確保能源安全嗎？

在高度依賴進口能源的現況下，維持能源的穩定供給除了需要確保進口來源及運輸的暢通，更要有完善的卸收儲存裝置以維持安全存量。然而隨著能源需求及天然氣使用占比皆逐年增長，若要興建新的儲存裝置，勢必面臨土地取得、環境保護等問題（註2）。因此，推動能源轉型的過程中，一方面需要調整能源結構，降低對進口化石燃料依賴，開發在地豐沛再生能源潛力；另一方面，在維持能源安全及穩定的同時，亦需更多元地考量對環境及社會之影響，並積極尋找合理可行之配套方案。

註 2 因應臺電大潭電廠規劃增設 2 部天然氣發電機組的需求，中油選在桃園觀塘工業區興建第三天然氣接收站。然而開發區鄰近大潭藻礁區，因此引發生態及環境保育的爭議，後續發展值得持續關注。

審訂專家：政治大學政治學系教授　蔡中民
資深記者　呂國禎

消費

Consumer Dispute

爭議

① 消費爭議申訴案件件數

（件）

60,000

40,000

20,000

0

2007

2010

消費生活改變，線上遊戲及網購消費成為爭議大宗

隨著消費型態與管道愈加多元複雜，近十年來消費爭議申訴案件數成長近一倍，這也顯示民眾消費意識及申訴管道便利性確有提升（註1）。觀察歷年的消費爭議，主要的爭議案件從十年前的「金融保險類」及「購屋類」，逐漸轉向目前以「線上遊戲類」及「服飾、皮件及鞋類」為主（註2）。

註 1 行政院消保會 106 年度國民消費意識及消費行為調查報告中提到近年消費爭議提升的可能原因包括經濟活動增多、經濟活動愈趨複雜、消費意識提升、及申訴管道更便民。

註 2 據消保會公布的申訴案件統計分析報告顯示，2009 年的申訴案件中，「金融保險類」有 3,141 件，占 9.54%、「購屋類」有 3,087 件，占 9.37%；2018 年的申訴案件中則有 4,239 件為「線上遊戲」，占 9.12%，「服飾、皮件及鞋類」有 3,147 件，占 6.77%。

數據來源：行政院消保會，消費案件統計 各年申訴案件統計分析報告

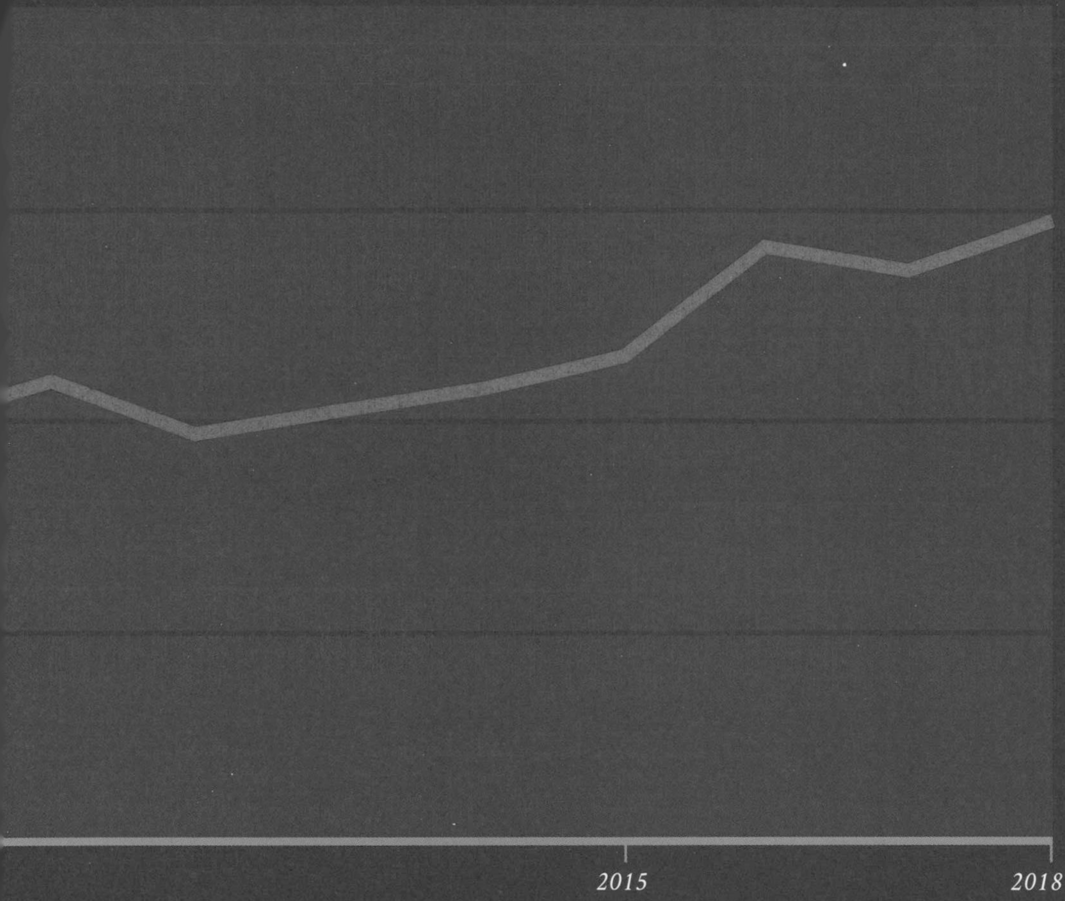

2015   2018

面對快速變化的消費型態,如何減少消費爭議發生?

2015 年消保會也針對《消費者保護法》中的定型化契約、通訊購物等項目修法,以因
應國人消費生活的改變。除了修法應與時俱進外,消費前了解自身權益、相關條款也是
身為消費者應做的功課。

審訂專家:法律白話文運動

人口

Human Trafficking

販運

① 人口販運查獲件數

（件）

200

150

100

50

0

2008　　　　　　　2010

② 查獲人口販運案件類型

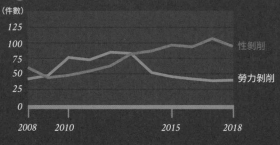

（件數）

125
100
75
50
25
0

性剝削

勞力剝削

2008　2010　　　　2015　2018

人口販運問題未獲解決，防制作為需更加積極

2007 年制定《人口販運防制法》以來，案件查獲量的增加顯示人口販運問題確實存在，且未見下降趨勢，有待觀察。不過近年起訴及定罪數增加、被害人保護措施等積極作為也有一定成效，2018 年美國《人口販運問題報告》[*2] 將我國列在 180 個國家中的最佳第一級。但報告中也提到家事移工（註 1）、外籍漁工的勞動環境仍存在嚴重人權侵害與血汗剝削（註 2）。

註 1 家事移工包含外籍家庭幫傭及看護。

註 2 報告中特別點出臺灣漁船船東虐待外籍漁工的現象，包括過去 81 個境外聘僱漁工在高雄被囚禁地下室，及臺灣仲介公司巨洋國際涉嫌販運柬埔寨漁工等案。

數據資料來源：內政部移民署，各司法警察機關查緝人口販運案件統計

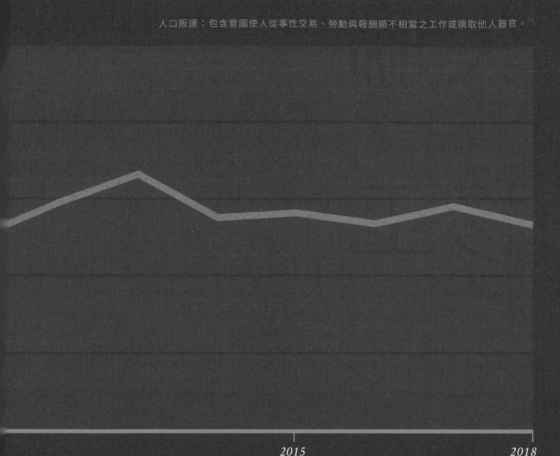

人口販運：包含意圖使人從事性交易、勞動與報酬顯不相當之工作或摘取他人器官。

2015　　　　　　　　　　　　　　　　2018

勞力剝削逐年下降，但外籍漁工的勞動問題解決了嗎？

在遠洋或沿岸的臺灣漁船上，許多外籍船員雖是自願上船，卻在資訊不足的情況下簽署不合理的合約；扣留護照、苛扣薪資、超時工作、肢體暴力、高額仲介費等各種剝削更是層出不窮。尤其遠洋漁船上的外籍漁工不屬《勞基法》規範，即使近年漁業署推動相關辦法（註3），然而執法仍有待進一步落實。如何讓外籍漁工免於人口販運的悲劇、且近一步落實勞動權益的保障，需要勞動部及漁業署跨部門溝通，加強國際合作及跨國查緝。

註3 目前境外僱用之外籍漁工（境外僱用、境外作業）適用 2017 年公布的「境外僱用非我國籍船員許可及管理辦法」，但臺灣國際勞工協會祕書長陳秀蓮表示，現行法規無法杜絕人口販運，甚至就在製造人口販運的機會，應從制度面全盤檢視。

審訂專家：臺灣人權促進會副祕書長 施逸翔
法律白話文運動

失聯

Missing Migrant Workers

移工

① 外籍勞工行蹤不明通報數

（人）

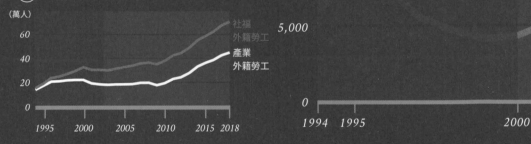

② 外籍勞工人數

（萬人）

社福
外籍勞工

產業
外籍勞工

失聯移工超過五萬人，每年通報量居高不下

在產業缺工及長照需求逐漸成長下，我國移工（註1）總數已突破 70 萬人。然而據移民署統計，2018 年底在臺累計未尋獲的失聯移工達 51,482 人（註2），且近五年來，每年皆有約兩萬名移工被通報失聯。

註 1 《就業服務法》第 46 條列出在臺的移工主要以家庭看護工、漁工、廠工為主。

註 2 累計總數係指自 1990 年起至資料統計截止日止之統計數。

數據資料來源：內政部移民署，行蹤不明外勞人數統計表 10712
勞動部，勞動統計查詢網 產業及社福外籍勞工人數

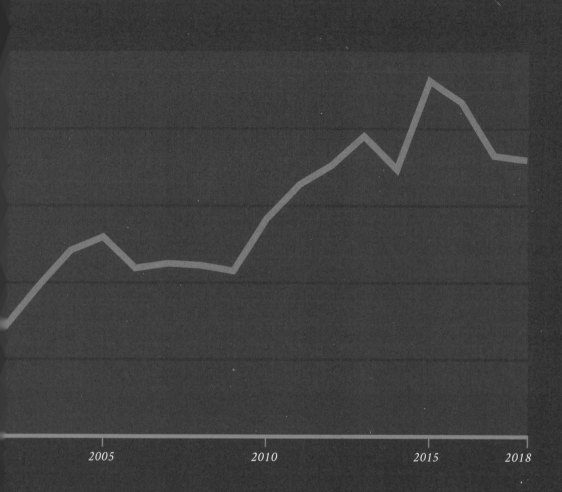

2005   2010   2015   2018

失聯移工為什麼要「逃跑」?

在臺灣大量引進移工補足勞動力的同時,移工卻面臨法律保障不夠完善、惡劣的勞動環境(註3)等問題。「無法自由轉換雇主」(註4)及「高額仲介費造成的龐大債務」,都可能是讓移工選擇鋌而走險「逃跑」的重要原因。然而,目前政府對失聯移工的政策多著重於「查緝逃逸外勞」,而忽略解決不合理的移工勞動條件才是移工失聯的主因。或許透過改採國對國的移工僱聘政策、改善移工就業環境的措施,才是減少失聯移工的根本方法。

註3 目前在臺移工遇到的困境包括高額仲介費、家事類移工(看護、幫傭)的基本薪資及工時未受《勞基法》保障、《就業服務法》規定只有少量例外才能轉換雇主,例如遭雇主虐待、性侵等。

註4 《就業服務法》第59條規定,若發生原雇主死亡、關廠歇業等無法持續作業情形,便可申請轉換雇主或工作。

審訂專家:自由撰稿人 簡永達
One-Forty

監獄

Prison Death

死亡

 每萬人監獄死亡人數

（人／萬人）

15

10

5

0

2002   2005

監獄死亡數據未完整公開，難以分析改進

歷年來監獄死亡率快速攀升，然而目前法務部在矯正統計上僅公開死亡人數，卻無死因、在監期間等完整數據，且死亡人數也排除保外醫治期間的死亡案件（註1），讓監獄死亡案件的肇因難以被釐清，進而無從檢討與改善監所醫療的困境。未來，除了應積極改善超額收容及監所人力的問題，在調查監獄死亡案件上，矯正機關更應積極蒐集並公布死因相關完整數據，才能真正改善監獄人權環境（註2）。

數據資料來源：法務部，法務統計年報，監獄受刑人人數

每萬人監獄死亡率：「監獄死亡人數」／「矯正機關總收容人數」× 10,000。監獄死亡人數不包含保外就醫的死亡人數。

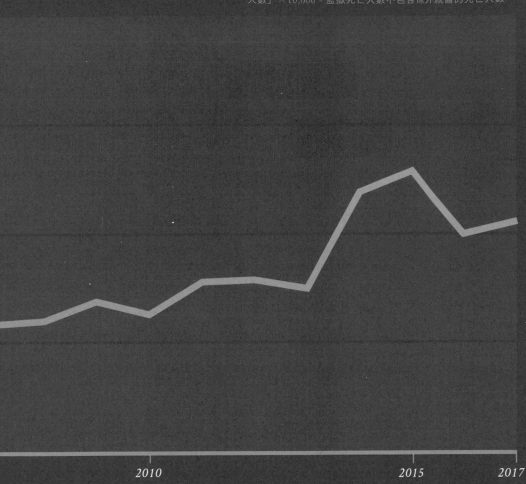

|2010| |2015| |2017|

註 1 法務部矯正署 (2019) 公布的 2015 年至 2018 年的保外就醫數據[*1]中，結束保外醫治的原因中，「死亡」的比率高達 25.2%，居各原因（包含返監、死亡、棄保逃匿）之首。

註 2 林瑋婷 (2018)[*2] 指出，以英國為例，負責監所死亡調查有近 40 位全職員工（Prison and Probation Ombudsman），並且均為對監獄和觀護相關議題熟悉的人士，同時也與英國國家健康服務合作，進行獨立臨床評論，了解受刑人死亡的「原因」，而非著重在歸咎責任。

審訂專家：臺灣人權促進會北部辦公室主任 顏思妤
獄政改革倡議者 林文蔚

③ **2008 年及 2018 年在監受刑人年齡分布**

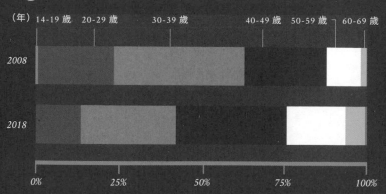

④ **矯正機關超額收容比率**

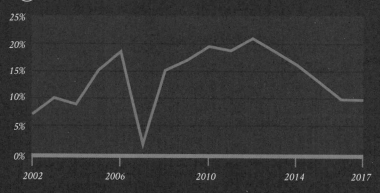

⑤ **臺灣與他國戒護人力比比較**

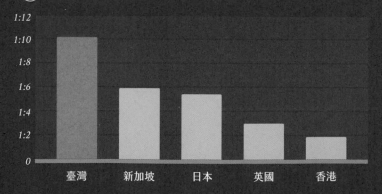

數據資料來源：法務部，法務統計年報，監獄受刑人人數

監獄死亡率上升，僅是監獄收容問題的冰山一角

法務部從 2005 年起陸續推動「寬嚴並濟刑事政策」（又稱「兩極化刑事政策」）及「三振法案」（註 3）。然而在夠嚴不夠寬的實務運作下，進來關的人多過於出獄的人，獄中收容人口老化使老年長期照護問題，成為監獄現在最大的挑戰。

臺灣近二十年來始終存在監獄超收的問題，超額收容率在 2012 年達到超收 21.2% 的高峰，目前超收情況雖有減緩，但還是約超收 10%；同時，戒護人力比 1 比 10.1 也仍距法務部設定的 1 比 8 目標有一段距離（註 4）。

前監所管理員林文蔚指出，收容人數攀升、戒護人力不及補足、醫療資源稀釋、管理方式未科技化，環環相扣之下，矯正署至今仍明令戒護人員須採定時定點巡邏，以致受刑人利用巡邏空檔自殺成功時有所聞，第一線戒護人員還要負責發給藥物以及研判是否需急診後送，無疑是置受刑人生命於險境。矯正機構內醫療流程化簡為繁之下，矯正署函令各監獄憑辦之「矯正機關收容人戒護外醫流程」中的生命徵象評估等同於 EMT 緊急醫療標準，無形中提高了機構處遇的緊急醫療門檻，且衛生福利部未能介入之下，矯正機構內的醫療衛生可說是雪上加霜。

值得一提的是，雖然從 2001 年《法務部指定各監獄收容受刑人標準表》修正後，便明訂每受刑人擁有 0.7 坪的「法定收容空間」，但因各監獄的「核定容額」並非依照監獄實際床位數計算，而是將受刑人睡地板予以合理和合法化，也因此成為監獄超額收容的主因之一。監獄超收不僅降低受刑人的生活品質，戒護人力不足也使許多受刑人較難得到即時的醫療診斷與就醫服務，造成監獄死亡率逐年攀升。

註 3 三振法案規定重罪三犯不得假釋，詳細條文可見《刑法》第 77 條第 2 項第 2 款。

註 4 法務部回應立法院許淑華委員的專案質詢報告（2017）中提及，2015 年法務部函報行政院「矯正機關管教人員增補計畫」，係以 2017 年戒護人力比 1：8，教化人力比 1：100 為改善目標，惟 2017 年 8 月底戒護人力比 1：12.9（監察院報告中 2017 年 12 月底為 1：10.1），教化人力比 1：175.5，顯示差距仍大。

廚

Household Food Waste

餘

① 廚餘總產生量及一般垃圾中

（千公頓）

2,000

1,500

1,000

500

0

2005

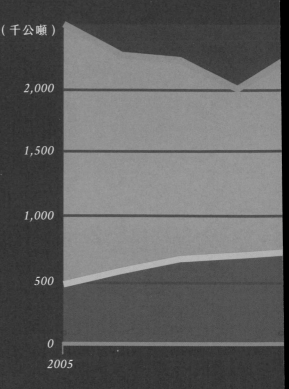

② 未被回收處理的廚餘占比

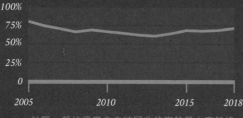

100%
75%
50%
25%
0

2005   2010   2015   2018

＊計算一般垃圾當中未被回收的廚餘量占廚餘總
產生量的比例。

進入焚化爐的一般垃圾中，有將近四成為未被回收廚餘

雖然 2009 年起廚餘總產生量有微幅下降的趨勢，但 2018 年又再次增加（註 1），表示廚餘減量還需努力。另外，自 2009 年起一般垃圾中都有將近四成為未回收廚餘，這些可以被回收運用的廚餘可能因為一念之差而進了焚化爐，造成更多污染。

為什麼未被回收處理的廚餘這麼多？

廚餘產生總量中，未被回收處理的廚餘雖然從 2004 年起緩緩下降，但 2013 年後又開始爬升，2018 年推估有高達七成的廚餘未被回收。除了呼籲民眾珍惜食物、適當分類回收，各縣市政府的回收系統也需要升級，從分類方式（註 2）、收集時間、地點及清運方式等資訊公告，到基層的落實執行，都需要更嚴謹的督導。

數據資料來源：環保署，環保統計查詢網 一般廢棄物產生量 廚餘
環保署，環保統計查詢網 公務統計報表 廢棄物管理及土壤污染防治 垃圾性質分析

廚餘成分

廚餘總產生量以垃圾性質統計中的廚餘占比，推估一般垃圾總
量當中未被回收的廚餘量；再加上經回收的廚餘（環保統計查
詢網上公布的廚餘產生量），推算出廚餘總產生量。

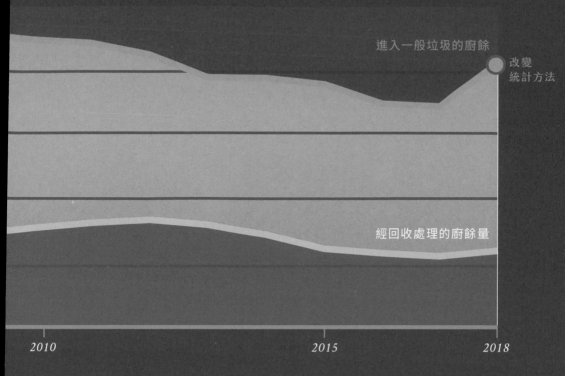

進入一般垃圾的廚餘

改變
統計方法

經回收處理的廚餘量

2010　　　　　　　　　　　　　　2015　　　　　　　2018

被回收的廚餘去哪裡了呢？

國內廚餘平均高達七成以上回收再利用作為養豬飼料[*1]，但安全衛生與動物防疫
等疑慮都使廚餘養豬的運用產生許多爭議，英國和歐盟已禁止廚餘養豬，日本與
韓國則採取集中管理[*2]。不論是短期的非洲豬瘟挑戰，還是長期開發更科學化的
管理再利用成本，養豬看來很難是廚餘未來唯一的解決方案，廚餘回收需要更完
整的運用規劃，廚餘回收後的其他應用設計需要同時考量經濟效益、市場規模與
產品通路等，才能打開更永續的回收循環。

註 1 雖然 2018 年廚餘總產生量上升，但同年廚餘占一般垃圾的比重卻是近十年新低 34.5%，這主要與一
般垃圾產生量的統計方法改變。2018 年起要求公民營及事業廢棄物清除、處理機構在處理一般廢棄物
時，選用 H-0001（一般垃圾）等 7 項一般廢棄物代碼，讓原先被誤分到事業廢棄物的一般廢棄物能被正
確統計，讓一般垃圾總量增加有關。

註 2 目前只有臺北市、新北市與高雄市是全市分熟廚餘、生廚餘兩類回收，其他縣市有的只有部分地區
有區分，或是只收熟廚餘等。

審訂專家：REnato Lab 創辦人 王家祥